基金项目

河南省高校基本科研业务费专项"中国式现代化理论与实践研究"（SKTD2024-01）

河南省高等学校哲学社会科学基础研究重大项目"习近平总书记关于'共同体'系列重要论述的总体研究"（2023-JCZD-01）

河南理工大学铸牢中华民族共同体意识研究基地科研自选课题"新时代党的意识形态理论的原创性贡献研究"（MZGTT-2024-13）

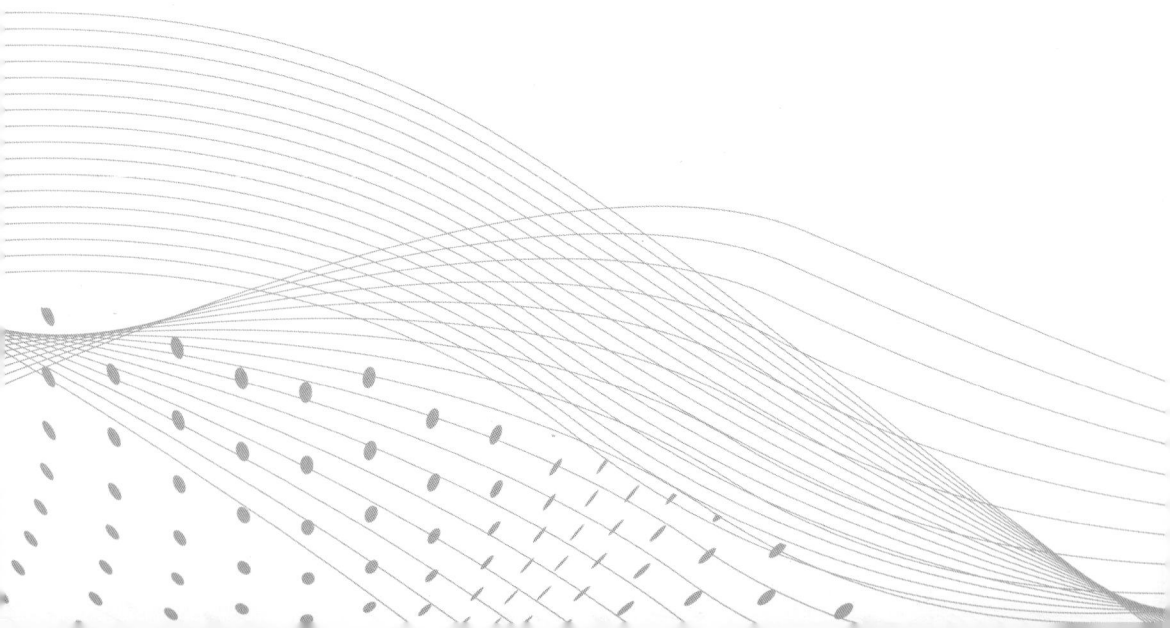

新时代党的意识形态理论的原创性贡献研究

李伟 等著

天津出版传媒集团

天津人民出版社

图书在版编目（CIP）数据

新时代党的意识形态理论的原创性贡献研究 / 李伟
等著. -- 天津 : 天津人民出版社，2024. 12. -- ISBN
978-7-201-20713-1

Ⅰ. D261.1；B27

中国国家版本馆 CIP 数据核字第 2024EL6871 号

新时代党的意识形态理论的原创性贡献研究
XINSHIDAI DANG DE YISHI XINGTAI LILUN DE YUANCHUANGXING GONGXIAN YANJIU

出 版	天津人民出版社
出 版 人	刘锦泉
地 址	天津市和平区西康路35号康岳大厦
邮政编码	300051
邮购电话	(022)23332469
电子信箱	reader@tjrmcbs.com
责任编辑	武建臣
封面设计	汤 磊
印 刷	天津新华印务有限公司
经 销	新华书店
开 本	710毫米×1000毫米 1/16
印 张	18.25
插 页	2
字 数	242千字
版次印次	2024年12月第1版 2024年12月第1次印刷
定 价	89.00元

序 言

建设具有强大凝聚力和引领力的社会主义意识形态,是建设社会主义现代化强国的一项非常重要的工作。不断深化对意识形态工作规律的认识,创新意识形态工作方法,是新时代的一项重大课题。

党的十八大以来,以习近平同志为核心的党中央高度重视意识形态工作,提出了一系列新思想、新观点,采取了一系列新办法、新举措,推动我国意识形态工作发生了全局性、根本性转变,全党全国各族人民文化自信明显增强,全社会凝聚力和向心力极大提升,为新时代开创党和国家事业新局面提供了坚强思想保证和强大精神力量。对于新时代党的意识形态建设的历史性成就,学界广泛关注,并取得了大量研究成果。认真总结意识形态建设的历史经验,深入探讨意识形态建设的新情况、新问题,对于进一步加强意识形态建设具有重大意义。

河南理工大学马克思主义学院李伟博士及其课题组撰写的《新时代党的意识形态理论的原创性贡献研究》就是探讨新时代党的意识形态理论的一部专著。该书系统阐述了新时代党的意识形态理论原创性贡献的思想渊源、时代背景、生成逻辑、主要内容、鲜明特征、重大价值等,深刻阐明了新时代党的意识形态理论产生的历史必然性和科学性,具体回答了新时代党的意识形态理论"为何能够原创、进行了哪些原创、具有什么特点、产生何种影响"等问题。作者对马克思主义经典作家有关意识形态的思想观点进行了详细梳理,采用纵向比较的方法,从重要地位、任务使命、方法载体、阵地建设、能力素质、体制机制、队伍建设七个方面对新时代党的意识形态理论原创性贡献的内容进行了深度阐释,提出了较为新颖的理论见解。

总体来看,该书结构完整、层次清晰、逻辑严密、论述深入,体现出较高的学术水准。该书的出版有利于宣传阐释新时代党的意识形态理论成果,有利于深化对马克思主义意识形态理论的研究。

马克思说过:"在科学上没有平坦的大道,只有不畏劳苦沿着陡峭山路攀登的人,才有希望达到光辉的顶点。"李伟及其课题组用了三年多的时间终成此书,付出了大量的心血,为他们取得的成果感到高兴。希望他们继续聚焦这一课题,深入探讨,不断取得新的研究成果。

丰子义

2024年3月于北京大学

(作者系北京大学哲学系博雅讲席教授、博士生导师,

兼任中国人学学会会长、中国马克思主义哲学史学会常务理事)

前　言

　　意识形态事关党的前途命运,事关国家长治久安,事关民族凝聚力和向心力,是一项极端重要的工作。要"牢牢掌握党对意识形态工作领导权,全面落实意识形态工作责任制,巩固壮大奋进新时代的主流思想舆论"①。党的十八大以来,以习近平同志为核心的党中央高度重视意识形态工作,就如何做好意识形态工作提出一系列新思想、新观点、新论断,为马克思主义意识形态理论的发展作出重大原创性贡献。对这些原创性贡献进行研究,有利于深化对党的理论创新的规律性认识,深刻领会和把握蕴含其中的立场、观点、方法;有利于推动党的意识形态工作改革创新,提高党的意识形态工作的吸引力、影响力、感染力,具有重要理论价值和现实意义。本书就是基于这样的目的而写作的,通过开展研究,深刻回答新时代党的意识形态理论为何能够原创、进行了哪些原创、具有什么样的特点、有何价值等一系列学术界关注的问题。

---

　　①　习近平:《高举中国特色社会主义伟大旗帜　为全面建设社会主义现代化国家而团结奋斗——在中国共产党第二十次全国代表大会上的报告》,人民出版社2022年版,第43页。

除去前言部分,本书共有六章,具体内容如下:

第一章,新时代党的意识形态理论原创性贡献的思想渊源。任何一种科学理论都不是凭空产生的,都有其思想渊源。新时代党的意识形态理论当然也不例外。新时代党的意识形态理论是在吸收借鉴马克思主义经典作家、历代党的领导人的意识形态思想、世界文明优秀成果的基础上提出来的,是对这些思想的丰富、完善、发展和超越。研究新时代党的意识形态理论的原创性贡献应当以此为起点,逐步拓展。

第二章,新时代党的意识形态理论原创性贡献产生的时代背景。"改革开放以后,党和国家事业取得重大成就,为新时代发展中国特色社会主义事业奠定了坚实基础、创造了有利条件。同时,党清醒认识到,外部环境变化带来许多新的风险挑战,国内改革发展稳定面临不少长期没有解决的深层次矛盾和问题以及新出现的一些矛盾和问题,管党治党一度宽松软带来党内消极腐败现象蔓延、政治生态出现严重问题,党群干群关系受到损害,党的创造力、凝聚力、战斗力受到削弱,党治国理政面临重大考验。"①伴随着这些变化,我国意识形态领域出现许多新情况、新问题、新挑战,迫切需要新的理论指引。新时代党的意识形态理论就是在这样的背景下产生的,立足实践之基,回应时代之问,满足人民之需。在其指引下,我国意识形态领域形势发生全局性、根本性的转变,全党全国各族人民文化自信明显增强,全社会凝聚力和向心力极大提升,实现第二个百年奋斗目标有了坚强思想保证。

第三章,新时代党的意识形态理论原创性贡献的生成逻辑。新时代党的意识形态理论原创性贡献的形成不是偶然的,形成的背后有着深刻的逻辑依据——历史逻辑、实践逻辑和价值逻辑。从历史逻辑来看,它是在对中国共产党100多年意识形态工作经验科学总结的基础上形成的,继承和弘扬

---

① 《中共中央关于党的百年奋斗重大成就和历史经验的决议》,人民出版社2021年版,第26~27页。

了党的优良传统;从实践逻辑来看,它是在防范化解新时代意识形态风险的过程中形成的,具有鲜明的问题导向;从价值逻辑来看,它践行以人民为中心的发展思想,维护人民群众的根本利益,增进人民群众福祉。这三种逻辑生动阐释了新时代党的意识形态理论原创性贡献形成的必然性,增强了人们对它的科学认知。

第四章,新时代党的意识形态理论原创性贡献的主要内容。新时代党的意识形态理论原创性贡献的主要内容表现在以下七个方面。一是重要地位论。原创性地提出"三个事关""三个关乎""极端重要"的科学表述,将意识形态工作的地位提升到了前所未有的高度。二是任务使命论。原创性地提出"两个巩固""举旗帜、聚民心、育新人、兴文化、展形象"的科学主张,系统阐述意识形态工作的任务使命。三是方法载体论。原创性地提出"把握好时度效""抓好理念创新手段创新基层工作创新内容创新""掌握领导权管理权话语权""谈文艺,讲故事"的科学观点,探索提高意识形态工作效果的新办法、新举措。四是阵地建设论。原创性地进行"三个地带"划分,提出"互联网成为意识形态斗争主战场主阵地最前沿""保证高校始终成为培养社会主义建设者和接班人的坚强阵地"的科学论断,筑牢意识形态防线。五是能力素质论。原创性地提出"掌握一个看家本领""培养四种基本素质""提高七种思维能力"的科学见解,为意识形态工作干部指明发展方向,提供行动遵循。六是体制机制论。原创性地提出"构建系统完备、科学规范、运行有效的制度体系"的科学理论,强化做好意识形态工作的责任担当。七是队伍建设论。原创性地提出建设一支"政治强、情怀深、思维新、视野广、自律严、人格正"的意识形态工作队伍的科学要求和举措,为意识形态工作提供强大人才支撑。这七个方面,相互联结,相辅相成,构成一个系统完整的科学理论体系。

第五章,新时代党的意识形态理论原创性贡献的鲜明特征。新时代党的意识形态理论具有十分鲜明的特征:继承性和发展性相统一、理论性和实践性相统一、建设性和批判性相统一、党性和人民性相统一、民族性和世界性相统一。正是具备这些特征,新时代党的意识形态理论才能有效指导党的意识形态工作,开创意识形态工作新局面。

第六章,新时代党的意识形态理论原创性贡献的重大价值。新时代党的意识形态理论的原创性贡献具有多维价值。从理论上看,它提出很多新概念、新范畴、新表述、新思想、新观点、新论断,极大地丰富和发展了马克思主义意识形态理论,开辟马克思主义发展的新境界。从实践上看,它举旗定向,为中国发展指明方向;强基固本,巩固党的执政地位;凝心聚气,汇集实现伟大梦想的磅礴伟力;鼓舞斗志,坚定全国人民战胜困难的信心,为改革开放和现代化建设顺利进行提供强大思想保证和精神动力。从中华民族的角度来看,它弘扬优秀传统文化,筑牢文化自信自强根基;它着力推进社会主义文化强国建设,增强中国文化软实力。从世界的角度来看,它为促进不同文明交流互鉴、化解矛盾纷争、加强国际合作、构建人类命运共同体提供了中国智慧和中国方案,为发展中国家走向现代化提供了一种不同于西方的全新选择。实践证明,作为新时代中国特色社会主义思想的重要组成部分,新时代党的意识形态理论是引领人类社会进步的科学真理,是指引当代中国发展的行动指南。它的科学性和真理性得到了充分检验,未来必将获得更广泛的认同,更好地造福人类。

"时代是思想之母,实践是理论之源。"①当代中国正处于实现中华民族伟大复兴中国梦的关键时期,正经历着我国历史上最为广泛而深刻的社会变革,正进行着人类历史上最为宏大而独特的实践创新。身处这样的伟大时代,党的意识形态理论一定会与时俱进,不断创新,提出更多原创性观点。

---

① 习近平:《在庆祝中国共产党成立95周年大会上的讲话》,人民出版社2016年版,第9页。

未来,对新时代党的意识形态理论原创性贡献的研究必将引起学术界的更多关注,对这个问题的研究将会更加深入。

目录
CONTENTS

第一章 新时代党的意识形态理论原创性贡献的思想渊源 / 1

第一节 马克思主义经典作家的意识形态思想 / 1

第二节 中国共产党的意识形态理论 / 17

第三节 世界文明优秀成果 / 43

第二章 新时代党的意识形态理论原创性贡献产生的时代背景 / 51

第一节 国际形势的深刻变化 / 51

第二节 国内发展环境发展条件的重大改变 / 58

第三节 党的建设面临严峻挑战 / 66

第四节 改革进入攻坚期和深水区 / 73

第五节 社会思潮多元多样多变 / 80

第三章 新时代党的意识形态理论原创性贡献的生成逻辑 / 87

第一节 鉴往知今的历史逻辑 / 87

第二节 观照现实的实践逻辑 / 112

第三节 人民至上的价值逻辑 / 130

第四章 新时代党的意识形态理论原创性贡献的主要内容 / 150

第一节 重要地位论:将意识形态工作提到前所未有的高度 / 151

第二节 任务使命论:系统阐述意识形态工作肩负的责任 / 157

第三节　方法载体论:探索提高意识形态工作效果的新思路新办法新举措　/　163

第四节　阵地建设论:筑牢意识形态防线　/　172

第五节　能力素质论:为意识形态工作干部指明发展方向　/　175

第六节　体制机制论:强化做好意识形态工作的责任感　/　188

第七节　队伍建设论:为意识形态工作提供强大人才支撑　/　190

第五章　新时代党的意识形态理论原创性贡献的鲜明特征　/　193

第一节　继承性和发展性相统一　/　193

第二节　理论性和实践性相统一　/　200

第三节　建设性和批判性相统一　/　208

第四节　党性和人民性相统一　/　215

第五节　民族性和世界性相统一　/　222

第六章　新时代党的意识形态理论原创性贡献的重大价值　/　230

第一节　新时代党的意识形态理论原创性贡献的理论价值　/　231

第二节　新时代党的意识形态理论原创性贡献的实践价值　/　237

第三节　新时代党的意识形态理论原创性贡献的民族价值　/　247

第四节　新时代党的意识形态理论原创性贡献的世界价值　/　255

附　录　/　263

主要参考文献　/　275

后　记　/　281

第一章 新时代党的意识形态理论原创性贡献的思想渊源

任何一种科学理论都不是凭空产生的,都有其思想渊源。新时代党的意识形态理论当然也不例外。新时代党的意识形态理论是在吸收借鉴马克思主义经典作家和历代党的领导人的意识形态思想,以及世界文明优秀成果的基础上提出来的,是对这些思想的丰富、完善、发展和超越。

第一节 马克思主义经典作家的意识形态思想

一、马克思、恩格斯:马克思主义意识形态理论的开创者

马克思、恩格斯是马克思主义意识形态理论的开创者,他们科学阐释了意识形态的来源、本质、特点和社会功能等一系列基本问题,实现了对传统意识形态理论的超越。

（一）科学回答意识形态的来源问题

人的意识来源于哪儿，人的意识是怎样变化发展的，人的意识与外部物质世界之间是怎样一种关系，怎样判断人的意识是否正确……自人类诞生以来，人们就一直在思考这些问题。对这些问题的不同回答形成两大哲学派别：唯物主义和唯心主义。唯物主义认为，物质是世界的本原，物质第一性，意识第二性，物质决定意识，先有物质世界，后有人的意识，人的意识是对外部物质世界的反映，是外部物质世界在人头脑中的主观映像。唯心主义正好相反，认为意识是世界的本原，意识第一性，物质第二性，先有人的意识，后有物质世界，物质世界不过是人的意识的派生物，要么是某种客观精神（理念、绝对精神）的派生物，要么是某种主观精神（感觉、经验、观念、意志）的派生物。马克思、恩格斯对唯心主义和旧唯物主义的观点进行了深入彻底地批判，对人的意识来源问题、意识形态来源问题作出了科学回答。马克思、恩格斯指出，人的意识不是天生的或者先天地存在于人的头脑中，人的意识来源于外部物质世界，来源于人们在实践过程中对自己生活的现实世界的观察和思考。通常情况下，外部世界是什么样的，人的意识就是什么样的，人的意识与外部物质世界具有一致性。"思想、观念、意识的生产最初是直接与人们的物质活动，与人们的物质交往，与现实生活的语言交织在一起的。人们的想象、思维、精神交往在这里还是人们物质行动的直接产物。表现在某一民族的政治、法律、道德、宗教、形而上学等的语言中的精神生产也是这样"①，"意识在任何时候都只能是被意识到了的存在，而人们的存在就是他们的现实生活过程"②，"不是意识决定生活，而是生活决定意识"③，

① 《马克思恩格斯选集》（第一卷），人民出版社2012年版，第151~152页。
② 《马克思恩格斯选集》（第一卷），人民出版社2012年版，第152页。
③ 《马克思恩格斯选集》（第一卷），人民出版社2012年版，第152页。

"每一历史时代的经济生产以及必然由此产生的社会结构,是该时代政治的和精神的历史的基础。"①人的意识是对外部世界的反映,但是这种反映不是旧唯物主义者讲的那种照镜子似的被动、直观、消极、机械式的反映,而是充满创造性和能动性。人在实践过程中能够对事物进行建构和重造,甚至发明新的事物。通过观察,人能够发现事物变化发展的规律,更重要的是,人能够利用这些规律对外部世界进行改造,使世界按照人们的意愿、想法发生改变,这充分体现了人的意识的创造性。正是因为人的意识具有创造性,人类社会才不断前进发展进步。受到人的知识储备、认识能力、科技发展水平等主客观条件的影响,在特定历史时期,人对外部世界有可能形成错误的认识和反映,这需要经过一个长期的、反复的实践过程才能纠正,人的认识的发展过程不是一帆风顺的,是前进性和曲折性的统一。通过对唯心主义和旧唯物主义的观点进行批判,马克思、恩格斯把颠倒了的真理重新颠倒过来,使人们对意识形态的来源问题有了正确认知,对思想与现实的关系问题有了正确判断。

(二)深刻揭示意识形态的本质

意识形态,亦称观念形态,"是系统地、自觉地反映一定社会的经济基础和政治制度的思想体系,是全部社会精神生活及其过程的总概括"②。意识形态带有鲜明的阶级属性,是为特定的阶级利益服务的,是维护阶级利益的一种工具和手段。在阶级社会中,由于社会地位不同,阶级被划分为不同的阶层和社会集团,呈现多元化状态。多元化的阶级状况决定了多元化的意识形态。在多元化的意识形态中,统治阶级的思想往往占据主导地位。"统治阶级的思想在每一时代都是占统治地位的思想。这就是说,一个阶级是

---

① 《马克思恩格斯选集》(第一卷),人民出版社2012年版,第380页。

② 徐光春主编:《马克思主义大辞典》,崇文书局2017年版,第79页。

社会上占统治地位的物质力量,同时也是社会上占统治地位的精神力量。支配着物质生产资料的阶级,同时也支配着精神生产资料,因此,那些没有精神生产资料的人的思想,一般地是隶属于这个阶级的。"①在这里,马克思讲的"这个阶级"就是统治阶级。在奴隶社会,占据主导地位的是奴隶主阶级的思想;在封建社会,占据主导地位的是地主阶级的思想;在资本主义社会,占据主导地位的是资产阶级的思想;在社会主义社会,占据主导地位的是无产阶级的思想。资产阶级革命胜利以后,资产阶级建立了军队、监狱、法庭等暴力机关,建立了以三权分立、多党竞争、自由选举为基础的政治制度,建立了法律、宗教、历史、文学、哲学、艺术等育人课程体系。尽管打着"自由、民主、平等、博爱"的口号,但实际上所有这一切维护的都是占据统治地位的资产阶级的利益。马克思、恩格斯指出:"现代的国家政权不过是管理整个资产阶级的共同事物的委员会罢了。"②资本主义社会的法律、道德、宗教,全都是资产阶级偏见,隐藏在这些偏见后面的全都是资产阶级利益。阶级意识教育是团结工人进行斗争、推翻资产阶级反动统治的强大思想武器,共产党要想夺取政权,一分钟也不能忽略对工人进行阶级意识教育。意识形态是为特定的阶级、社会群体而服务的,是维护其利益的一种工具和手段——马克思、恩格斯深刻揭示了意识形态的本质,揭穿了以往剥削阶级贴在脸上的虚假面目,为人们正确认识意识形态提供了科学指引。

(三)生动描绘意识形态的特征

马克思、恩格斯生动描绘了意识形态的特征:阶级性、掩蔽性、系统性、动态性、相对独立性。阶级性是指任何意识形态都不是超然的、独立的,都代表了某个阶级、阶层或者社会集团的利益。只要阶级还存在,意识形态的

---

① 《马克思恩格斯选集》(第一卷),人民出版社2012年版,第178页。
② 《马克思恩格斯选集》(第一卷),人民出版社2012年版,第402页。

阶级性就始终存在。马克思、恩格斯指出:"各个世纪的社会意识,尽管形形色色、千差万别,总是在某些共同的形式中运动的,这些形式,这些意识形式,只有当阶级对立完全消失的时候才会完全消失。"①掩蔽性是指一个阶级、政党为了争取更多人的支持,往往给自己的意识形态披上"普遍性"的外衣,把自己的特殊利益说成是代表全体人民的共同利益,把自己塑造成全民利益的代表,尤其是在夺取政权的前期,更是如此。"每一个企图取代旧统治阶级的新阶级,为了达到自己的目的不得不把自己的利益说成是社会全体成员的共同利益,就是说,这在观念上的表达就是:赋予自己的思想以普遍性的形式,把它们描绘成唯一合乎理性的、有普遍意义的思想。进行革命的阶级,仅就它对抗另一个阶级而言,从一开始就不是作为一个阶级,而是作为全社会的代表出现的;它以社会全体群众的姿态反对唯一的统治阶级。"②系统性是指意识形态不是零散的、碎片化的只言片语,是由一系列概念、范畴、原理、原则、方法组成,逻辑严密、结构完整的理论体系,包括政治、法律、思想、宗教、哲学、艺术、历史、文学等多种表现形式。动态性是指意识形态不是静态的、一成不变的,它随着社会存在的变化不断变化。"人们的观念、观点和概念,一句话,人们的意识,随着人们的生活条件、人们的社会关系、人们的社会存在的改变而改变,这难道需要经过深思才能了解吗?"③时代变了,环境变了,人们的思想观念应当随之改变,只有这样才能更好地适应社会。反之,则会被社会所淘汰。相对独立性是指意识形态在根本上受到社会存在决定的同时,还具有自己特有的发展形式和规律。意识形态的相对独立性表现在三个方面。一是意识形态与社会存在具有不同步性和不平衡性。意识形态与社会存在不一定完全同步,可能落后于社会存在,也有可能

---

① 《马克思恩格斯选集》(第一卷),人民出版社2012年版,第421页。

② 《马克思恩格斯选集》(第一卷),人民出版社2012年版,第180页。

③ 《马克思恩格斯选集》(第一卷),人民出版社2012年版,第419~420页。

超前于社会存在。意识形态与社会存在也不是完全平衡的,二者不是绝对的正比例关系,并不是说一个国家经济越发达,它的国民思想就越先进,道德素养就越高,"经济上落后的国家在哲学上仍然能够演奏第一小提琴:18世纪的法国对英国来说是如此(法国人是以英国哲学为依据的),后来的德国对英法两国来说也是如此。"①二是意识形态内部各种形式之间的相互影响及各自具有的历史继承性。在一个社会内部,各种意识形态形式不是孤立存在的,而是相互联系、相互影响、相互作用。本质上讲,都是统治阶级思想的体现。单独来看,每一种社会意识形态形式都有前后相继的历史链条,有其完整的发展过程。三是社会意识形态对社会发展具有能动的反作用。这是社会意识形态相对独立性最为突出的表现。

马克思、恩格斯认为,意识形态对于社会经济结构和政治结构既具有依赖性,又具有能动的反作用,通过把不同阶级、阶层、集团,特别是统治阶级的利益要求内化为人们的思想、情感、意志,以支配人们的行动,从而影响社会经济结构和政治结构,影响人类社会的发展进程。正如恩格斯所言:"经济状况是基础,但是对历史斗争的进程发生影响并且在许多情况下主要是决定着这一斗争的形式的,还有上层建筑的各种因素:阶级斗争的各种政治形式及其成果——由胜利了的阶级在获胜以后确立的宪法等等,各种法的形式以及所有这些实际斗争在参加者头脑中的反映,政治的、法律的和哲学的理论,宗教的观点以及它们向教义体系的进一步发展。"②由于意识形态具有先进、落后之分,因此,意识形态的功能即对社会的反作用也相应地表现在两个方面:先进的、科学的意识形态反映了社会发展的趋势和要求,对社会发展起着积极的促进作用;落后的、反动的意识形态违背历史潮流,对社会发展起着消极的阻碍作用。共产党人的重要使命就在于批驳各种错误观

① 《马克思恩格斯选集》(第四卷),人民出版社2012年版,第612页。
② 《马克思恩格斯选集》(第四卷),人民出版社2012年版,第604页。

点,用科学理论指导革命运动,帮助无产阶级获得彻底解放,实现人类自由而又全面的发展。

(四)透彻解析意识形态的功能

马克思、恩格斯以资本主义社会为例深入阐述了意识形态的功能和作用。一是社会动员功能。在革命初期,革命阶级力量比较弱小。要想战胜掌握国家政权的强大的反动的统治阶级,就必须动员一切社会力量,特别是发动人民进行斗争,形成广泛的联合的统一阵线,而意识形态就能起到这样的作用。革命阶级通过广泛宣传,揭露现行社会制度的弊端,号召人民群众起来反抗,推翻反动政权。启蒙运动期间,资产阶级思想家大力宣扬"自由""平等""博爱""民主""天赋人权""主权在民"等主张,对封建专制主义、宗教愚昧及特权主义进行了猛烈批判,为后来欧洲资产阶级革命的爆发做了充分的思想理论准备和强有力的社会动员。资产阶级成功利用启蒙运动,传播资本主义思想,进而发动资产阶级革命,推翻封建专制统治,建立起资产阶级统治的国家政权。二是凝聚社会共识功能。革命成功之后,资产阶级采用"软""硬"两种手段大力传播自己的意识形态,使其成为社会共识,借以稳定自己统治的社会基础。"软"手段表现在资产阶级通过伪装、虚假宣传,把自己塑造成公共利益的代表,增强自身统治的合法性,因为"只有为了社会的普遍权利,特殊阶级才能要求普遍统治。"[1]"硬"手段表现在资产阶级利用手中掌握的国家权力,通过法定程序,将自己的意识形态上升为国家意志,具体化为法律制度,强迫人民遵守。如果人民反抗,那就动用国家强制力量予以镇压。德国西里西亚纺织工人起义、法国六月革命起义、巴黎公社起义等,一次又一次的工人起义被资产阶级反动政权血腥镇压,不幸以失败

---

[1] 《马克思恩格斯选集》(第一卷),人民出版社2012年版,第13页。

告终。三是政权辩护功能。掌握政权之后，资产阶级的思想家，一方面，掩盖资本主义制度的弊端——周期性经济危机、尖锐的社会矛盾、严重的两极分化、拜金主义思潮、极端个人主义等，对其进行美化，麻醉人民的心灵。资产阶级的思想家宣称资本主义制度是最完美的社会制度，将永恒存在，未来人类社会将会终结于西方资本主义制度。另一方面，资产阶级的思想家对共产主义和社会主义制度疯狂地进行攻击、污蔑，否定其先进性和科学性，从而减少对自己的威胁。资产阶级正是充分利用并发挥了意识形态社会动员、凝聚共识、政权辩护的功能，成功实现了其发动革命、夺取政权、长期执政的目的。①

二、列宁对马克思主义意识形态理论发展作出的创造性贡献

列宁是继马克思、恩格斯之后又一位伟大的马克思主义者，无产阶级革命家、思想家、理论家，国际共产主义运动的领袖。他深化和拓展了马克思主义意识形态理论，为马克思主义意识形态理论的发展作出重大贡献。在马克思主义意识形态理论发展史上，列宁的意识形态思想具有里程碑意义，影响巨大而又深远。

（一）转换对意识形态属性的理解

出于对剥削阶级社会特别是资本主义社会意识形态虚假性的批判，马克思、恩格斯把意识形态看作是一个否定性的概念，把它放在科学的对立面。在《德意志意识形态》中，马克思、恩格斯把历史唯物主义的基本理论称

---

① 田恒国：《马克思恩格斯关于意识形态本源、发展和功能的理论及其当代价值》，《宁夏党校学报》，2021年第3期。

作"我们用来同意识形态相对立的抽象"①,他们对意识形态否定性的界定一目了然。对于意识形态的属性,列宁有不同于马克思、恩格斯的新的更为深刻的理解。列宁认为,作为社会存在的反映,作为阶级成员的政治意识,意识形态应该是中性概念、描述性概念。为本阶级利益辩护、巩固本阶级的统治地位,这是阶级社会的共有现象,不是资本主义社会的特例。意识形态对这种社会现象进行了客观描述,其中也包括很多合理成分。因此,对于意识形态,应当辩证地看待,不能一概加以否定。列宁把意识形态理解为描述性而非否定性概念,有着特定的时代背景。在他生活的年代,马克思主义已成长为一股巨大的精神力量,是国际工人运动中最有影响的一种学说,笼统地批评意识形态的虚假性,实际上也就否定了马克思主义的科学性,因为马克思主义本身也带有鲜明的意识形态属性,它不是代表所有人的利益,为所有人的利益服务,而是为无产阶级和广大人民的利益而奋斗。另外,当时在社会主义国家内部,路线斗争非常激烈,一些修正主义者以马克思主义者自居,散布歪理邪说,严重破坏工人阶级团结。因此,把意识形态作为描述性概念,深刻认识马克思主义和修正主义的本质区别,用无产阶级的意识形态,即真正的马克思主义来指导无产阶级的革命斗争,就成了列宁那个时代马克思主义者的重要使命。

通过以上分析,我们可以看出,列宁转换对意识形态属性的理解是出于他所生活的那个时代实际斗争的需要。这种转换依旧以历史唯物主义为指导,它不但没有背叛马克思主义,反而加深了人们对马克思主义的理解。②列宁关于意识形态属性的重要论述不但为后来社会主义国家的领导人所继承,也被很多西方学者所接纳,产生了重大国际影响。

---

① 《马克思恩格斯全集》(第3卷),人民出版社1960年版,第31页。
② 俞吾金:《意识形态论》,人民出版社2009年版,第203~208页。

(二)首提"科学的意识形态"的观点

在《唯物主义和经验批判主义》一书中,在驳斥波格丹诺夫对相对真理与绝对真理关系的误解时,列宁首次使用了"科学的意识形态"的提法,"任何意识形态都是受历史条件制约的,可是,任何科学的意识形态(例如不同于宗教的意识形态)都和客观真理、绝对自然相符合,这是无条件的"①。不同于马克思、恩格斯的完全否定,列宁将意识形态分为两大类型:科学的意识形态和非科学的意识形态。列宁不但对意识形态的类型进行了划分,而且指出了判定一种意识形态是否科学的标准——是否符合客观真理,是否符合事物变化发展的客观规律。如实反映事物面貌、符合事物发展规律的意识形态是科学的意识形态,反之则是非科学的即错误的意识形态。社会主义的意识形态即马克思主义,揭示了自然界、人类社会、人的思维发展变化的客观规律,指导世界工人运动不断发展壮大,自然是科学的意识形态。资产阶级的意识形态充斥着谎言和欺骗,是一种虚假宣传,自然是非科学的意识形态。社会主义意识形态与资产阶级意识形态,代表不同阶级的利益,是非此即彼的敌对关系。生存着的,要么是社会主义意识形态,要么是资产阶级意识形态,处于中间地带、妄图调和二者的第三种意识形态根本不可能存在。因此,必须高度重视对工人进行马克思主义理论教育,因为"对社会主义意识形态的任何轻视和任何脱离,都意味着资产阶级意识形态的加强"②。意识形态阵地,社会主义不去占领,必然被资本主义夺去。意识形态,作为一种社会意识,是社会存在的反映。它不是孤立的、虚幻的、抽象的,它的发展受到社会历史条件的制约。时代不同,意识形态的内容也不相同。因此,对于意识形态的评价,应当坚持历史标准,把它放在特定的历史

---

① 《列宁选集》(第二卷),人民出版社2012年版,第96页。
② 《列宁选集》(第一卷),人民出版社2012年版,第327页。

背景中去评判,不能用今天的标准去衡量古人。列宁"科学的意识形态"观点的提出和对意识形态建设重要性、历史性的论述,时至今天,依然具有重要的警示作用和借鉴意义。

（三）系统阐述灌输理论

灌输理论最早不是列宁提出来的,但列宁将其发扬光大。在吸收普列汉诺夫,特别是考茨基相关思想的基础上,列宁对灌输理论进行了全面、系统地阐述,科学回答了为何灌输、灌输什么、谁来灌输、怎么灌输等一系列问题。

第一,灌输的必要性。为什么要对工人进行灌输?列宁认为,社会民主主义的意识不可能在工人头脑中自发产生,自发产生的只能是工联主义的意识。要想让工人掌握正确的思想,必须从外界予以灌输,明确告诉工人谁让他们贫困、怎么样才能摆脱贫困等。

第二,灌输的可行性。列宁指出,社会主义理论肯定受到工人阶级欢迎,因为"社会主义理论比其他一切理论都更深刻更正确地指明了工人阶级受苦的原因,因此工人也就很容易领会这个理论,只要这个理论本身不屈服于自发性,只要这个理论使自发性受它的支配"①。工人阶级与社会主义理论有着不可分割的天然的内在联系,这种联系突出表现在社会主义理论实现和维护工人阶级的利益等方面,为工人阶级的利益鼓与呼。

第三,灌输的内容。要把社会主义意识灌输到工人阶级的斗争中去,增强工人阶级斗争的自觉性和能动性;要对工人进行马克思主义理论教育,抵御资产阶级腐朽思想的侵蚀;要大力宣传无产阶级党的路线、方针、政策,指导工人进行斗争;要揭露资本主义社会的黑暗腐朽,让工人认识资本主义社

---

① 《列宁选集》(第一卷),人民出版社2012年版,第328页。

会的真实面目。

第四,灌输的主体。灌输任务由马克思主义先进知识分子组成的精英组织即无产阶级政党完成。只有在党的坚强领导下,工人运动才会有正确的方向,才能由分散的、自发的经济斗争转变成团结的、自觉的政治斗争。"我们社会民主党的任务就是要反对自发性,就是要使工人运动脱离这种投到资产阶级羽翼下去的工联主义的自发趋势,而把它吸引到革命的社会民主党的羽翼下来。"①

第五,灌输的方法。灌输不等于强硬植入,要注重启发和引导。要贴近群众生活,用通俗的语言进行宣传,讲解马克思主义。要把马克思主义"渗透到群众的意识中去,渗透到他们的习惯中去,渗透到他们的生活常规中去"②,"只有那些已经深入文化、深入日常生活和成为习惯的东西,才能算作已达到的成就。"③

第六,灌输的渠道和载体。出版社、报社、发行所,包括书店在内的所有宣传机构都是政党引导舆论、进行意识形态建设的重要渠道和载体,必须予以高度重视。要建立无产阶级学术机构和教育体系,在学校开设马克思主义理论相关课程,"以培养能够最终实现共产主义的一代人"④。列宁关于灌输理论的重要论述成为无产阶级政党开展思想建设、文化建设、理论建设的基本原则,直到现在仍然是对人民进行马克思主义理论教育的主要方法。列宁关于灌输方法、载体的观点有利于推动思政课改革创新,提高思政课的亲和力、吸引力、感染力。

---

① 《列宁选集》(第一卷),人民出版社2012年版,第327页。
② 《列宁全集》(第39卷),人民出版社1985年版,第100页。
③ 《列宁选集》(第四卷),人民出版社1995年版,第785页。
④ 《列宁选集》(第三卷),人民出版社2012年版,第726页。

（四）批判文化虚无主义、历史虚无主义的错误观点

十月革命胜利之后，在苏维埃俄国形成一个以无产阶级文化协会的主要领导人波格丹诺夫、普列特涅夫为代表人物的思想派别，即"无产阶级文化派"。"无产阶级文化派"主张彻底摧毁以往的旧文化，以创造不带任何杂质的、纯而又纯的无产阶级新文化。他们声称："为了我们的明天，我们要烧掉拉斐尔，我们要砸烂博物馆，我们要踩烂那艺术的花朵。"[1]对于"无产阶级文化派"完全否定过去文化、企图斩断与过去文化一切联系的虚无主义观点，列宁进行了极为严肃地批评。1920 年 10 月 2 日，列宁发表《青年团的任务》的演说。在这篇演说中，列宁指出，"应当明确地认识到，只有确切地了解人类全部发展过程所创造的文化，只有对这种文化加以改造，才能建设无产阶级的文化，没有这样的认识，我们就不能完成这项任务。无产阶级文化并不是从天上掉下来的，也不是那些自命为无产阶级文化专家的人杜撰出来的。如果硬说是这样，那完全是一派胡言。无产阶级文化应当是人类在资本主义社会、地主社会和官僚社会压迫下创造出来的全部知识合乎规律的发展"[2]，"只有了解人类创造的一切财富以丰富自己的头脑，才能成为共产主义者。"[3]随后，在关于《无产阶级文化》的决议草案中，列宁再次重申这个观点。

文化的发展是有历史继承性的，是一个前后相继的历史链条，不能随意裁剪，否定本民族的历史等于否定自己。开展社会主义文化建设，要博采众长，吸收和借鉴包括资本主义文化在内的人类文明一切优秀成果。马克思主义这一无产阶级的革命思想体系之所以能够赢得世界历史性的意义，原

---

[1]　白嗣宏：《无产阶级文化派资料选编》，中国社会科学出版社 1983 年版，第 389 页。

[2]　《列宁专题文集 论无产阶级政党》，人民出版社 2009 年版，第 281 页。

[3]　《列宁专题文集 论无产阶级政党》，人民出版社 2009 年版，第 281~282 页。

因就在于此。它不但没有抛弃资产阶级时代最宝贵的成就，相反却吸收和改造了两千多年来人类思想和文化发展中一切有价值的东西。"只有在这个基础上，按照这个方向，在无产阶级专政(这是无产阶级反对一切剥削的最后的斗争)的实际经验的鼓舞下继续进行工作，才能认为是发展真正的无产阶级文化。"①除了文化虚无主义，列宁还对"无产阶级文化派"脱离党的领导、依靠"精选的无产阶级力量"发展无产阶级文化、在"实验室里创造文化"等错误观点进行批判。"无产阶级文化协会的一切组织必须无条件地把自己完全看做教育人民委员部机关系统中的辅助机构，并且在苏维埃政权(特别是教育人民委员部)和俄国共产党的总的领导下，把自己的任务当做无产阶级专政任务的一部分来完成。"②列宁指出，在文化建设中将广大农民和知识分子拒之门外是"关门主义"和"宗派主义"行为，是一种小资产阶级的激进偏见，是极其有害的幻想和空谈。在列宁看来，无产阶级文化不是靠"纯粹"的无产阶级闭门造车就能创造出来，而必须从苏维埃俄国的实际出发，面向社会实践，贴近人民生活，为群众了解和接受。列宁不仅阐明了为什么人进行文艺创作和文化创造的问题，也为如何进行文艺创作或文化创造指明了正确的方向，那就是要以广大人民群众为中心，扎根人民群众，密切同人民群众的血肉联系，贴近人民群众生产生活的实际，充分了解人民群众的所思所想，努力反映人民群众的心声和诉求，创造人民群众所喜爱的社会主义文化。列宁的上述思想为苏俄文化事业的发展指明正确方向，提供了基本遵循。③

---

① 《列宁专题文集 论社会主义》，人民出版社2009年版，第167页。
② 《列宁专题文集 论社会主义》，人民出版社2009年版，第167页。
③ 王进芬：《列宁对文化虚无主义的批判及其当代意义》，《马克思主义研究》，2020年第8期。

（五）强调科学理论的重要作用

"没有革命的理论,就不会有革命的运动"①,"只有以先进理论为指南的党,才能实现先进战士的作用"②,在《怎么办?》一文中,列宁生动形象地指出了科学理论的重要作用。马克思主义揭示了自然界、人类社会、人的思维发展的一般规律,是被实践证明了的科学理论。俄国革命、建设事业要想取得胜利,必须坚持马克思主义。坚持马克思主义,一要批判各种非马克思主义和反马克思主义的错误观点。为此,列宁与修正主义、机会主义、文化虚无主义、历史虚无主义、经济主义、唯心主义等错误思潮展开激烈论战,捍卫了马克思主义的正统性和纯洁性。坚持马克思主义,二要反对教条主义,推动马克思主义不断创新。"马克思的整个世界观不是教义,而是方法。它提供的不是现成的教条,而是进一步研究的出发点和供这种研究使用的方法。"③恩格斯反对将马克思主义教条化、不断推进理论创新的思想在列宁身上得到了鲜明体现。按照马克思、恩格斯的早期观点,社会主义革命最早应该在英国、法国、美国这样的发达资本主义国家发生,而且是同时取得胜利。"共产主义只有作为占统治地位的各民族'一下子'同时发生的行动,在经验上才是可能的,而这是以生产力的普遍发展和与此相联系的世界交往为前提的。"④列宁是马克思主义者,但并不是教条主义者。他没有迷信马克思、恩格斯的观点,他对20世纪初俄国面临的国内外形势进行了分析,发现俄国是各种矛盾斗争的焦点,有无产阶级农民群众与沙皇专制制度的矛盾、封建地主阶级和资产阶级之间的矛盾、资本主义和农奴制残余之间的矛盾、俄国人

---

① 《列宁专题文集 论无产阶级政党》,人民出版社2009年版,第70页。
② 《列宁专题文集 论无产阶级政党》,人民出版社2009年版,第71页。
③ 《马克思恩格斯文集》(第十卷),人民出版社2009年版,第691页。
④ 《马克思恩格斯选集》(第一卷),人民出版社2012年版,第166页。

民和西方帝国主义之间的矛盾等。多种矛盾交织让俄国成为反动阶级统治最为薄弱的环节,存在革命胜利的可能性。

在此基础上,列宁提出了"社会主义可能首先在少数甚至单独一个资本主义国家内获得胜利"①的科学论断,而且这个国家不一定是资本主义发达国家,也有可能是经济文化比较落后的国家,例如俄国。他把这种理论付诸实践,领导俄国人民取得"十月革命"的伟大胜利,建立了世界上第一个社会主义国家,开辟了人类历史的新纪元。国内战争胜利之后,针对"战时共产主义政策"引发的巨大民怨,列宁随机应变,恢复商品货币关系,实行以发展商品经济为主要特征的"新经济政策",减轻农民的负担,保护农民的利益,成功扭转了国家面临的严重危机,巩固了新生的人民政权。列宁到了晚年,即便病魔缠身,身体极度虚弱,依旧没有停止思考和探索。他在口授的《日记摘录》《论合作社》《论我国革命》《我们怎样改组工农检查院》《宁肯少些,但要好些》等被人们称为"政治遗嘱"的文章和书信中,对十月革命以来苏俄所走过的道路进行了深入的思考,提出了建设社会主义的新构想:发展大工业,实现工业化和电气化;大力发展文化教育事业,提高国民素质;健全社会主义民主和法制,保障人民权益;维护党的团结,增强党的凝聚力;进行党和国家机构改革,反对官僚主义,提高工作效率等。列宁坚持马克思主义但又不迷信马克思主义,更为重要的是,他能够根据新的形势的发展提出新的理论观点,从而赋予马克思主义新的时代内涵。如何正确看待和运用马克思主义,列宁为后人树立了光辉典范。

---

① 《列宁专题文集 论社会主义》,人民出版社2009年版,第4页。

第二节　中国共产党的意识形态理论

以毛泽东、邓小平、江泽民、胡锦涛为代表的中国共产党人,在领导中国革命、建设、改革的过程中,积累了丰富的意识形态工作的实践经验,为新时代党的意识形态理论的产生提供了丰厚滋养。

一、毛泽东意识形态思想的主要内容

毛泽东对意识形态建设的指导思想、领导力量、基本方针、工作方法、队伍建设等内容作出深刻阐述,构建起了体系完整、逻辑严密的意识形态理论体系。毛泽东意识形态思想的主要内容表现在以下五个方面。

(一)坚持马克思主义在意识形态领域的指导地位

1940年1月,在陕甘宁边区文化协会第一次代表大会的讲演中,毛泽东指出:共产主义"是自有人类历史以来,最完全最进步最革命最合理的"[1]思想体系和社会制度。其他思想体系和社会制度要么进了历史博物馆,寿终正寝;要么快进博物馆,奄奄一息,只有共产主义的思想体系"葆其美妙之青春"[2],展现出强大的生机和活力。"中国自有科学的共产主义以来,人们的眼界是提高了,中国革命也改变了面目。中国的民主革命,没有共产主义去指导是决不能成功的,更不必说革命的后一阶段了。"[3]1954年,在第一届全国

---

[1] 《毛泽东选集》(第二卷),人民出版社1991年版,第686页。
[2] 《毛泽东选集》(第二卷),人民出版社1991年版,第686页。
[3] 《毛泽东选集》(第二卷),人民出版社1991年版,第686页。

人民代表大会第一次会议的开幕词中,毛泽东指出,"领导我们事业的核心力量是中国共产党。指导我们思想的理论基础是马克思列宁主义"①,马克思主义在意识形态领域的指导地位从此得以确立。在毛泽东看来,社会主义制度的建立并不意味着马克思主义的指导地位一劳永逸的稳定下来,这是因为,尽管我们已经掌握政权,但资产阶级和敌对势力依旧存在,意识形态领域的斗争形势依然很严峻,有时候甚至很激烈。社会主义意识形态和资本主义意识形态谁胜谁负的斗争,需要一个相当长的时间才能解决。对此,全党要有清醒认识,"如果对于这种形势认识不足,或者根本不认识,那就要犯绝大的错误,就会忽视必要的思想斗争"②。任何时候都不能忽视意识形态斗争,否则就要犯颠覆性的错误。坚持马克思主义在意识形态领域的指导地位,要敢于对错误思想进行批评,"毫无疑问,我们应当批评各种各样的错误思想。不加批评,看着错误思想到处泛滥,任凭它们去占领市场,当然不行。有错误就得批判,有毒草就得进行斗争"③。"在我们无产阶级专政的国家里,当然不能让毒草到处泛滥。无论在党内,还是思想界、文艺界,主要的和占统治地位的,必须力争是香花,是马克思主义。毒草,非马克思主义和反马克思主义的东西,只能处在被统治的地位。"④对错误思想进行批评要克服"老好人"思想,不怕得罪人;要坚持党性原则,说真话,办实事;要严肃认真,真正起到激浊扬清的作用,不搞形式主义。不仅错误思想要接受批评,马克思主义也得接受批评。马克思主义是科学真理,马克思主义者不应该害怕任何批评。相反,正是在严厉的批评中,在同错误思想的激烈较量中,马克思主义才不断发展壮大,不断扩大自己的阵地。在温室里培养出来

---

① 《毛泽东文集》(第六卷),人民出版社1999年版,第350页。
② 《毛泽东文集》(第七卷),人民出版社1999年版,第231页。
③ 《毛泽东文集》(第七卷),人民出版社1999年版,第232~233页。
④ 《毛泽东文集》(第七卷),人民出版社1999年版,第197页。

的东西,不会有强大的生命力。接受批评、直面挑战,不但不会削弱马克思主义在意识形态领域的指导地位,反而会让它的地位更加牢固。今天,在西方敌对势力加紧对我进行"西化""分化",加强意识形态渗透的情况下,在"普世价值观""新自由主义""历史虚无主义"等错误思潮蔓延扩张的情况下,毛泽东关于坚持马克思主义指导地位的重要论述发人深省,极具启发意义。

(二)坚持党对意识形态工作的领导

中国共产党是中国革命和建设事业的领导核心,是最高政治领导力量。作为社会主义革命和建设事业的有机组成部分,文化、教育、宣传、宗教等意识形态工作自然要坚持党的领导,服从党的指挥。毛泽东高度重视党对意识形态工作的领导权,把它作为意识形态建设不可动摇、必须坚持的一项基本原则。早在抗日战争时期,他就强调了党对意识形态工作的领导。毛泽东指出:"新民主主义的政治、经济、文化,由于其都是无产阶级领导的缘故,就都具有社会主义的因素,并且不是普通的因素,而是起决定作用的因素。"①新中国成立以后,毛泽东更加重视党对意识形态工作的领导。1955年3月初,中共中央在《关于宣传唯物主义思想批判资产阶级唯心主义思想的指示》中指出:"必须唤起全党的注意,进一步认真地加强党的思想工作。各级党委必须真正做到把思想领导当做自己领导的首要职责。"②针对少数领导干部忽视思想理论建设、忽视意识形态工作的错误倾向,1957年3月,在全国宣传工作会议上,毛泽东特别强调:"各地党委的第一书记应该亲自出马来抓思想问题,只有重视了和研究了这个问题,才能正确地解决这个问题。各地方要召开像这次宣传会议一样的会议,讨论当地的思想工作和有关思

---

① 《毛泽东选集》(第二卷),人民出版社1991年版,第704~705页。
② 《建国以来重要文献选编》(第六册),中央文献出版社1993年版,第64页。

想工作的各方面的问题。"①为了加强党对意识形态工作的领导,毛泽东要求广大党员干部特别是高级领导干部要多学习、多读书,特别是要阅读马克思主义经典著作,不断提高自己的政治理论水平。"在担负主要领导责任的观点上说,如果我们党有一百个至二百个系统地而不是零碎地、实际地而不是空洞地学会了马克思列宁主义的同志,就会大大地提高我们党的战斗力量,并加速我们战胜日本帝国主义的工作。"②在毛泽东的号召下,全党掀起了一轮又一轮读书学习的热潮,广大干部的素质明显提高,意识形态工作能力显著提升。

(三)正确认识并处理意识形态领域不同性质的矛盾

社会主义制度的建立并不意味着天下太平、万物和谐,没有任何矛盾了。相反,由于国内外敌对势力的存在,由于利益纠纷,社会主义社会还存在矛盾,有时候甚至还比较激烈。按照性质的不同,毛泽东把社会矛盾划分为两大类型:敌我矛盾和人民内部矛盾。毛泽东指出,敌我矛盾是对抗性的、不可调和的,而人民内部矛盾是非对抗性的,可以调和的。敌我矛盾和人民内部矛盾不是绝对固定的,二者在一定条件下可以相互转化,对抗性的矛盾可能转化为非对抗性的矛盾,非对抗性的矛盾也有可能转化为对抗性的矛盾,关键看我们能不能把问题处理好。对于不同性质的矛盾,要采取不同的解决办法。对于敌我矛盾,要用专制的、暴力的、行政的方法去解决;对于人民内部矛盾要用民主的办法,批评的、讨论的、说服教育的方法去解决。不能用民主的方法解决敌我矛盾,当然,也不能用专政的办法解决人民内部矛盾,否则都将犯下严重错误。基于这样的思想,毛泽东为文艺、科学事业的发展指明方向,为处理意识形态领域的是非问题提供了依据和判断标准。

---

① 《毛泽东文集》(第七卷),人民出版社1999年版,第282页。
② 《毛泽东选集》(第二卷),人民出版社1991年版,第533页。

一方面,毛泽东提出了"百花齐放、百家争鸣"的方针,鼓励不同形式的艺术自由发展、不同学派的科学自由争论。毛泽东指出:"艺术和科学中的是非问题,应当通过艺术界科学界的自由讨论去解决,通过艺术和科学的实践去解决,而不应当采取简单的方法去解决。"①"对于科学上、艺术上的是非,应当保持慎重的态度,提倡自由讨论,不要轻率地作结论"②,不要随随便便给科学工作者、文艺工作者"扣帽子""抓辫子""打棍子"。"双百方针"消除了广大文艺工作者和科学工作者的疑虑,促进了社会主义文艺事业、科学事业的繁荣发展。另一方面,毛泽东指出,实行"双百"方针并不意味着任何政治观点、学术主张都是正确的,想说什么就说什么,想做什么就做什么。艺术表演、学术观点、政治主张必须符合以下六条标准:有利于团结全国各族人民,有利于社会主义改造和社会主义建设,有利于巩固人民民主专政,有利于巩固民主集中制,有利于巩固共产党的领导,有利于社会主义的国际团结和全世界爱好和平人民的国际团结。违背以上六条标准中的任意一条,特别是触碰社会主义道路和党的领导的底线的行为已经超出人民内部矛盾的范围,必须予以严厉批判。毛泽东关于正确处理意识形态领域不同性质矛盾的论述闪耀着马克思主义唯物辩证法的光芒,对做好意识形态工作具有重要的指引作用。

(四)掌握科学的意识形态工作方法

方法是人们为了认识世界和改造世界,达到一定目的所采取的活动方式、程序和手段的总称。方法极为重要,方法的选择是否恰当直接决定了人们的实践活动能否取得成功。毛泽东极为重视方法,他把任务比作过河,把方法比作过河的桥和船,指出:"不解决桥或船的问题,过河就是一句空话。

---

① 《毛泽东文集》(第七卷),人民出版社1999年版,第229页。
② 《毛泽东文集》(第七卷),人民出版社1999年版,第229~230页。

不解决方法问题,任务也只是瞎说一顿。"①为了做好意识形态工作,毛泽东采用了一系列行之有效的工作方法。这些方法主要有:

第一,理论教育法。对党员干部进行马克思主义理论教育,坚定理想信念,增强党性修养。毛泽东一生重视对党员干部进行马克思主义理论教育,为之付出巨大心血。延安时期,在毛泽东的大力推动下,党陆续创建了抗日军政大学、陕北公学、中央马列学院等十几所干部学院,对党的高级干部进行系统的马克思主义理论方面的教育和培训。毛泽东亲自为学员授课,讲解和宣传马克思主义、党的路线方针政策。在党的七届二中全会上,为适应新的形势发展的需要,中央重新编审了一套12本干部需要学习的马列主义著作,毛泽东特地为这套书加上"干部必读"四个字。1958年11月,为纠正"大跃进"中出现的"左"倾错误,毛泽东给地方领导同志写信,建议他们读一读《苏联社会主义经济问题》和《马恩列斯论共产主义社会》这两本书。1964年2月,在中宣部关于组织高级干部学习马克思、恩格斯、列宁、斯大林著作的请示报告上,毛泽东特别指示:所列30本书要"大字,线装,分册"出版,并于年内完成,尽快分发到干部手中。1970年,他又指定250多位中央委员和候补中央委员读9本马列著作,并说学好马列主义不容易,联系实际用好马列主义更困难。②

第二,榜样教育法。大力宣传英雄模范事迹,激发人们参与社会主义革命、建设事业的热情。白求恩殉职后,毛泽东专门撰写文章予以纪念,号召所有共产党员向白求恩学习,做"一个高尚的人,一个纯粹的人,一个有道德的人,一个脱离了低级趣味的人,一个有益于人民的人。"③张思德牺牲后,在其追悼会上,毛泽东作了《为人民服务》的著名演讲。从此以后,"为人民服

① 《毛泽东选集》(第一卷),人民出版社1991年版,第139页。
② 王颖:《毛泽东在政治上如何要求党的高级干部》,《党的文献》,2018年第3期。
③ 《毛泽东选集》(第二卷),人民出版社1991年版,第660页。

务"成了共产党人的座右铭,激励着他们奋勇前行。新中国成立后,对于在社会主义建设中涌现出来的先进典型,"共产主义战士"雷锋、"铁人"王进喜、"党的好干部"焦裕禄、"人民艺术家"常香玉等,毛泽东都给予高度赞扬,或题词、或接见、或观看演出,推动这些英雄模范人物的感人事迹迅速走入千家万户。

第三,说服教育法。耐心细致地予以说服教育,把人们的思想引向健康、正确的轨道。毛泽东认为,思想性质的问题只能用说服教育的方法去解决。企图用行政命令的方法、强制的方法解决思想问题,不但没有效果,反而会加剧对立,引发更大矛盾。在"延安整风运动"中,毛泽东、周恩来多次去探望王明并同他促膝谈心。经过耐心细致的思想工作,王明意识到了自己的错误,主动写信给党中央,表示完全同意和拥护《关于若干历史问题的决议》对自己的批判。说服教育法在"延安整风运动"中得到很好的贯彻和执行,有效地维护了党的统一和团结。

第四,批评与自我批评法。批评是指出别人的不足。对别人进行批评:一要诚恳,不隐瞒,不夸大,如实告知;二要目的端正,对别人进行批评是为了帮助别人进步,决不允许借机诬陷、打击报复。自我批评是对自己的缺点或错误进行的揭露和剖析。自我批评一定要深刻,深挖自己犯错误的思想根源。对于别人所提的意见,要虚心接受,努力改正。批评与自我批评的方法全面运用到了党的组织生活当中,成为党的优良传统和作风,一直延续至今。

第五,协同作战法。意识形态工作不是某一个部门的事,各个部门都有责任。"思想政治工作,各个部门都要负责任。共产党应该管,青年团应该管,政府主管部门应该管,学校的校长教师更应该管。"①只有联合作战,形成

---

① 《毛泽东文集》(第七卷),人民出版社1999年版,第226页。

合力,才能发挥协同效应,取得更好效果。

(五)加强意识形态工作队伍建设

"政治路线确定之后,干部就是决定的因素。"①意识形态工作要做好,必须有一支高素质的干部队伍。毛泽东非常重视意识形态工作队伍建设,在《一九五七年夏季的形势》的讲话中,他特别强调指出:"为了建成社会主义,工人阶级必须有自己的技术干部队伍,必须有自己的教授、教员、科学家、新闻记者、文学家、艺术家和马克思主义理论家的队伍"②,"各省、市、自治区要有自己的马克思主义理论家,自己的科学家和技术人才,自己的文学家、艺术家和文艺理论家,要有自己的出色的报纸和刊物的编辑和记者。"③在毛泽东看来,意识形态工作队伍的指向非常广泛,党和政府的所有工作部门的工作人员都是意识形态工作队伍的一员,都承担着做好意识形态工作的责任。毛泽东不但指出了意识形态工作队伍建设的重要性和范围,而且提出了加强意识形态工作队伍建设的措施,这些措施包括:第一,尊重和信任意识形态工作队伍。1942年2月,在中央党校开学典礼的讲话中,毛泽东指出:"我们尊重知识分子是完全应该的,没有革命知识分子,革命就不会胜利。"④1957年2月,在《关于正确处理人民内部矛盾的问题》的讲话中,毛泽东重申了这一观点。他强调指出:"凡是真正愿意为社会主义事业服务的知识分子,我们都应当给予信任,从根本上改善同他们的关系,帮助他们解决各种必须解决的问题,使他们得以积极地发挥他们的才能。"⑤在此讲话中,毛泽东还对那些不善于团结知识分子、不尊重知识分子劳动、态度生硬的干部进行了

① 《毛泽东选集》(第二卷),人民出版社1991年版,第526页。
② 《建国以来毛泽东文稿》(第六册),中央文献出版社1992年版,第550页。
③ 《毛泽东著作专题摘编》(下),中央文献出版社2003年版,第1530~1531页。
④ 《毛泽东选集》(第三卷),人民出版社1991年版,第815页。
⑤ 《毛泽东文集》(第七卷),人民出版社1999年版,第225页。

批评,要求他们迅速改正。第二,关心和爱护意识形态工作队伍。工资、住房、经费、办公环境……各级政府要力所能及地帮助意识形态工作队伍解决困难,为其顺利开展工作创造良好条件。1957年3月,在同文艺界代表谈话中,针对部分作家反映的纸张缺乏问题,毛泽东当场指示文化部门的主要负责同志予以解决,消除了他们的后顾之忧。第三,强化一把手抓意识形态工作的要求。因其独特的政治地位和影响力,一把手抓意识形态工作会有更好的效果。"要责成省委、地委、县委书记管思想工作,管报纸、学校、文学艺术和广播"①,要把意识形态问题列入党委议事日程进行专题研究。自毛泽东时代起,一把手抓意识形态工作成为党的纪律要求和政治要求,一直延续至今。

二、邓小平意识形态建设理论

党的第二代中央领导集体的核心、中国社会主义改革开放和现代化建设的总设计师、中国特色社会主义道路的开创者、邓小平理论的主要创立者,邓小平就意识形态建设的指导思想、原则、内容、载体、途径等根本性、全局性问题作出深刻论述,极大地推动了党的意识形态理论的发展。

(一)开展真理标准问题大讨论,恢复党的实事求是的思想路线

"文化大革命"结束后,当时党的最高领导人在指导思想上继续推行"左"的政策,坚持"两个凡是"的错误方针。"两个凡是"严重束缚人们的思想,使党和国家的工作处于徘徊不前的局面中。"两个凡是"提出之后,邓小平感到非常忧虑,他觉得这是是否坚持历史唯物主义的问题,是重要的思想路

---

① 《毛泽东文集》(第七卷),人民出版社1999年版,第247页。

线问题。经过反复考虑，1977年4月，邓小平给中央写了一封信，指出"我们必须世世代代地用准确的完整的毛泽东思想来指导我们全党、全军和全国人民"①，旗帜鲜明地反对"两个凡是"。5月24日，在同中央两位同志的谈话中，邓小平再次批评"两个凡是"，指出"两个凡是"不符合马克思主义。"一个人讲的每句话都对，一个人绝对正确，没有这回事情。"②"马克思、恩格斯没有说过'凡是'，列宁、斯大林没有说过'凡是'，毛泽东同志自己也没有说过'凡是'。"③1978年5月10日，中共中央党校内部刊物《理论动态》发表了《实践是检验真理的唯一标准》一文，从理论上对"两个凡是"进行了彻底否定。文章阐述了马克思主义的思想路线，指出：检验真理的标准只能是社会实践，理论与实践的统一是马克思主义的一个最基本的原则。一个理论是否正确反映了客观实际，是不是真理，只能由社会实践检验，除此之外没有别的标准。5月11日，《光明日报》以特约评论员的名义发表此文，随后新华社、《人民日报》、《解放军报》等全国很多媒体予以转载。这篇文章的发表拉开了真理标准问题大讨论的序幕。1978年6月2日，在全军政治工作会议上，邓小平着重阐述了在新的历史条件下怎样坚持毛泽东思想的问题。邓小平指出，实事求是是毛泽东思想的出发点、根本点，要一切从实际出发，按照实际情况决定工作方针，反对只会照抄照搬马克思主义经典作家原话、不会灵活运用的"教条主义"行为。1978年9月，邓小平在东北视察工作时，又一次批评了"两个凡是"。邓小平指出：坚持"两个凡是"，这不叫高举毛泽东思想的旗帜，这样搞下去，要损害毛泽东思想。"毛泽东思想的基本点就是实事求是，就是把马列主义的普遍原理同中国革命的具体实践相结合"。④在邓小平、陈云、

---

① 《邓小平文选》(第二卷)，人民出版社1994年版，第39页。
② 《邓小平文选》(第二卷)，人民出版社1994年版，第38页。
③ 《邓小平文选》(第二卷)，人民出版社1994年版，第39页。
④ 《邓小平文选》(第二卷)，人民出版社1994年版，第126页

聂荣臻、徐向前等老一辈革命家的正确引导和积极支持下，关于真理标准问题的讨论在全国广泛展开。思想界、理论界的专家学者纷纷发表文章，中央各部门、地方和军队的负责人相继发表讲话或文章，表明支持态度。

真理标准问题大讨论具有极为重要的历史意义。它打破了长期以来个人崇拜、教条主义的枷锁对全党的束缚，是继延安整风运动以来又一次具有深远意义的思想解放运动，对于正确地坚持毛泽东思想，对于端正党的思想路线，推动社会主义现代化建设，发挥了重要作用，为党的十一届三中全会的召开奠定了思想基础。

（二）正确认识评价毛泽东和毛泽东思想，维护党的团结

"文化大革命"结束后，如何评价毛泽东及毛泽东思想是当时国内外非常关注的一个问题。"这不只是个理论问题，尤其是个政治问题，是国际国内的很大的政治问题。"[①]如果这个问题处理不好，会导致党的分裂，甚至影响社会稳定。在国内，"左"、右两派激烈争论。"左"派人士坚持"文化大革命"是对的，拥护毛泽东提出的"无产阶级专政下继续革命"的错误观点，反对纠正"文化大革命"错误；右派则借毛泽东晚年错误完全否定毛泽东，完全抹杀他的贡献，意图通过否定毛泽东达到否定党的领导和社会主义制度的政治目的。同时，国际社会也在观望，看邓小平会不会像赫鲁晓夫完全否定斯大林那样完全否定毛泽东，中国的社会制度会不会转向。复杂的国内外形势要求党中央对新中国成立之后三十年特别是"文化大革命"十年的历史，对毛泽东本人、毛泽东思想作出客观公正的评价，形成令人信服的结论。面对全党全国人民的期待，邓小平勇挑重担。1979年11月，在他主持下，中央成立《关于建国以来党的若干历史问题的决议》起草小组。邓小平先后十多次

---

① 《邓小平文选》（第二卷），人民出版社1994年版，第299页。

召集起草组开会,对起草工作作出重要指示。邓小平指出,要对新中国成立三十年来党的历史上的大事进行实事求是地分析,要对历史人物的功过是非作出客观公正的评价。邓小平特别强调,要坚持毛泽东思想,毛泽东思想这个旗帜丢不得,丢掉了这个旗帜实际上就否定了我们党的光辉历史。要尊重毛主席,没有毛主席,中国人民要在黑暗中摸索更长时间。

经过反复修改,1981年6月,中央召开党的十一届六中全会,通过《关于建国以来党的若干历史问题的决议》,对毛泽东的历史地位及功过是非、毛泽东思想基本内容与指导意义作出客观公正的评价。《决议》指出,毛泽东同志是伟大的马克思主义者,是伟大的无产阶级革命家、战略家和理论家。他虽然在"文化大革命"中犯了严重错误,但是就他的一生来看,他对中国革命的功绩是第一位的,错误是第二位的。他为中国共产党和人民军队的创立和发展,为中国各族人民解放事业的胜利,为中华人民共和国的缔造和我国社会主义事业的发展,建立了永远不可磨灭的功勋。他为世界被压迫民族的解放和人类进步事业作出重大贡献。《决议》将毛泽东晚年的错误同毛泽东思想加以区别,指出毛泽东思想是马克思列宁主义在中国的运用和发展,是被实践证明了的关于中国革命的正确的理论原则和经验总结,是中国共产党集体智慧的结晶。《决议》强调,毛泽东思想是党的宝贵精神财富,将长期指导我们的行动,必须继续坚持毛泽东思想,以符合实际的新原理新结论丰富和发展党的理论。《决议》的形成,表明中国共产党对自己包括领袖人物失误和错误采取实事求是的态度,敢于承认,正确分析,坚决纠正,从而使失误和错误连同党的成功经验一起成为宝贵的历史教材。《决议》极大地统一了全党全国人民的思想,巩固了党的执政地位。①

---

① 《中国共产党简史》,人民出版社、中共党史出版社2021年版,第229~230页。

（三）坚持四项基本原则，反对资产阶级自由化的错误倾向

改革开放，国门打开，西方资产阶级自由化思潮趁机而入。国内有些人，特别是思想、文化、教育领域的少数人受到蛊惑，极力美化西方社会，攻击党的领导和社会主义制度，在社会上特别是青年大学生中造成极为恶劣的影响。资产阶级自由化思潮的快速传播引起了邓小平的高度警觉。1979年3月30日，在党的理论工作务虚会上，邓小平提出"必须在思想政治上坚持四项基本原则"①的主张，即必须坚持社会主义道路、必须坚持无产阶级专政、必须坚持共产党的领导、必须坚持马列主义毛泽东思想。"每个共产党员，更不必说每个党的思想理论工作者，决不允许在这个根本立场上有丝毫动摇。如果动摇了这四项基本原则中的任何一项，那就动摇了整个社会主义事业，整个现代化建设事业。"②

1981年7月17日，在同中央宣传部门负责同志的谈话中，邓小平指出，党对思想战线和文艺战线的领导存在软弱涣散现象、存在对错误倾向不敢批评的情况，亟须改正。1983年10月12日，在中国共产党第十二届中央委员会第二次全体会议上，邓小平对理论界文艺界的种种乱象进行了深刻批判，强调"思想战线不能搞精神污染"③。"精神污染的实质是散布形形色色的资产阶级和其他剥削阶级腐朽没落的思想，散布对于社会主义、共产主义事业和对于共产党领导的不信任情绪"。④"精神污染的危害很大，足以祸国误民。它在人民中混淆是非界限，造成消极涣散、离心离德的情绪，腐蚀人们的灵魂和意志，助长形形色色的个人主义思想泛滥，助长一部分人当中怀疑

---

① 《邓小平文选》(第二卷)，人民出版社1994年版，第164页。

② 《邓小平文选》(第二卷)，人民出版社1994年版，第173页。

③ 《邓小平文选》(第三卷)，人民出版社1993年版，第39页。

④ 《邓小平文选》(第三卷)，人民出版社1993年版，第40页。

以至否定社会主义和党的领导的思潮。"①邓小平要求大力加强党对思想战线的领导,克服软弱涣散的状态;积极开展思想斗争,对非马克思主义、反马克思主义的观点进行批判。1985年5月20日,在同陈鼓应教授的谈话中,邓小平指出,中国要实现现代化,绝不能搞自由化,绝不能走西方资本主义道路。1986年9月13日,在听取中央财经领导小组汇报时,邓小平指出,中国的政治体制改革不能照搬西方模式,不能搞自由化。按照邓小平的要求,国务院成立新闻出版总署,加强对新闻、出版事业的管理,堵塞资产阶级自由化传播的渠道;中央纪律检查委员会发出《关于共产党员必须严格遵守党章的通知》,严明党的政治纪律;教育部门加强对青少年的思想政治教育力度,引导他们认识中国走社会主义道路的历史必然性。通过采取以上措施,意识形态软弱涣散的局面明显得以改变,资产阶级自由化思潮蔓延态势得到有效遏制。

（四）建设高度的社会主义精神文明,提高全民族思想道德素质和科学文化水平

物质文明和精神文明相互影响、相互依赖、相互促进。一方面,物质文明是精神文明的前提和基础,只有首先解决了吃、喝、穿、住等生存问题,人们才有可能从事教育、文学、艺术、舞蹈等精神领域的活动。另一方面,精神文明对物质文明具有巨大的反作用,它决定了物质文明的性质和方向,为物质文明建设提供强大的精神动力和智力支持。所以,物质文明和精神文明,必须一起抓,两手都要硬,任何一个方面都不能忽略。早在1979年,在中国文学艺术工作者第四次代表大会的祝词中,邓小平就表达了这样的观点:既要建设高度的物质文明,发展生产力,提高人民的生活水平;也要建设高度

---

① 《邓小平文选》(第三卷),人民出版社1993年版,第44页。

的精神文明,提高全民族的思想道德素质和科学文化水平,两个文明要一起抓,不可偏颇。此后,邓小平多次重复这一观点,"两手都要抓""两手都要硬"成为党检验干部工作能力和水平的重要标准。

改革开放之后,针对少数干部埋头经济工作、忽视精神文明建设的现象,邓小平进行了严肃地批评。邓小平指出:"不加强精神文明的建设,物质文明的建设也要受破坏,走弯路。光靠物质条件,我们的革命和建设都不可能胜利"①,两个文明都搞好才是有中国特色的社会主义。精神文明的内涵非常广泛,不但包括教育、科学、文化,而且包括思想、理想、信念、道德、纪律、政治原则和立场、人际关系,等等。如何搞好精神文明建设?邓小平指出,一是领导干部要以身作则。党风政风引领民风社风。党是整个社会的表率,党的各级领导同志又是全党的表率。如果党的领导干部自己不严格要求自己,铺张浪费、贪污受贿、拉帮结派,又怎能指望他们改造社会风气呢?精神文明建设更是无从谈起。二是从小事抓起,长期不懈地坚持下去。"抓精神文明建设,抓党风、社会风气好转,必须狠狠地抓,一天不放松地抓,从具体事件抓起。"②狠狠地抓,强调的是要真抓实干,不弄虚作假,不搞形式主义。一天不放松地抓,强调的是要持之以恒,长久地坚持下去。很多不良社会现象乃历史顽疾仍有滋生传播的土壤,只有经过长期努力,才能将其彻底铲除。从具体事件抓起,强调的是从细微处入手,从小事情做起,日积月累,形成社会风气的改变。三是继承发扬党的优良传统和作风。理论联系实际、密切联系群众、批评与自我批评、艰苦奋斗、谦虚谨慎是中国共产党的优良传统和作风,正是依靠这些优良传统和作风,我们才战胜了敌人,取得革命、建设、改革事业的伟大胜利。不管什么时候,不管发展到什么程度,我们都要继承发扬这些优良传统和作风,将其融入每个共产党员的血液中。

---

① 《邓小平文选》(第三卷),人民出版社1993年版,第144页。

② 《邓小平文选》(第三卷),人民出版社1993年版,第152页。

四是加强党对精神文明建设的领导。从中央到地方,各级党委的主要负责人一定要重视精神文明建设,增强搞好精神文明建设重要性的认识。要加强和改进思想政治工作,加强党史国史教育,增强人们坚持四项基本原则的行动自觉。要加强对文化出版事业的管理,以社会效益为最高准则。坚决制止低级趣味和非法出版物的生产、进口和流传,营造良好社会氛围。

(五)坚定理想信念,筑牢思想防线

理想信念是人的精神支撑。只有理想信念坚定才能经得起困难挫折的考验,经得起金钱、权力、美色的诱惑,保持共产党员的政治本色。"为什么我们过去能在非常困难的情况下奋斗出来,战胜千难万险使革命胜利呢? 就是因为我们有理想,有马克思主义信念,有共产主义信念。"[①]"要特别教育我们的下一代下两代,一定要树立共产主义的远大理想。一定不能让我们的青少年作资本主义腐朽思想的俘虏,那绝对不行。"[②]理想信念固然美好,但它不会自动实现。理想信念的实现,依靠苦干实干,没有辛苦努力的付出,再美好的理想也是空谈。除了苦干实干,理想信念的实现还要靠纪律。没有纪律的约束,一盘散沙,各自为战,设计再精美的蓝图也是枉然。党的十一届三中全会之后,邓小平为中国制订了"三步走"的发展战略:第一步,到1990年,解决温饱问题;第二步,到20世纪末实现小康;第三步,到21世纪中叶,达到中等发达国家水平,向人们展示了中国特色社会主义现代化建设新的历史进程表。为了实现"三步走"的战略目标,党领导人民一手抓发展,以经济建设为中心,解放和发展生产力,提高人民生活水平;一手抓纪律,打击贪污腐败,打击违法犯罪,为经济发展创造稳定社会环境。经过全国人民艰苦努力,20世纪90年代第一步战略目标顺利实现,并为第二步、第三步战略

---

① 《邓小平文选》(第三卷),人民出版社1993年版,第110页。
② 《邓小平文选》(第三卷),人民出版社1993年版,第111页。

目标的完成打下坚实基础。邓小平一生命运多舛,特别是在"文化大革命"时期,多次被错误批斗,甚至连家人也遭受牵连。邓小平始终没有放弃共产主义的信念和对党的忠诚,他坚信正义必将战胜邪恶,光明必将战胜黑暗,党和人民终将迎来拨乱反正的那一天。东欧剧变、苏联解体之后,世界社会主义运动进入低潮期。面对一些人的消极情绪和质疑心理,邓小平表达了对马克思主义、共产主义的坚定信心。邓小平指出,任何新社会的建立都不是一帆风顺的,都会出现困难、挫折,甚至倒退,社会主义运动当然也不例外。对于困难、挫折,要辩证地看待,它并非完全是坏事情,吸取教训、加以改正将会使社会主义制度更加完善,向着更加健康的方向发展。"因此,不要惊慌失措,不要认为马克思主义就消失了,没用了,失败了。哪有这回事!"①"我坚信,世界上赞成马克思主义的人会多起来的,因为马克思主义是科学。"②邓小平一生信仰马克思主义、共产主义,他用自己的行动践行自己的理念,为全党树立了光辉典范。

(六)提出"三个有利于"标准,平息"姓资""姓社"的争论

党的十一届三中全会之后,改革开放中的一些做法,特别是实行家庭联产承包责任制、废除人民公社制度、设立经济特区、建立合资企业、开放证券股票市场等,引起了社会各界的高度关注,"姓资""姓社"的争论日趋激烈。有些学者把改革开放说成是"引进和发展资本主义"③,认为"和平演变的主要危险来自经济领域"④。这些"左"的观点让处于改革一线的干部面临很大压力,他们担心自己会被"扣帽子",像"文化大革命"时期那样受到批判。邓

---

① 《邓小平文选》(第三卷),人民出版社1993年版,第383页。

② 《邓小平文选》(第三卷),人民出版社1993年版,第382页。

③ 《邓小平文选》(第三卷),人民出版社1993年版,第375页。

④ 《邓小平文选》(第三卷),人民出版社1993年版,第375页。

小平敏锐地察觉到了中国政治气候的这种变化,1992年初,他到武昌、深圳、珠海、上海等地视察,发表了著名的"南方谈话"。在"南方谈话"中,他提出了判断一切工作是非得失的根本标准,即著名的"三个有利于标准":是否有利于发展社会主义社会的生产力,是否有利于增强社会主义国家的综合国力,是否有利于提高人民的生活水平。只要符合"三个有利于标准",一切改革举措都没有问题,都可以放心大胆地干。经济特区、合资企业、股票市场受到我国法律制度的约束,是社会主义经济的有益补充,归根到底是有利于社会主义的。此外,在"南方谈话"中,邓小平还就人们关心的计划和市场的性质问题谈了自己的看法。邓小平指出,计划和市场只是一种经济手段,并不是社会主义和资本主义的本质区别。"计划经济不等于社会主义,资本主义也有计划;市场经济不等于资本主义,社会主义也有市场。"[1]社会主义的本质是解放和发展生产力,消灭剥削,消除两极分化,最终达到共同富裕。鉴于"文化大革命"的惨痛教训,邓小平反对过多的争论,"不争论,是为了争取时间干。一争论就复杂了,把时间都争掉了,什么也干不成。不争论,大胆地试,大胆地闯。"[2]对于改革开放中涌现出来的新事物,要敢于尝试。对的,坚持下去;错的,改正就是了。只要我们坚持这样的态度,就不会犯大错误。人们接受新事物需要一定的时间,要允许看,不搞运动,不搞强迫。效果好了,新事物自然就会普及。邓小平的讲话极大地解放了中国人的思想,"姓资""姓社"的争论很快得以平息。中国人民全身心地投入社会主义建设事业中,20世纪90年代,中国经济以前所未有的速度发展。继1979年之后,中国人民迎来又一个春天。

---

① 《邓小平文选》(第三卷),人民出版社1993年版,第373页。
② 《邓小平文选》(第三卷),人民出版社1993年版,第374页。

（七）认真选好接班人，确保社会主义政权始终掌握在忠于党忠于人民忠于马克思主义的人手里

"文化大革命"结束后，面对干部年龄普遍偏大、青黄不接的状况，邓小平忧心忡忡，多次强调要大力提拔年轻干部，让他们尽早进入领导队伍。"选拔接班人这件事情不能拖。否则，搞四个现代化就会变成一句空话。"[①]邓小平指出，能不能交好班，由什么样的人接班，这是一个事关党的执政安危的至关重要的问题，必须高度重视。邓小平强调，一个好的、合格的接班人应当符合三个条件："一是坚决拥护党的政治路线和思想路线；二是大公无私，严守法纪，坚持党性，根绝派性；三是有强烈的革命事业心和政治责任心，有胜任工作的业务能力。"[②]简而言之，既要政治立场坚定，又要有突出的工作能力，既要"红"，也要"专"。选好接班人，要解放思想，破除以前的条条框框；要打破论资排辈的陋习，选拔真正有能力的年轻干部，使其脱颖而出。为了选好接班人，邓小平要求老同志、老干部要高度重视这项工作，把它作为自己首要的、第一位的任务；要求老同志、老干部发扬风格，主动让贤，给年轻人提供进步成长的空间。为了解决新老过渡问题，推动干部年轻化，在邓小平的倡议下，中央成立顾问委员会，老同志主动退出，一大批年轻干部走上一线领导岗位。顾问委员会只是过渡形式，真正解决干部换届问题还得依靠退休制度。1982年2月，中央作出《关于建立老干部退休制度的决定》，着手系统地建立健全老干部离休退休和退居二线的制度，使之经常化，并且严格地加以实行。《决定》的颁布标志着我国干部退休制度的正式建立，延续多年的领导干部终身制被废除。邓小平不只要求别人让贤，他自己更是以身作则，率先垂范。党的十三大召开之前，邓小平就向中央提出退休请

---

① 《邓小平文选》(第二卷)，人民出版社1994年版，第221页。

② 《邓小平文选》(第二卷)，人民出版社1994年版，第222页。

求,而且是一退到底,不再担任任何职务。后经挽留,他继续担任军委主席职务。党的十三届四中全会,新的中央领导集体形成并卓有成效地开展工作。邓小平认为时机已经成熟,他再次向中央提出请求,表达完全退休的强烈愿望。对于退休的方式,邓小平特别提出,要简化,不许歌功颂德。

三、江泽民意识形态建设战略思想

在领导中国人民建设有中国特色社会主义的伟大实践中,在同各种困难风险作斗争的过程中,江泽民意识形态建设战略思想逐步形成。江泽民意识形态建设战略思想主要包括意识形态的重要地位、任务使命、基本原则、路径等内容,内涵丰富、逻辑严密。

(一)意识形态工作的重要地位

对于意识形态工作的重要性,江泽民多次予以论述。1991年7月1日,在庆祝中国共产党成立70周年大会上,江泽民指出意识形态工作非常重要,"这方面工作做得好不好,直接关系社会主义事业的成败"①。1996年9月26日,在视察人民日报社时,江泽民指出,党的新闻事业与党休戚与共,是党的生命的一部分;新闻舆论工作关乎民心所向,是党和国家前途命运所系的工作。2000年6月28日,在中央思想政治工作会议上,江泽民把意识形态工作的地位上升到了生命线的高度。江泽民指出:"党的思想政治工作,是经济工作和其他一切工作的生命线,是团结全党和全国各族人民实现党和国家各项任务的中心环节,是我们党和社会主义国家的重要政治优势。"②他特别提醒全党,越是发展经济,越是改革开放,越要重视思想政治工作、意识形态

---

① 《江泽民文选》(第一卷),人民出版社2006年版,第160页。
② 《江泽民文选》(第三卷),人民出版社2006年版,第74页。

工作。意识形态工作事关党的执政安危、事关社会主义事业兴衰成败,江泽民的论述使党员干部对意识形态工作的重要地位有了更为深刻的认识。

(二)意识形态工作的任务使命

统一思想、凝聚人心、激发斗志,振奋精神,这是意识形态工作的价值目标,也是它的职责使命。具体到现实生活中,就是要做到:以科学的理论武装人,以正确的舆论引导人,以高尚的精神塑造人,以优秀的作品鼓舞人。科学的理论,即马克思主义。只有用马克思主义武装头脑、指导实践、推动工作,我们的事业才能不断取得成功。以科学的理论武装人,要求全党同志特别是领导干部增强学习马克思主义理论的自觉性,读原著、学原文、悟原理。更重要的是,要学会灵活运用马克思主义,把掌握的马克思主义知识转化为解决实际问题的能力。"舆论导向正确,是党和人民之福;舆论导向错误,是党和人民之祸。"[1]新闻媒体是党和人民的"喉舌",必须坚持正确导向,不得发表与中央意见不一致的言论,不得宣传西方错误思想。高尚精神,主要是指党的崇高理想和信念、优良传统和作风,如热爱祖国、淡泊名利、勤劳勇敢、开拓创新、勤俭节约等。这种高尚精神与中华传统美德具有高度的契合性。要把这种精神推广到全体人民特别是青少年中去,使之成为国家的精神支柱,成为全体国民的价值追求。"优秀作品是一个国家、一个时代精神文化水平的集中反映,对精神产品生产具有重要的影响和示范作用。"[2]文艺创作必须坚持为社会主义服务、为人民服务的方向,站稳政治立场;必须把社会效益放在首位,讲品位、讲格调、讲责任,不能做金钱的奴隶;必须加强对文化市场的管理,涤荡污泥浊水,扫除社会丑恶现象,净化文化产业的土壤。

---

[1] 《江泽民文选》(第一卷),人民出版社2006年版,第564页。

[2] 《江泽民文选》(第一卷),人民出版社2006年版,第506页。

（三）做好意识形态工作的基本原则

江泽民指出，做好意识形态工作，必须坚持以下原则。一是积极主动。重大突发事件发生后，要第一时间发声，回应群众关切；要科学设置议程，正确引导社会舆论；要勇于驳斥错误观点，维护党和政府形象。二是理论联系实际。"要紧密结合我国社会主义改革和建设、国际形势发展变化的新实际，加强对马克思主义的研究和宣传，不断增强马克思主义理论的说服力和战斗力。"①要切实解决群众关心的实际问题，以求真务实的作风赢得人民信任，夯实党的执政根基。三是以身作则，率先垂范。"党的思想政治工作能否做好，很大程度上还取决于我们党的自身建设和各级领导干部的言行表现。群众的眼睛是雪亮的。要求群众做到的，党员、干部首先要做到。如果说一套、做一套，说的大道理都是要求别人的，自己不起模范作用，那说得再好也没有用。"②四是齐抓共管。意识形态工作是全党的工作，所有党员和领导干部都要做。要建立党委统一领导，党政各部门和工会、共青团、妇联等人民团体齐抓共管、各负其责的工作体制和责任机制，形成抓意识形态工作的合力。

（四）改进意识形态工作的路径

做好意识形态工作，应着力从以下六个方面努力。一是提高全党的理论创新水平，用发展着的马克思主义指导新的实践。理论来源于实践，应当随着实践的发展而不断发展，做到与时俱进。只有这样，党的理论才会具有蓬勃的生命力，才能指导中国特色社会主义事业继续前进，不断取得胜利。随着实践的发展，江泽民先后提出发展是党执政兴国的第一要务、全面建设

---

① 《江泽民文选》（第三卷），人民出版社2006年版，第86页。
② 《江泽民文选》（第三卷），人民出版社2006年版，第98页。

小康社会、建立社会主义市场经济体制、建设社会主义法治国家、正确处理改革发展稳定关系等一系列思想,把中国特色社会主义事业推向更高阶段。二是加强党的自身建设,保持党的先进性和纯洁性,提高党的凝聚力和战斗力。三是加强思想政治工作,为经济工作和其他工作提供强大的精神动力、智力支持和思想保证。四是大力发展先进文化,努力改造落后文化,坚决抵制腐朽文化,充分发挥文化引领风尚、教育人民、服务社会、推动发展的作用。五是弘扬和培育民族精神,增强民族自尊心、自信心和自豪感,增强民族凝聚力和向心力,维护国家统一、民族团结和社会稳定。六是繁荣哲学社会科学。要重视哲学社会科学的学习、研究和应用,把哲学社会科学作为自己的理论武器和思想武器;要大力宣传哲学社会科学研究的优秀成果,扩大优秀成果的社会影响力,推动优秀成果更多、更及时地应用于实际;要形成良好的哲学社会科学人才培养激励机制,促进哲学社会科学优秀人才不断成长,打造一批政治强、业务精、纪律严、作风正的高素质高水平的哲学社会科学人才队伍。[1]

四、胡锦涛意识形态建设思想

以胡锦涛同志为主要代表的中国共产党人根据新世纪、新阶段的新特点,不断推进意识形态建设,新世纪党的意识形态工作呈现出鲜明时代特色,焕发出强大生机活力。胡锦涛意识形态建设思想的内容主要表现在以下四个方面。

---

[1]　王群生:《江泽民意识形态建设理论研究》,首都师范大学博士研究生学位论文,2011年。

（一）建设社会主义核心价值体系

2006年10月，党的十六届六中全会通过的《中共中央关于构建社会主义和谐社会若干重大问题的决定》，第一次明确提出了"建设社会主义核心价值体系"这个重大命题。社会主义核心价值体系包括四个方面的基本内容，即马克思主义指导思想、中国特色社会主义共同理想、以爱国主义为核心的民族精神和以改革创新为核心的时代精神、社会主义荣辱观。在这四方面内容中，马克思主义指导思想是灵魂，解决的是举什么旗的问题；中国特色社会主义共同理想是主题，解决的是走什么道路、实现什么样目标的问题；以爱国主义为核心的民族精神和以改革创新为核心的时代精神是精髓，解决的是应当具备什么样的精神状态和精神风貌的问题；社会主义荣辱观是基础，解决的是人们行为规范的问题。这四个方面的内容各有侧重，又相辅相成，构成了一个逻辑严密的完整体系。社会主义核心价值体系的提出巩固了马克思主义在意识形态领域的指导地位，巩固了全党全国人民团结奋斗的共同思想基础，有效凝聚了社会共识。

（二）提高国家文化软实力

2006年11月，在中国文联第八次全国代表大会、中国作协第七次全国代表大会上，胡锦涛首次提出"国家软实力"的概念。随后这一概念多次出现在他的讲话中，最后上升为国家战略。"加强国家软实力建设，是全面增强我国综合国力的必然要求，也是实现我国和平发展的战略之举。"[①]"要着眼于推动中华文化走向世界，形成与我国国际地位相对称的文化软实力，提高中华文化国际影响力"[②]，"要运用中华优秀文化独特优势，开展多种形式的对

---

① 《胡锦涛文选》（第二卷），人民出版社2016年版，第514~515页。
② 《胡锦涛文选》（第三卷），人民出版社2016年版，第539~540页。

外文化交流,加大文化走出去力度,努力扩大我国文化产品和服务在国际文化市场上的份额"①,"要加快文化体制机制改革创新,构建统一开放竞争有序的现代文化市场体系","要加强对文化产品创作生产的引导,推出更多深受群众喜爱、思想性艺术性观赏性相统一的精品力作","要精心打造中华民族文化品牌,提高中国文化产业国际竞争力,推动中华文化走向世界"②,等等。在西方国家四处散播"中国威胁论"的情况下,胡锦涛关于文化软实力的重要论述有利于树立中国和平崛起的国际形象,有利于传播互利共赢的价值观,为我国改革开放和现代化建设的顺利进行营造和平稳定的国际环境。

(三)占领互联网这个意识形态的前沿阵地

数字技术、网络技术的广泛运用深刻影响了社会舆论的生成机制和传播方式,对人们的思想观念形成巨大冲击。各种思想观点纷纷进驻网络,抢占话语权,占领制高点。新媒体时代,"互联网已成为各种社会思潮、各种利益诉求的集散地,成为意识形态较量的一个重要战场"③。能不能占领互联网这个意识形态的前沿阵地,事关人心向背,事关党的执政安危,具有极为重要的现实意义。由于互联网的隐匿性,当前我国网络安全状况不容乐观:历史虚无主义、新自由主义、普世价值观等错误思潮快速传播,扰乱人们的思想;拜金主义、享乐主义、消费主义等错误观点屡禁不绝,腐蚀人们的斗志;西方敌对国家把互联网视作扳倒中国的有力武器,通过互联网对中国进行意识形态渗透、和平演变。

面对严峻的网络安全形势,我们不能麻痹大意,"要高度重视网络文化

① 《胡锦涛文选》(第三卷),人民出版社2016年版,第68页。

② 张明:《胡锦涛:深化文化体制改革增强中国文化软实力》,中国新闻网,2010年7月23日。

③ 《胡锦涛文选》(第三卷),人民出版社2016年版,第64页。

建设,加强对互联网特别是新媒体平台的应用和管理,支持重点新闻网站建设,提高网络文化产品和服务供给能力,主动引导网上舆论,有效防范和遏制有害信息传播,努力使互联网成为社会主义先进文化的前沿阵地、提供公共文化服务的有效平台、促进人们精神文化生活健康发展的广阔空间。"①网络不是法外之地,要加快网络立法进程,加大网络犯罪惩治力度,营造清朗网络空间,建设良好网络生态,为社会发展创造良好环境。

（四）创新宣传思想工作方法

宣传思想工作的方法不能一成不变,要与时俱进,不断创新。只有这样才能增强时代感和吸引力,取得更好效果。要准确把握人民精神文化需要新变化,提供更加丰富、更加多元、更为优质的文化产品;要深入把握新形势下宣传思想工作的特点和规律,使其与变化了的形势相适应;"要从理念、观念、思路入手,改进宣传思想工作的领导方式、组织方式、工作方式、管理方式,形成鼓励创新创造的法制保障、政策体系、激励机制,调动广大宣传思想工作者的积极性,激发人民创造潜能"②;要学会运用先进技术手段特别是网络开展宣传思想工作,增强宣传思想工作的亲和力、吸引力、感染力;要创新对外宣传方式方法,"善于运用现代化手段和国际通用规则,善于运用国外公众易于理解接受的形式和语言,善于借助国际友好机构、友好媒体、友好人士的力量,既体现我们的意图又表达共同的关切"③;要整合对外传播资源,建设多途径、广覆盖的对外传播网络,形成与我国经济社会发展水平和国际地位相称的对外传播力量,让中国的声音和信息传得更广更远;要有效开展涉藏、涉疆、涉台和人权、民族、宗教等问题的国际舆论斗争,妥善应对

---

① 《胡锦涛文选》(第三卷),人民出版社2016年版,第64~65页。
② 《胡锦涛文选》(第三卷),人民出版社2016年版,第69页。
③ 《胡锦涛文选》(第三卷),人民出版社2016年版,第68页。

"中国威胁论""中国崩溃论"等针对我国的负面舆论,澄清事实真相,阐明原则立场,争取国际社会广泛理解、支持和同情,为改革开放和现代化建设创造良好国际环境。

第三节　世界文明优秀成果

除了马克思主义经典作家、历代党的领导人的意识形态思想,新时代党的意识形态理论也吸收、借鉴了一些西方知名学者的研究成果,如葛兰西的"文化领导权"理论、福柯的"话语权力"理论、布尔迪厄的"场域"理论、约瑟夫·奈的"软实力"理论等,体现出开阔的国际视野。

一、葛兰西的"文化领导权"理论

安东尼奥·葛兰西是意大利共产党的主要创始人,20世纪西方最具独创性的共产主义思想家。意大利革命失败后,葛兰西对此进行了深刻反思。他发现,意大利革命失败的一个重要原因在于意大利共产党没有掌握意识形态的领导权,没有在革命之前广泛发动群众,占领群众的思想阵地。因此他主张,无产阶级政党在领导和推动社会主义革命的时候,必须重视意识形态的作用,夺取社会的文化领导权。先夺取文化领导权再夺取政治领导权,前者是后者的前提条件。没有文化领导权作基础,不能取得人民群众内心的认同,即使短暂掌握政权,革命形势也不稳固,最终还是难逃失败的命运。

葛兰西认为,"有机知识分子"是夺取文化领导权的重要力量。无产阶级政党要夺取文化领导权,必须充分发挥"有机知识分子"的作用。"有机知识分子"在夺取文化领导权中的作用表现在两个方面。一是正面宣传。解释和传播反映无产阶级根本利益与价值的思想理论体系,即马克思主义学说,使其为更多的人所接受。二是反向批评。揭示资产阶级意识形态的虚假本质,否定资产阶级统治的合法性。作为上层建筑的"活动家","有机知识分子"扮演着"守护神"的角色,承担着"化妆师"的功能。对任何统治阶级来说,"有机知识分子"都是不可或缺的。有鉴于此,无产阶级政党必须"培养自己的干部、一定社会集团(作为'经济'集团发生和发展的)分子,直到把他们变成熟练的政治知识分子、领导者、各种形式活动的组织者和整体社会——公民社会和政治社会有组织发展所具有的职能的执行者"①。只有这样,无产阶级政党才能在市民社会中夺取文化领导权,才能以此为基础完成对整个社会的总体性变革。

传统政治学把国家分为政治社会和市民社会两种。在政治社会,统治阶级往往采取暴力、强制的方式维护自己的地位。在市民社会,统治阶级更多采取教育、说服等软性方式争取民众的支持。葛兰西认为,一个现代意义上的"完整国家"应当是政治社会与市民社会的复合体,既需要军队、监狱、法庭等暴力机关,也需要工会、教会、学校等民间组织。二者不是截然对立的关系,而是相辅相成,不可分割,如车之两轮,鸟之两翼。西方发达资本主义国家很好地把政治社会和市民社会结合在了一起。在牢牢掌握国家权力的同时,西方发达资本主义国家特别重视市民社会建设,通过工会、教会、学校、新闻媒体等意识形态传播机构对民众进行文化与心理渗透,把西方文化、思想、价值观植根于民众心中。这样资本主义就在思想文化领域建构起了一道强大防御工事,一旦国家开始动摇,市民社会这个坚固的结构立即出面为其辩护,化解风险,抵御危机,这是为何西方资产阶级失败后很快就能卷土重来的原因所在。

---

① [意]安东尼奥·葛兰西:《狱中札记》,葆煦译,人民出版社1983年版,第425页。

葛兰西的"文化领导权"理论为无产阶级在发达资本主义国家争取和实现社会主义提供了一种新的视角和策略，同时也为今天社会主义国家加强和改进意识形态建设、文化建设提供了有益启示，具有重要现实意义。①

二、福柯的"话语权力"理论

法国后现代主义思想家米歇尔·福柯深刻阐述了话语的内涵、重要性，以及话语与权力之间的相互关系。福柯认为，话语有广义、狭义之分。广义上的话语是指文化生活的所有形式和范畴，而狭义上的话语接近于语言的形式。因为涉及主体间的关系，所以话语不是简单的、个别词的结合。除了字面意思，话语还包含了对事物价值的判断，代表了某种思想、观点和看法。又因为话语的意义来自自由，因而它无法被完全限定在语言的规则中。话语是语言和言语无法代替的。

福柯认为，话语极为重要，人类的一切知识都是通过话语获得的，任何脱离话语的东西都是不存在的，我们与世界的关系只是一种话语关系。换言之，话语不能简单地理解为一种交往和传播的中介，它是人类一种重要的社会活动。话语意味着一个社会团体依据某些成规将其意义传播于社会之中，以此确立其社会地位，并为其他团体所认识的过程。一个社会中的各个层面都有特定的话语存在，这些话语组合起来，如同一个缜密的网络，驾驭着其成员的思维、行动，以及组织的规范或条例，使该社会的所有活动都受这种特定的话语定义的限制。

福柯认为，话语与权力之间相互影响、相互依存、不可分割。一方面，权力决定话语，有什么样的权力就有什么样的话语，权力的大小决定话语的强

---

① 王永进：《高校意识形态工作话语权研究》，上海交通大学出版社2017年版，第49~52页。

弱,通常情况下二者成正比例关系。需要特别说明的是,福柯所讲的权力不仅仅特指统治阶级或者执政当局所拥有的强制力、征服力,同时也包括影响力、辐射力、说服力等。另一方面,话语对权力具有重大影响,既可以巩固权力,也可以削弱权力。"话语既可以是权力的工具,也可以是权力的结果,但也可以是阻碍、绊脚石、阻力点,也可以是相反的战略的出发点。话语传递着、产生着权力;它强化了权力,但也削弱了其基础并暴露了它,使它变得脆弱并有可能遭受挫折。"①话语起着什么样的作用,是巩固权力还是削弱权力,取决于话语是否代表统治阶级的利益、为统治阶级服务。在福柯看来,话语本身就是一种权力。话语蕴含、显现、释放并行使着权力,话语权的拥有意味着权力的实现。那些对话语起决定作用的规则强化了有关何为理性、理智,以及真实的判定标准,站在这些规则之外发言,就要冒被边缘化和被排斥的危险。"话语模式与其说是假设和观察或理论和实践之间进行自主交流过程所形成的产物,不如说是在一定时期内决定哪些理论和实践占上风的基础。"②统治阶级要想稳固自己的权力,必须掌握话语权,掌控社会舆论,为自己的统治辩护。

同西方相比,当前中国在国际舆论场仍然处于弱势地位,"有理说不出,说了传不开,传开叫不响"的问题依然存在,这与中国的国际地位极不匹配,也严重损害了中国的国际形象。福柯的"话语权力"理论为我们突破"西强中弱"的话语困境、开展国际舆论斗争提供了有益启示,具有重要借鉴意义。③

---

① [法]米歇尔·福柯:《性史》,张廷琛、林莉、范千红等译,上海科学技术文献出版社1989年版,第98~99页。

② [美]海登·怀特,米歇尔·福柯:《话语的秩序》,渠东译,辽宁教育出版社1998年版,第83页。

③ 王永进:《高校意识形态工作话语权研究》,上海交通大学出版社2017年版,第54~55页。

三、布尔迪厄的"场域"理论

场域的概念,最开始源自物理学,是为描述重力电磁力等物体相互作用时的"场"现象而提出的专有概念。法国社会学家布尔迪厄把场域定义为位置客观关系的一个网络或一个形构。"一个场就是一个有结构的社会空间,一个实力场有统治者和被统治者,有在此空间起作用的恒定、持久的不平等的关系,同时也是一个为改变或保存这一实力场而进行斗争的战场。"①

布尔迪厄描述了场域的特点、特征。场域具有典型的结构和系统特征,它是不同位置之间的关系网络,每一个位置受到它与其他位置关系和相互作用的界定及影响,并且每一位置的变动和转换将影响整个场域结构。场域呈现多样化的特点,可以分为经济场、文化场、权力场、学术场、艺术场、宗教场等。场域的多样化是社会分化的结果。这种分化的过程同时也是场域的自主化过程,即摆脱其他场域限制和影响的过程。场域越是从社会场域和权力场域中获得了自主性,这个场域的语言就越具有科学性。场域并不仅仅是指物理环境,也包括他人的行为及与此相连的许多因素。场域不仅是一个围绕特定的资本类型或资本组合而组织的结构化空间,也是一个充满斗争的领域,竞争的目的毫无疑问是为了占有稀缺资源和相对优势的地位。同时,场域是建立在资本的基础上的由处于统治地位与被统治地位的主体组成的结构性空间,他们在场域中都要遵循特定的规则进行斗争。在很大程度上,场域的构建是依靠自身的内在发展机制来实现的。场域是一个相对独立的社会空间。这种相对独立性表现在不同的场域,具有不同

---

① ［法］皮埃尔·布尔迪厄:《关于电视》,许钧译,辽宁教育出版社2000年版,第46页。

的逻辑和必然性,即"每一个子场域都具有自身的逻辑、规则和常规"①。在高度分化的社会里,社会世界是由具有相对自主性的社会小世界构成的,这些社会小世界就是具有自身逻辑和必然性的客观关系的空间,而这些小世界自身特有的逻辑和必然性也不可化约成支配其他场域运作的那些逻辑和必然性。②

布尔迪厄认为,尽管"场域"是一种客观的关系系统,但在场域里活动的行动者并非一个一个的"物质粒子",而是有知觉、有意识、有精神属性的人。场域不是一个"冰凉凉"的"物质小世界",每个场域都有属于自己的"性情倾向系统"——惯习。布尔迪厄对场域和惯习的关系作了深刻分析。综观布尔迪厄的论述,场域与惯习之间的关系可以从四个层面来理解。第一,场域和惯习是相互交织的双重存在。场域是具有惯习的场域,没有惯习的场域是不存在的;惯习是场域的惯习,脱离场域的惯习也是不存在的。第二,在一个场域内部,场域与惯习之间存在"本体论的对应关系"。一方面,这是种制约关系:场域形塑着惯习,惯习成了某个场域固有的必然属性体现在身体上的产物。另一方面,这又是一种知识的关系,或者说是认知建构的关系。惯习有助于把场域建构成一个充满意义的世界,一个被赋予了感觉和价值,值得你去投入、去尽力的世界。第三,不同场域的惯习之间存在"不吻合"现象。不同的场域具有不同的惯习,把在此场域形成的惯习简单地"移植"到彼场域去必然会造成"水土不服"。第四,场域与惯习之间不是简单的"决定"与"被决定"的关系,而是一种通过"实践"为中介的"生成"或"建构"的动态关系。性情倾向在实践中获得,又持续不断地发挥各种实践作用;不断地

---

① [法]皮埃尔·布尔迪厄,华康德:《实践与反思——反思社会学导论》,李猛、李康译,中央编译出版社1998年版,第142页。

② 张碧红,雷天玥:《分化与共生:布尔迪尔场域理论的当代阐释——基于布尔迪尔场域理论的探索性研究》,《今传媒》,2017年第2期。

被结构形塑而成，又不断地处在结构生成过程之中。①

　　当前，中国的舆论场特别是网络舆论场众声喧哗，不同思想观点激烈交锋。布尔迪厄的"场域"理论为我们正确看待，并引领多元化社会思潮、巩固马克思主义在意识形态领域的指导地位提供了有益启示，具有重要参考价值。

四、约瑟夫·奈的"软实力"理论

　　美国著名政治学家、哈佛大学名誉教授约瑟夫·奈最早提出"软实力"的概念。在他看来，软实力"是一种依靠吸引力，而非通过威逼或利诱的手段来达到目标的能力"②，它是"权力的第二张面孔"③。一个国家的软实力主要来自三个方面：文化、政治价值观、外交政策。"当一国的文化中包含了普世价值观，其政策中推行的也是被他国认同的价值观和利益，那么双方就会建立一种兼具吸引力和责任感的关系，该国得偿所愿的可能性也会相应大大增加。狭隘的文化和价值观不可能产生软实力。"④软实力是国家实力的重要组成部分，也是一个国家综合实力的体现。一个国家要想成为世界领袖，不能单纯发展军事、经济、科技等硬实力，也应发展文化、教育、外交等软实力。只重视硬实力，不重视软实力，"将软实力排斥于国家政策之外是个天大的错误"⑤。既然软实力如此重要，那么应当如何发展软实力呢？

　　约瑟夫·奈对此作出深刻论述。一是增加对软实力的资源投入。拍摄、生产蕴含西方思想、价值观的文艺作品，电影、电视剧、书籍等，增强西方国家的亲和力；加大资金支持力度，通过奖学金、交换活动、培训计划、研讨班、

---

① 毕天云：《布迪厄的"场域——惯习"论》，《学术探索》，2004年第1期。
② ［美］约瑟夫·奈：《软实力》，马娟娟译，中信出版社2013年版，第XII页。
③ ［美］约瑟夫·奈：《软实力》，马娟娟译，中信出版社2013年版，第8页。
④ ［美］约瑟夫·奈：《软实力》，马娟娟译，中信出版社2013年版，第16页。
⑤ ［美］约瑟夫·奈：《软实力》，马娟娟译，中信出版社2013年版，第XII页。

学术会议等渠道加强与目标人物的联系,培育亲西方势力。二是适应信息时代的要求,使用先进科技手段进行对外宣传。"如果忽略了现代技术条件所赋予的手段,不用这些手段来进行解释和说服任务,那么即使再高明的外交政策也会遭遇失败。"①三是抛弃傲慢、偏见、自私自利的心态,实施谦虚谨慎、利益共享的外交政策。狭隘自私或者傲慢的政策非但无助于制造软实力,反而会引起别的国家人民的反感,将他们越推越远。"如果我们行事傲慢,破坏了传递深层价值观念的真实信息,那么吸引力就会转变成排斥力。"②伊拉克战争后,美国在全世界的吸引力直线下降,很大程度上就和美国傲慢的外交政策有关。四是与非政府组织合作,开展公益活动。后现代社会的公众普遍对权威持怀疑态度,与政府相比,民间非政府组织更受信任。与非政府组织合作,开展医疗、卫生、减贫、环保、自然灾害救济等公益活动,有利于树立美国良好国家形象,增强别的国家对美国的好感度。软实力固然重要,但不能因此否认硬实力的作用。硬实力是软实力的前提和基础,没有硬实力,没有强大的经济、国防、科技实力作后盾,软实力根本无从谈起。"一个在经济、军事上走下坡路的国家,损失的不仅是硬实力,同时受损的还有影响国际议程的能力和自身吸引力。"③软实力和硬实力紧紧地缠绕在一起,融为一体,不可分离。要全面准确把握两者之间的辩证统一关系,不能从一个极端走向另外一个极端,否则就会犯"单一论"的错误。

今天的中国快速崛起,正在走向世界舞台中央。崛起后的中国应当如何与世界相处,怎样才能消除别的国家的疑虑,增强中国的亲和力,抛去意识形态因素,约瑟夫·奈的"软实力"理论为我们提供了有益启示,具有学习借鉴的价值。

---

① [美]约瑟夫·奈:《软实力》,马娟娟译,中信出版社2013年版,第136页。
② [美]约瑟夫·奈:《软实力》,马娟娟译,中信出版社2013年版,第XIII页。
③ [美]约瑟夫·奈:《软实力》,马娟娟译,中信出版社2013年版,第13页。

第二章　新时代党的意识形态理论原创性贡献产生的时代背景

　　"时代是思想之母，实践是理论之源。"①党的十八大之后，世情、国情、党情、社情、民情发生深刻变化。伴随着这些变化，我国意识形态领域出现许多新情况、新问题、新挑战，迫切需要新的理论指引。新时代党的意识形态理论就是在这样的背景下产生的，立足实践之基，回应时代之问，满足人民之需。

第一节　国际形势的深刻变化

　　和以前相比，新时代，国际形势发生深刻变化：国际力量对比逆转，新兴市场国家和发展中国家群体性崛起；冲突对抗加剧，世界进入新的动荡变革期；网络技术迅猛发展，社会信息化快速推进；多元思想文化相互激荡，不同

---

① 习近平：《在庆祝中国共产党成立95周年大会上的讲话》，人民出版社2016年版，第9页。

文明交流交融交锋更加频繁。国际形势的深刻变化既给党的意识形态工作带来重大战略机遇,也带来严峻风险挑战。

一、国际力量对比逆转,新兴市场国家和发展中国家群体性崛起

当前,尽管国际力量对比总体上依然呈现"西强东弱""北强南弱"的态势,但表现出明显的"东升西降""南升北降"的趋势。根据国际货币基金组织统计,2001年至2021年,新兴市场和发展中经济体占世界经济总量的比重从21.15%上升到40.92%,发达经济体占世界经济总量的比重则由78.85%下降至59.08%。经过20年发展,双方差距缩小近20个百分点。新兴市场和发展中经济体对世界经济增长的贡献率已经达到80%,成为全球经济增长的主要动力。[①]在新兴市场和发展中国家中,中国的表现尤为亮眼。改革开放之后,中国经济高速增长,国内生产总值(GDP)先后超过意大利、法国、英国、德国,2010年超过日本,成为世界第二大经济体。2022年,中国的GDP总量为18.1万亿美元,是世界第三大经济体日本的4.3倍,超过欧盟27国之和。现在的中国是世界第二大经济体、制造业第一大国、货物贸易第一大国、商品消费第二大国、外资流入第二大国,外汇储备连续多年位居世界第一,国际影响力广泛。除了中国,印度、东南亚国家的经济表现也不错。近10年,印度经济以7%左右的速度高速增长,目前已成为世界第五大经济体。东盟积极推动区域经济一体化建设,大力改善投资环境,成为世界经济发展最具活力的地区之一。中国、印度、东南亚国家经济的高速增长推动世界经济中心由大西洋沿岸向太平洋地区转移。2022年6月20日,中国国际发展知识

---

① 王朝阳:《国际货币体系加快多元化探索》,《人民日报》,2023年5月9日。

中心发布《全球发展报告》。《报告》指出:未来10年,新兴市场和发展中国家将持续崛起,在世界经济总量中占据更高份额,为世界经济增长作出更大贡献。[①]"进入新世纪以来,新兴市场国家和发展中国家群体性崛起,成为不可逆转的时代潮流。"[②]经济基础决定上层建筑。以前经济实力弱小的时候,国际事务由西方垄断,经贸规则由西方制定,发展中国家没有话语权,只能被动接受。现在情况已然不同,新兴市场国家和发展中国家崛起了、实力增强了,必然要求改变过去那种消极被动局面。他们要求废除不公平不合理的国际经济政治旧秩序,建立一个公平正义的新世界。他们要求对联合国、世界银行、IMF等国际组织进行改革,增强发展中国家的代表性和话语权。他们积极参与全球事务治理,发出自己的声音,提出自己的方案。他们积极探索适合自己的现代化道路,反对照抄照搬西方"模式"。以中国为代表的新兴市场国家和发展中国家的群体性崛起改变了世界力量的对比,对世界格局的演变产生了重大影响和冲击。

二、冲突对抗加剧,世界进入新的动荡变革期

新兴市场和发展中国家,特别是中国的崛起,改变了世界力量的对比。尽管中国政府一再解释:"中国的发展不是为了超越谁、取代谁,也不是为了和谁争世界老大,而是为了让中国人民过上更好的日子,为了推动构建人类命运共同体"[③];中美两国历史、政治、文化、价值观虽然不同,但这不应成为两国对抗的理由。地球足够大,完全容得下中美两国。可是美国政府不这

---

① 《全球发展报告》,中国国际发展知识中心网站,2022年6月20日。
② 《习近平在出席金砖国家领导人厦门会晤时的讲话》,人民出版社2017年版,第22页。
③ 董寒阳:《中国副外长:中国发展不是为了超越谁、取代谁,也不是为了和谁争世界老大》,中国新闻网,2021年4月18日。

么认为,他们坚持从地缘政治的视角来看待中国的崛起,把中国的崛起视为对美国霸权地位的威胁,是21世纪美国面临的最大挑战。为了维护自己的霸权地位,美国极力对中国进行打压。2018年,特朗普政府发动对华贸易战,先后三轮对中国输美约3600亿美元商品加征高额关税,最高幅度达25%。除了贸易战,特朗普政府还对中国发动了金融战,逼迫人民币升值;发动科技战,制裁中国高科技企业,禁止中国高科技企业在美国经营、投资,对芯片等先进技术进行封锁,妄图卡住中国发展进步的"脖子";发动舆论战,散布虚假消息,抹黑、攻击中国共产党和中国政府;发动文化教育战,限制人员交往,缩短记者签证期限,关闭孔子学院等。美国及其盟友以"去风险化"为名推行"脱钩断链"政策,他们试图另起炉灶,打造一条全新的、没有中国参与的所谓"以价值观为基础"的产业链供应链体系,把中国从世界经济舞台上孤立出去。此外,美国还狂打"台湾牌""香港牌""新疆牌""南海牌""人权牌""疫情牌",企图使用这些伎俩破坏中国社会稳定,阻滞中国现代化进程。拜登政府上台后,多次对中国作出"四不一无意"的承诺,即不寻求打"新冷战"、不寻求改变中国体制、不寻求通过强化同盟关系反对中国、不支持"台湾独立",无意同中国发生冲突。尽管多次公开作出这些承诺,但拜登政府从未真正履行过,而是说一套做一套,玩弄两手策略。一边声称不寻求打"新冷战",一边却以意识形态划线,编造"民主对抗威权"的叙事,大搞集团政治。拜登政府上台后,延续特朗普时期的对华敌对政策,中美关系不但没有缓和,反而出现更为紧张的迹象。在欧洲,以美国为首的北约违背自己的承诺,一再东扩,最终导致俄乌战争爆发。俄乌战争爆发后,西方国家联合起来对俄罗斯进行制裁,导致全球能源、粮食价格飞涨,人民生活痛苦不堪。

经济全球化把世界各国紧密联系在一起,成为你中有我、我中有你的命运共同体。休戚相关的命运要求各国团结协作,合力应对恐怖主义、网络安全、重大传染性疾病、气候变暖、难民危机、贫困等全球性挑战；要求各国摒弃你输我赢、赢者通吃的旧思维，树立互利、合作、共赢的新理念。可是美国等西方国家却逆历史潮流而动，以意识形态划线搞集团对抗，分裂国际社会。美国为维护其霸权试图分裂世界的做法，是一种"非常危险"且"具有误导性"的战略，将戕害世界经济，给人类带来巨大灾难。①当前，世界冲突对抗加剧，进入新的动荡变革期，世界不稳定性、不确定性显著上升。面对外部环境的严峻形势，中国必须调整战略，努力在危机中育新机、于变局中开新局，保证改革开放和社会主义现代化事业的顺利进行。

三、网络技术迅猛发展，社会信息化快速推进

互联网诞生于20世纪60年代末，90年代以后风靡全球。进入21世纪，互联网得到更为广泛的应用，用户呈爆炸式增长。据统计，2022年全球网民数量超50亿。当前，全世界共有47.6亿社交媒体用户，接近全球总人口的60%。人类开始进入一个"网民就是人民，人民就是网民"的真正二合一的融合新阶段。②互联网的普及为民众获取信息、学习知识、提高能力提供了新的途径，有利于促进人的全面发展，维护社会公平正义。它使民众的生活更加便捷化、舒适化，幸福指数大大提升。以数字化、网络化、智能化为主的数字经济为世界经济增长注入新动能，成为推动世界经济发展的新引擎。世界主要国家和地区都把数字经济作为新的增长点，积极进行战略布局。网络平台的建立有利于倾听民众诉求，化解社会矛盾；提高政府效率，提升服

---

① 郭爽：《美国为维护霸权试图分裂世界的做法非常危险——访联合国秘书长前特别顾问、美国著名经济学家杰弗里·萨克斯》，《新华每日电讯》，2022年8月10日。

② 刘志华：《2023移动互联网蓝皮书：全球移动互联网在地缘政治和技术创新博弈中寻求复苏新动能》，网易，2023年6月28日。

务质量;有利于强化舆论监督,规范权力运行,因此世界各国政府都非常重视电子政务建设,把其应用到国家治理和社会建设中。

过去20年,世界互联网事业迅猛发展,极大地推动了人类社会进步。但是在发展的过程中,世界互联网事业也出现了一些问题,亟待解决。一是数字鸿沟问题。国际电信联盟发布的报告《衡量数字化发展:2022年事实和数字》显示,在网信事业方面,发展中国家和发达国家存在巨大差距。在欧洲和北美国家,80%至90%的人口使用互联网,阿拉伯国家和亚太国家约有2/3的人口使用互联网,而非洲国家可以上网的人口比例大约是40%。在最不发达国家和内陆发展中国家,互联网覆盖率仅为36%。据全球移动通信系统协会预测,到2025年底,北美地区的5G网络覆盖率将超过63%,撒哈拉以南非洲地区仅为4%。除了覆盖率,在网络传输速度上,最不发达国家也远落后于发达国家,后者固定宽带的平均网速约是前者的8倍。①网络技术的落后阻碍了发展中国家摆脱贫困、走向现代化的步伐,使南北差距越拉越大。二是网络犯罪问题。由于缺乏有效的国际合作机制,近些年网络诈骗、传销、洗钱、贩毒、赌博、黑客攻击等跨国犯罪案件层出不穷、接连不断,损害世界各国人民共同利益。三是网络安全问题。西方国家将网络武器化、工具化、政治化,利用互联网进行意识形态输出,发动"颜色革命",传播"普世价值观",搞得很多国家政局动荡、社会混乱不堪。"互联网是我们面临的最大变量,在互联网这个战场上,我们能否顶得住、打得赢,直接关系国家政治安全。"②管好、用好互联网,维护网络意识形态安全、国家政治安全成为时代的迫切呼唤。

---

① 刘玲玲:《加强合作,缩小全球数字鸿沟》,《人民日报》,2023年1月4日。
② 《习近平关于网络强国论述摘编》,中央文献出版社2021年版,第56页。

四、多元思想文化相互激荡,不同文明交流交融交锋更加频繁

世界上有200多个国家和地区、2500多个民族、4000多种宗教。不同历史和国情,不同民族和习俗,孕育了不同文明,形成迷人风景。不同文明虽然内容、风格各异,影响力不同,但其地位是平等的。文明只有姹紫嫣红之别,没有高低优劣之分。每一种文明都是人类精神的瑰宝,都有其独特魅力和深厚底蕴,都应该得到承认和尊重。不能居高临下地看待其他文明,更不能妄想去改造、同化甚至取代其他文明。不同文明之间应相互欣赏、相互包容、相互交流,共同为人类发展提供精神力量。正如费孝通先生所言,"各美其美,美人之美,美美与共,天下大同"①。"我们要树立平等、互鉴、对话、包容的文明观,以文明交流超越文明隔阂,以文明互鉴超越文明冲突,以文明共存超越文明优越"②,促进不同文明和谐共生。可是,某些西方学者、政客却不这么认为。他们坚持"文明优越论""文明冲突论"。在他们看来,西方文明、资本主义文明是最进步、最优越的。西方自由民主制度是人类意识形态演化的终点和人类政体的最后形式,并因此构成历史的终结。西方民主制度具有内部纠错机制,能化解一切社会矛盾,尽善尽美。"今天的我们难以想象一个在根本上比我们这个世界更好的世界,或者一个在本质上并非民主主义和资本主义的未来。"③在他们眼里,资本主义道路是人类实现现代化的唯一道路,世界上所有国家都应该走资本主义道路,实行资本主义制度。和西方文明、资本主义文明相比,其他文明愚昧、落后、低级。基于这种理论,

---

①　转引自牟钟鉴:《当代中国特色宗教学十二论》,人民出版社2018年版,第133页。

②　《习近平关于中国特色大国外交论述摘编》,中央文献出版社2020年版,第244页。

③　[美]弗朗西斯·福山:《历史的终结与最后的人》,陈高华译,广西师范大学出版社2014年版,第67页。

他们在全世界兜售所谓的"普世价值观",企图把所有国家都纳入资本主义体系。哪个国家拒绝,他们就加以讨伐,群起而攻之,直到颠覆其合法政权。经济全球化、世界一体化是人类社会发展的必然趋势,是不可阻挡的历史潮流。

经济全球化、世界一体化把世界各国紧密联系在一起,推动了人类社会进步,同时也给各国带来巨大的安全风险——各种思想文化相互激荡,不同文明交流交融交锋,影响国家稳定。尤其是以美国为首的西方国家借经济全球化进行意识形态输出,发动"颜色革命",搞得世界很多地方动荡不安,甚至爆发战争。"文化自信是更基础、更广泛、更深厚的自信,是一个国家、一个民族发展中最基本、最深沉、最持久的力量,没有高度文化自信、没有文化繁荣兴盛就没有中华民族伟大复兴。"[①]面对世界范围内各种思想文化相互激荡、不同文明交流交融交锋更加频繁的国际形势,如何有效维护我国文化安全、牢牢掌握意识形态话语权,是亟待解决的重大时代课题。

第二节　国内发展环境发展条件的重大改变

新时代,国内发展环境发展条件发生重大改变:社会主要矛盾转化,人民群众对生活有了更高期待;经济社会转型升级,迫切需要新的发展理念引领;外部风险加剧,亟须构建新的发展格局。只有深刻洞察这些变化,采取正确应对之策,中国特色社会主义这艘大船才能行稳致远,胜利到达彼岸。

---

① 《中共中央关于党的百年奋斗重大成就和历史经验的决议》,人民出版社2021年版,第44页。

一、社会主要矛盾转化，人民群众对生活有了更高期待

关于中国社会主要矛盾，长期以来我们的表述是：人民日益增长的物质文化需要同落后的社会生产之间的矛盾。党的十八大之后，这种提法已不合时宜。从社会生产的角度讲，经过改革开放40多年的发展，中国已经崛起，成为世界强国，不能再说是落后的生产力，这不符合实际，与中国强大的国力不匹配。从需要上看，和以前相比，人民的需求已经升级，除了物质利益，人们还希望能够得到更多的政治、法律、文化、民主、环境方面的权利，希望社会更加公平正义。人们美好愿望的实现以经济的持续发展、社会共同富裕为前提，但中国存在比较严重的发展不平衡不充分问题，即城乡差距、区域差距、行业差距问题，不平衡不充分的发展成为阻挡人们实现美好愿望的最大制约因素。基于上述原因，党的十九大对中国社会主要矛盾作出新的概括："中国特色社会主义进入新时代，我国社会主要矛盾已经转化为人民日益增长的美好生活需要和不平衡不充分的发展之间的矛盾。"①这一重要论述为我们制定路线方针政策提供了重要依据。

实现人民群众对美好生活的向往，必须坚持以经济建设为中心，大力发展生产力。发展是解决中国所有问题的关键。没有经济发展做后盾，没有坚实的物质基础，一切理想都是空谈，什么事情都干不成。尽管我们的经济建设取得了巨大成就，但同发达国家相比、与人民群众的期待相比，我们还有很大差距。我们依然处在社会主义初级阶段，依然是发展中国家，这样的国情决定了我们必须把发展作为党执政兴国的第一要务，必须以经济建设为中心，聚精会神搞建设，一心一意谋发展。只要国内外大势没有发生根本

① 习近平：《决胜全面建成小康社会　夺取新时代中国特色社会主义伟大胜利——在中国共产党第十九次全国代表大会上的报告》，人民出版社2017年版，第11页。

变化,坚持以经济建设为中心就不能也不应该改变。党的十八大以来,以习近平同志为核心的党中央始终坚持以经济建设为中心,发展生产力、增强综合国力、提高人民群众的生活水平。我国国内生产总值从54万亿元增长到114万亿元,稳居世界第二位;居民人均可支配收入从16500元增加到35100元,翻了2.1倍。我们建成了世界上规模最大的教育体系、社会保障体系、医疗卫生体系,我们努力扩大就业、增加住房供给,保证人民群众幼有所育、学有所教、劳有所得、病有所医、老有所养、住有所居、弱有所扶。[①]"大河有水小河满,大河没水小河干。"在社会主义国家,国家和人民是一体的,利益是根本一致的。只有国家富强、财力充足,才能把更多的资源投入民生事业,增进人民福祉。因此,我们必须毫不动摇坚持以经济建设为中心的基本路线,推动国民经济持续健康发展。

实现人民群众对美好生活的向往,必须坚持走共同富裕道路,让全体中国人共享改革开放的伟大成果。共同富裕是社会主义的本质要求,是社会主义制度优越性的体现,是中国式现代化的重要特征。"社会主义与资本主义不同的特点就是共同富裕,不搞两极分化"[②],"实现共同富裕不仅是经济问题,而且是关系党的执政基础的重大政治问题。我们决不能允许贫富差距越来越大、穷者愈穷富者愈富,决不能在富的人和穷的人之间出现一道不可逾越的鸿沟。"[③]过去一段时间,受地理环境、资源禀赋、历史基础、特定政策等因素的影响,我国出现了较为严重的贫富分化问题,东部沿海地区的发展速度远远高于中西部地区,城市居民的收入程度远远高于农村地区,某些行业的工资收入远远高于社会平均水平。虽然贫富分化问题的出现有其特

---

① 习近平:《高举中国特色社会主义伟大旗帜 为全面建设社会主义现代化国家而团结奋斗——在中国共产党第二十次全国代表大会上的报告》,人民出版社2022年版,第8~11页。

② 《邓小平文选》(第三卷),人民出版社1993年版,第123页。

③ 《习近平谈治国理政》(第四卷),外文出版社2022年版,第171页。

定的历史背景,而且是在长期发展过程中形成的,但也不能让它无止境地发展下去,否则将会影响国家安全和社会稳定。苏联解体、"阿拉伯之春"事件的爆发,很大程度上和贫富分化有关,由贫富分化引起。党的十八大之后,以习近平同志为核心的党中央充分认识到共同富裕的重要性,以前所未有的力度推进共同富裕工作。中央把区域协调发展作为治国理政的基本理念之一,先后提出"一带一路"、京津冀协同发展、长江经济带发展、黄河流域生态保护和高质量发展等国家战略。出台优惠政策,支持西部大开发、振兴东北、中部崛起,扶持老少边穷、资源枯竭城市等特殊类型困难地区转型发展,解决地区差距问题。中央大力实施脱贫攻坚战略,经过艰苦奋战,全国832个贫困县全部摘帽,近1亿农村人口实现脱贫。脱贫攻坚的目标完成后,中央接续推进乡村振兴,确保农民增收致富。中央积极推进收入分配制度改革,努力提高居民收入在国民收入分配中的比重,提高劳动报酬在初次分配中的比重;完善按要素分配政策制度,多渠道增加城乡居民财产性收入;加大税收、社会保障、转移支付的调节力度,向中西部、农村和贫困地区倾斜。上述举措有效地缩小了地区差距、城乡差距,维护了社会公平正义。

二、经济社会转型升级,迫切需要新的发展理念引领

改革开放40多年,我们取得了举世瞩目的辉煌成就,但也存在不少问题。一是发展模式问题,旧的粗放型的发展模式难以为继。粗放型发展模式主要依靠增加资金、人力、物力等生产要素的投入来提高产量或产值,虽然能够推动经济增长甚至高速增长,但有极大的负面作用。它消耗大量的能源资源,甚至造成严重的环境污染。长期以来,我国一直采用粗放型发展模式。粗放型发展模式的弊端在我国得到了充分显现:生态环境遭到破坏,土壤、空气、河流受到严重污染;资源萎缩枯竭,人与自然的矛盾日益尖锐。

除此之外,粗放型发展模式还让中国企业长期处于全球产业链底端,在国际竞争中居于不利地位,只能获得微薄利润。到了21世纪,中国的资源、环境已无法承受"粗放"发展之重,加快经济转型、走绿色低碳可持续发展之路势在必行。二是发展布局问题,出现失衡现象。经济建设突飞猛进,但政治建设、文化建设、社会建设、生态文明建设相对滞后,没有及时跟进。新时代,除了富足的物质生活,民众也希望拥有更多的自由民主权利,希望欣赏高品质的文艺作品,希望社会更加公平正义,希望呼吸清新的空气,简言之,希望国家的发展布局更加平衡,各项建设能够齐头并进。经济社会转型升级,迫切需要新的发展理念引领,打破桎梏,突破瓶颈。

应经济社会转型升级的需要,在党的十八届五中全会上,以习近平同志为核心的党中央提出了创新、协调、绿色、开放、共享的新发展理念。其中,创新解决的是发展的动力问题。习近平指出,创新是引领发展的第一动力,是建设现代化经济体系的战略支撑。要瞄准世界科技前沿,强化基础研究,实现前瞻性基础研究、引领性原创成果重大突破;要深化科技体制改革,建立以企业为主体、市场为导向、产学研深度融合的技术创新体系;要加大多元化科技投入,加强知识产权保护,形成支持创新的基础制度;要加快推动科技成果转移转化,使其尽早落地,转化为先进的生产力;要培育创新文化,弘扬科学家精神,涵养优良学风,营造创新氛围;要培养造就一大批优秀科技创新人才,建设世界重要人才中心和创新高地。

协调解决的是发展的不平衡问题。要加大对中西部地区、农村地区的政策支持力度,推动公共服务资源向这些地方倾斜;要坚持两个文明并重,两手都要抓,两手都要硬,既要抓好物质文明建设,增强"硬实力",也要抓好精神文明建设,增强"软实力",双翼共振,两轮驱动;要坚持经济建设与社会建设同步发展、经济建设与国防建设融合发展的战略,使三者相互支撑、良性互动;要增强大局意识、协同意识、补短意识,提高发展的系统性、耦合性、均衡性。

绿色解决的是发展的模式问题。要正确认识人和自然的关系，人和自然是生命共同体，和谐共生。人既要利用自然，也要尊重自然、顺应自然、保护自然，保护自然就是保护人类自己。要正确处理发展经济和保护环境的关系，既要金山银山，也要绿水青山。要加快产业结构、能源结构、交通运输结构优化调整，加快节能降碳先进技术的研发和推广应用，推动生产方式绿色转型。要加大教育和公益宣传的力度，倡导简约适度、绿色低碳的生活方式，反对奢侈浪费和不合理消费。

开放解决的是发展的空间问题。经济全球化、世界一体化是历史潮流，是人类社会发展的必然趋势。尽管遭遇了一些逆流，但这样的历史大势不会更改。中国要积极融入经济全球化的浪潮，利用世界市场的资源、资金、技术、信息和管理经验，发展和壮大自己。对外开放是中国的基本国策，不论国际形势发生什么变化，中国都将高举改革开放的旗帜，中国开放的大门只会越来越大。

共享解决的是发展的目的问题。坚持共享发展是社会主义的本质要求。只有坚持共享发展，才能消除两极分化，最终达到共同富裕。坚持共享发展是党的性质、宗旨的鲜明体现。中国共产党始终代表最广大人民根本利益，为人民利益而奋斗，除了人民利益，党没有任何自己的私利。"要贯彻以人民为中心的发展思想，完善分配制度，健全社会保障体系，强化基本公共服务，兜牢民生底线，解决好人民群众急难愁盼问题，让现代化建设成果更多更公平惠及全体人民，在推进全体人民共同富裕上不断取得更为明显的实质性进展。"①新发展理念深刻揭示了实现更高质量、更有效率、更加公平、更可持续发展的必由之路，是关系我国发展全局的一场深刻变革。它集

---

① 习近平：《在第十四届全国人民代表大会第一次会议上的讲话》，人民出版社2023年版，第4页。

中反映了中国共产党对经济社会发展规律认识的深化,是我国发展理论的又一次重大创新。

三、外部风险加剧,亟须构建新的发展格局

党的十八大之后,我国现代化建设的外部环境明显恶化,不稳定不确定性因素显著增加。一是世界经济复苏乏力。2007年美国发生次贷危机,随后演变成一场全球金融风暴,重创世界经济。尽管这场危机已经过去十几年,但它产生的影响依然存在,全球贸易下滑,市场需求疲软,消费乏力。作为全球产业链的一部分、世界100多个国家的最大贸易伙伴,中国经济与世界经济已深度融合,密不可分,世界经济复苏乏力给中国经济特别是外贸出口带来很大的下行压力。二是世纪疫情的猛烈冲击。2019年12月,新冠肺炎疫情暴发。为了阻断病毒传播,世界各国均采取了比较严格的封控举措,导致人流、物流、车流大幅减少,全球产业链供应链发生局部断裂。为了降低疫情风险,减少对外部环境的依赖,世界很多国家内顾倾向上升,宣布"再工业化",吸引"制造业回流"。在一定程度上造成制造业外迁,冲击中国的"世界工厂"地位。三是西方国家的遏制打压。以美国为首的西方国家把中国的崛起视为威胁,无所不用其极地打压中国。他们发起贸易战,企图阻挡中国商品出口;他们进行技术封锁,企图阻挡中国科技创新的步伐;他们以意识形态划线,拉帮结派,企图组建"以价值观为基础的适用于民主国家的供应链产业链",把中国从世界经济舞台上孤立出去;他们以"自由""民主""人权"为名干涉中国内政,企图在中国制造思想混乱,发动"颜色革命"。西方国家的打压步步升级,给我国发展带来前所未有的严峻挑战。四是地区冲突和局部战争持续不断。虽然和平与发展依然是时代主题,但世界并不太平,战争的达摩克利斯之剑依然悬在人类头上。朝鲜半岛乌云密布,俄乌

爆发激烈冲突,巴以紧张局势升级——西方国家推行霸权主义、强权政治,肆意干涉别国内政,搅得世界不得安宁。世界经济乏力、西方遏制打压、地区矛盾冲突不断,上述因素相互叠加,使得中国的外部环境明显恶化,亟须寻找新的解决办法。

鉴于外部环境的明显变化,以习近平同志为核心的党中央审时度势,提出要加快构建以国内大循环为主体、国内国际双循环相互促进的新发展格局的战略思想。习近平指出,加快构建新发展格局,要立足自身,依靠自己。"我们只有立足自身,把国内大循环畅通起来,努力炼就百毒不侵、金刚不坏之身,才能任由国际风云变幻,始终充满朝气生存和发展下去,没有任何人能打倒我们、卡死我们!"[1]"我们有社会主义市场经济的体制优势,有超大规模市场的需求优势,有产业体系配套完善的供给优势,有勤劳智慧的广大劳动者和企业家等人力优势,只要把各方面的优势和活力真正激发出来,就能够加快构建新发展格局。"[2]习近平指出,强调立足自身、以国内大循环为主体要澄清一些错误认识,纠正一些错误做法。第一,这并不意味着中国要与世界脱轨,关闭对外开放的大门。相反,作为中国的基本国策,中国开放的大门只会越来越大,融入世界的决心只会越来越坚定。第二,讲招商引资,发展经济,就大上项目,甚至高污染高能耗项目,都一哄而上,搞低水平重复建设。中国不能再走粗放型发展的老路,应当贯彻新发展理念。发展经济也要保护环境,发展经济不能以损害人民群众的生命健康为代价。第三,讲扩大内需,释放消费潜力,就降低门槛,发放贷款,而不是开辟更多的就业渠道,提供更多的就业岗位;或加强技能培训,提高人们的职业竞争力。第四,各自为政、画地为牢,不关心建设全国统一的大市场、畅通全国大循环,只考虑建设本地区本区域小市场、搞自己的小循环。第五,不重视供给侧结构性

---

① 《习近平谈治国理政》(第四卷),外文出版社2022年版,第175页。

② 马海涛:《坚定不移发展实体经济》,《红旗文稿》,2023年第11期。

改革,只注重需求侧管理,无法形成供给创造需求的更高水平动态平衡。第六,这只是经济、科技部门的事,同自己部门关系不大,等等。①构建新发展格局是以习近平同志为核心的党中央根据我国新发展阶段、新历史任务、新环境条件作出的重大战略决策,为防范化解风险、推动国民经济健康发展提供了正确指引。

第三节　党的建设面临严峻挑战

办好中国的事情,关键在党,关键在党要管党、全面从严治党。党的十八大以来,以习近平同志为核心的党中央勇于自我革命,坚定不移推进全面从严治党,使党的面貌发生根本性变化,领导力、凝聚力、战斗力显著提升。但是和新时代要求相比,和党肩负的重要使命相比,党的建设依然存在很多问题,面临严峻挑战。解决这些问题并非易事,需要坚定的决心、强大的意志,需要付出艰苦卓绝的努力。

一、政治纪律方面

政治纪律是党员干部不可逾越的红线,必须遵守的规矩。严明政治纪律,要求党员干部增强"四个意识",坚定"四个自信",自觉做到"两个维护",在政治立场、政治方向、政治原则、政治道路上同党中央保持高度一致;要求党员干部对党忠诚,听党话、跟党走、感党恩,不搞"自由主义""本位主义",不搞"圈子文化""码头文化",不当"两面派",不做"两面人"。尽管中央三令

---

① 《习近平谈治国理政》(第四卷),外文出版社2022年版,第175~176页。

五申,但仍有少数党员干部置若罔闻,我行我素,顶风违纪。习近平对这些现象进行总结,将其称之为"七个有之":"搞任人唯亲、排斥异己的有之,搞团团伙伙、拉帮结派的有之,搞匿名诬告、制造谣言的有之,搞收买人心、拉动选票的有之,搞封官许愿、弹冠相庆的有之,搞自行其是、阳奉阴违的有之,搞尾大不掉、妄议中央的也有之,如此等等。"①

习近平指出,近些年,有些地方对干部进行考察、管理、监督,只看有无腐败问题,认为只要没有腐败问题,其他问题都可以忽略不计,没有必要追究。有的干部也认为,只要自己不贪污,其他问题都不是问题,不用担心害怕。习近平强调,这是一种极其错误的观点。政治变质引发腐败,腐败之后必然寻求政治权力庇护,腐败问题和政治问题往往相伴而生、相互交织。不能只讲腐败问题,不讲政治问题,要看到二者之间的紧密联系。作为拥有9000多万党员的世界第一大党,中国共产党必须讲政治。没有强有力的政治保证,就没有党的团结统一。在政治问题上,任何人都不能越过红线,越过了就要严肃追究其政治责任。有些事情在政治上是绝不能做的,做了就要付出代价,谁都不能拿政治纪律和政治规矩当儿戏。②党的各级组织要自觉担负起执行和维护政治纪律的责任,加强对党员遵守政治纪律的教育。党的各级纪律检察机关要把维护党的政治纪律放在首位,加强对政治纪律执行情况的监督检查。对违反政治纪律的行为要坚决制止,问题严重的要严肃处理,维护党的团结统一。

---

① 《习近平关于全面从严治党论述摘编》,中央文献出版社2021年版,第96~97页。

② 习近平:《论坚持党对一切工作的领导》,中央文献出版社2019年版,第80~81页。

二、理想信念方面

理想信念非常重要,它是一个人内心世界的精神支撑。只有具有理想信念、理想信念坚定,一个人才能抵御住外部世界的诱惑,永葆纯洁本色。"为什么我们过去能在非常困难的情况下奋斗出来,战胜千难万险使革命胜利呢? 就是因为我们有理想,有马克思主义信念,有共产主义信念。"①党的十八大之后,以习近平同志为核心的党中央高度重视理想信念教育,把它作为党的思想建设的首要任务。习近平把理想信念比作精神上的钙,指出:"没有理想信念,或理想信念不坚定,精神上就会'缺钙',就会得'软骨病'。"②他反复强调:"理想信念动摇是最危险的动摇,理想信念滑坡是最危险的滑坡。一个政党的衰落,往往从理想信念的丧失或缺失开始。"③要加强对党员干部的理想信念教育,筑牢信仰之基,补足精神之钙,引导他们做共产主义远大理想和中国特色社会主义共同理想的坚定信仰者和忠实实践者。踏实细致的教育取得了良好效果,绝大多数党员干部理想信念坚定,忠于党、忠于人民、忠于马克思主义。但也有少数党员干部理想信念动摇,认为共产主义是乌托邦,虚无缥缈,遥不可及;认为马克思主义脱离现实,已经过时。有的甚至替西方制度代言,说西方制度才是"真正的民主",西方社会才是"理想世界"。他们精神荒芜,不信马列信鬼神,不敬人民敬"大师",烧香拜佛、算命看相、迷恋风水,大搞封建迷信活动,从封建迷信活动当中寻找精神寄托。他们背离自己的初心使命,不再为人民的幸福而奋斗,而是想方设法追求个人利益。他们抛弃党的勤俭节约、艰苦奋斗的优良传统,贪图享

---

① 《邓小平文选》(第三卷),人民出版社1993年版,第110页。
② 《习近平谈治国理政》(第一卷),外文出版社2018年版,第414页。
③ 习近平:《在庆祝中国共产党成立95周年大会上的讲话》,人民出版社2016年版,第10页。

乐,追求物质享受。理想信念动摇的干部虽然只是极少数,但危害甚大。绝不能允许这样的干部在党内存在,否则党的事业将毁于一旦。

三、组织观念方面

2018年7月3日,习近平在全国组织工作会议上指出:"党的力量来自组织。党的全面领导、党的全部工作要靠党的坚强组织体系去实现"①,"每个党员特别是领导干部都要强化党的意识和组织观念,自觉做到思想上认同组织、政治上依靠组织、工作上服从组织、感情上信赖组织"②。思想上认同组织,是指党员自觉自愿接受党的领导,认可党的理论、路线、方针、政策,为党的事业努力奋斗。政治上依靠组织,是指党员要在党组织的教育帮助下成长进步,加强党性锤炼,增强能力本领,涵养优良作风。工作上服从组织,是指党员要听从组织安排,服从组织分配,让干什么干什么,让去哪里去哪里,不发牢骚,不抱怨,不讲条件。感情上信赖组织,是指党员要对党忠诚,说老实话、办老实事、做老实人;要自觉接受组织监督,加强自我约束;要感谢组织的培养和信任,走正道,立正业,努力拼搏,勤奋上进。令人遗憾的是,在现实生活中,有些党员干部组织观念淡薄,不认真学习党的理论,敷衍塞责;不按时参加党的组织生活,自由散漫;不遵守党的纪律,任性而为;不服从组织分配,推三阻四,讨价还价;不执行组织决定,拖延应付;有的甚至弄虚作假欺骗组织,拒不交代问题,和组织对抗。还有的干部甚至高级领导干部无视党的政治纪律,在党内拉帮结派,搞小山头、小圈子、小团伙,培植个人势力,谋取个人私利。有些党员干部不能正确对待组织监督和管理,不是把它看作对自己的爱护、保护,而把它看作对自己的束缚、约束;不能正确

---

①　习近平:《论坚持党对一切工作的领导》,中央文献出版社2019年版,第259页。

②　习近平:《论坚持党对一切工作的领导》,中央文献出版社2019年版,第260页。

看待自己的成长进步,过于强调自己的能力才华,忽视组织的教育培养等。

上述现象的存在,严重损害党的团结统一,削弱党的凝聚力、战斗力、创造力。中国共产党是按照马克思主义建党原则建立起来的严密组织体系,这是我们党的强大优势。只有充分发挥这种优势,才能把党建设得更加坚强有力。自由主义、个人主义、宗派主义是组织观念淡薄现象产生的思想动因,只有消除这些不良思想,才能釜底抽薪,从根本上治疗这一顽疾。

四、作风建设方面

2014年6月30日,在中国共产党第十八届中央政治局第十六次集体学习时的讲话中,习近平对党的作风的重要性作了深刻论述。习近平指出:"党的作风就是党的形象,关系人心向背,关系党的生死存亡。执政党如果不注重作风建设,听任不正之风侵蚀党的肌体,就有失去民心、丧失政权的危险。我们党作为一个在中国长期执政的马克思主义政党,对作风问题任何时候都不能掉以轻心。"[①]以习近平同志为核心的党中央不仅认识到了作风建设的重要性,更是以前所未有的力度抓好这项工作。一是出台八项规定,要求党政机关、各级领导干部改进工作作风,密切联系群众。二是发扬钉钉子精神,持之以恒纠正"四风"。三是强化监督执纪问责,查处一切违纪违规行为,发挥警示教育作用。四是以上率下,从中央抓起,从高级干部抓起,一级做给一级看,一级带着一级干。坚强有力的举措使得新时代党的作风建设取得显著成效,党风、政风、民风、社会风气明显好转。在肯定成绩的同时,还要看到,尽管中央如此重视党的作风建设,把它放到关系党生死存亡的高度,但仍有少数党员干部思想懈怠、作风漂浮。基层调研走马观花,

---

[①] 《习近平关于党风廉政建设和反腐败斗争论述摘编》,中央文献出版社、中国方正出版社2015年版,第8页。

坐在车上转，隔着玻璃看；学习马克思主义经典著作和党的理论不认真，走过场，做表面功夫；以会议落实会议、以文件落实文件；"填表式"帮扶、"入户式"留影、"一刀切式"防疫；博眼球、图虚名，大搞"形象工程""面子工程"——形式主义作风在他们身上依然存在，损害了党和政府形象。在百年奋斗历程中，中国共产党形成了很多优良传统和作风。这些优良传统和作风是党的宝贵精神财富，具有跨越时空的永恒魅力。新时代，要继承弘扬党的优良传统作风，密切党群关系、干群关系，夯实党的执政根基。

五、制度执行方面

2016年12月23日，习近平就加强党内法规制度建设作出重要指示："加强党内法规制度建设是全面从严治党的长远之策、根本之策。我们党要履行好执政兴国的重大历史使命、赢得具有许多新的历史特点的伟大斗争胜利、实现党和国家的长治久安，必须坚持依法治国与制度治党、依规治党统筹推进、一体建设。"①遵照这一指示，新时代党内法规制度建设加速推进。到2021年，在建党100周年之际，一套涵盖"1+4"基本架构，包括组织法规、领导法规、自身建设法规、监督保障法规四大板块，内容科学、程序严密、配套完备、运行有效，比较完善的党内法规体系已经形成。该体系包含党内法规3615部，覆盖党的领导和党的建设各个环节、各个领域。这套体系的形成使党的建设基本上实现有章可循、有规可依，在党的历史上具有里程碑意义。②制度制定很重要，制度执行更重要。制度的生命力在于执行，有制度不执行或不严格执行比没有制度危害更大。"好的法规制度如果不落实，只

---

①　《习近平关于全面从严治党论述摘编》，中央文献出版社2021年版，第450页。
②　王伟国、肖金明：《深入推进依规治党　加快形成完善的党内法规体系》，《光明日报》，2021年8月12日。

是写在纸上、贴在墙上、编在手册里,就会成为'稻草人'、'纸老虎',不仅不能产生应有作用,反而会损害法规制度的公信力。我们要下大气力建制度、立规矩,更要下大气力抓落实、抓执行,坚决纠正随意变通、恶意规避、无视制度等现象。"①"我们总体上已进入有规可依的阶段,目前的主要问题是有规不依、落实不力。一些部门执行制度先紧后松、上紧下松、外紧内松,制度成了'橡皮筋'、'稻草人',产生'破窗效应'。"②习近平一针见血地指出了当前党的制度建设存在的突出问题,发人深省。贯彻执行法规制度关键在真抓,靠的是严管。制度面前,人人平等。不管是谁,不论职位高低,只要违反党的制度,一律予以处分,绝不姑息。贯彻执行法规制度,要抓住领导干部这个"关键少数",领导干部以身作则,严于律己,做好表率,全党就会形成自觉尊崇制度、严格执行制度、坚决维护制度的氛围。贯彻执行法规制度,还要强化监督,加强日常督察和专项检查,用监督传递压力,用压力推动落实。

六、反腐倡廉方面

人民群众最痛恨腐败,腐败是我们党长期执政面临的最大威胁。党的十八大以来,以习近平同志为核心的党中央强力反腐,无禁区、全覆盖、零容忍,"打虎""拍蝇""猎狐"多管齐下,不敢腐、不能腐、不想腐一体推进,反腐败斗争取得压倒性胜利并全面巩固。过去10年(2012—2022年),全国纪检监察机关共立案审查调查各级"一把手"20.7万人,其中中管干部553人,含中央委员、中央候补委员61人,中央纪委委员18人。③这充分反映出中央刀

---

① 《习近平关于全面从严治党论述摘编》,中央文献出版社2021年版,第444页。

② 习近平:《论坚持党对一切工作的领导》,中央文献出版社2019年版,第318页。

③ 许明、刘昊:《中纪委:十年磨一剑、一刻不停歇,十八大以来20.7万各级"一把手"被查》,东方网,2022年10月17日。

刃向内、坚定反腐、强力肃贪的决心和意志。尽管成绩巨大,但我们也不能盲目乐观,要看到当前党风廉政建设和反腐败斗争形势依然严峻复杂。一些领域,特别是基建、交通、医疗、教育、土地管理、工程建设、矿产资源开发等领域,腐败现象依然呈现易发多发态势。一些地方领导相互包庇、谋取私利,发生窝案串案甚至"塌方式"腐败,涉及人数众多,涉及金额巨大,社会影响恶劣。"咨询服务""借贷投资""委托理财"……腐败分子或偷换概念,或移花接木,利用职权间接谋取利益,方法更加多样,手段更加隐蔽。乱收费、乱罚款、乱摊派、接受宴请、收回扣、拿红包等群众身边的腐败和不正之风问题时有发生,还没有得到彻底治理。此外,对于反腐败,社会上还有一些错误认识,说什么"反腐败打击面过宽,影响经济发展""反腐败束缚干部手脚,影响他们干事创业的热情"等,为腐败分子和腐败行为开脱。从外部因素来看,西方拜金主义、享乐主义思潮不断蔓延,使少数党员干部丧失理想信念,腐化变质。这些问题的存在说明党风廉政建设和反腐败斗争是一项长期的、复杂的、艰巨的任务,不可能毕其功于一役。全面从严治党没有休止符,正风肃纪反腐永远在路上。我们要做好打"持久战"的心理准备,用持之以恒的态度和锲而不舍的韧劲同腐败现象作斗争,营造良好党内政治生态。

第四节　改革进入攻坚期和深水区

中国的改革始于1978年,党的十一届三中全会到现在已经40多年。40多年过去了,中国的改革已经进入攻坚期和深水区,用习近平的话说:"容易的、皆大欢喜的改革已经完成了,好吃的肉都吃掉了,剩下的都是难啃的硬骨头。"①改革要想再向前推进,就必须敢于啃硬骨头、涉险滩,突破思想观念的障碍、打破利益固化的藩篱、摆脱体制机制的束缚,这不仅需要高超的政治智慧,更需要巨大的政治勇气。

一、思想观念的障碍

对过去40多年的改革怎么看,未来中国的改革之路怎么走,在这些问题上社会中存在着一些错误观点和看法。有些人认为,中国的改革特别是设立经济特区、开放股票市场、发展市场经济、壮大民营经济等政策违背科学社会主义的基本原则,偏离社会主义道路,中国进行的不是改革,而是革命,他们给中国的改革扣上"资本社会主义""国家资本主义""新官僚资本主义"的帽子大加批判。有些人认为,中国的改革不彻底,只停留在经济领域,政治领域几乎没有进展,"一条腿长,一条腿短,不均衡",他们觉得中国应该向西方学习,建立三权分立、多党竞争、议会选举的"普世"民主制度。有些人认为,中国的改革造成严重的贫富分化,地区差距、城乡差距、行业差距悬殊;造成严重的环境污染,酸雨、盐碱地、雾霾,水土流失,山洪频发;造成严重的道德滑坡现象,国民理想信念丧失,精神荒芜,彻底失败。有些人认为,中国的改革创造了人类历史上从未有过的奇迹,让中国迅速崛起;极大地提高了人民群众的生活水平,实现从贫困到全面小康的伟大飞跃,中国的改革没有任何缺点,完全、绝对正确。有些人认为,改革要触动别人的利益,动别人的"奶酪",容易得罪人,弄不好还有可能丢掉自己的"乌纱帽",费力不讨好,所以最好啥也不干,维持现状。有些人认为,中国目前存在的问题太多,小打小闹、修修补补不起作用,需要采取"休克式疗法",大刀阔斧地进行改

---

① 《习近平谈治国理政》(第一卷),外文出版社2018年版,第101页。

革。有些人认为,改革不能有过多的限制,应充分授权,想怎么改就怎么改,改到哪里算哪里。不管是"左"还是右,不管是绝对肯定还是绝对否定,上述思想观点都是对改革的片面认识和错误认识。这些错误思想观念干扰改革的顺利进行,成为影响中国社会发展进步的巨大障碍。

思想是行动的先导。只有思想统一,行动才能一致。以习近平同志为核心的党中央为改革举旗定向、指路领航,极大地团结了全党的思想。习近平指出:"改革开放是当代中国发展进步的活力之源,是我们党和人民大踏步赶上时代前进步伐的重要法宝,是坚持和发展中国特色社会主义的必由之路"①,"实践证明,改革开放道路是正确的,必须一以贯之、锲而不舍、再接再厉"②。改革不是要不要的问题,而是怎么进行的问题。矛盾是永恒存在的,解决了这样的问题,又会出现那样的问题,因此改革永无止境,只有进行时,没有完成时。现在中国的改革正处于爬坡过坎的关键阶段,不能有"歇歇脚、松口气"的想法,必须勇往直前,攻坚克难。中国的改革离人民的期待还有较大差距,不能有骄傲自满的情绪,要谦虚谨慎。改革固然要解放思想,大胆地试,大胆地闯,但这并不意味着改革没有底线,没有约束,改革是有方向、原则、立场的。中国的改革必须坚持党的领导,必须坚持社会主义道路,必须坚持人民民主专政,必须坚持马列主义、毛泽东思想,必须坚持公有制的主体地位,必须坚持共同富裕,必须坚持人民利益至上,必须坚持公平正义——无论何时,不管怎么改,这些都不能动摇,必须予以坚持。改变了这些,改革就失去了意义,也不可能持续。改革可以吸收借鉴别的国家好的经验,但不能照抄照搬。"如果不顾国情照抄照搬别人的制度模式,就会画虎不成反类犬,不仅不能解决任何实际问题,而且还会因水土不服造成严重

---

① 《习近平关于全面深化改革论述摘编》,中央文献出版社2014年版,第3页。

② 《习近平在广东考察时强调:高举新时代改革开放旗帜把改革开放不断推向深入》,《人民日报》,2018年10月26日。

后果。"①改革关乎国家发展、社会稳定,牵一发而动全身,而且我们国家面积巨大,各地发展程度不一、情况极其复杂,因此改革不能急躁,要循序渐进,蹄疾步稳。改革不能松松垮垮、漫无目的,要有时间表、路线图、任务书、责任状,要整体谋划、科学设计。习近平的讲话统一了全党思想,凝聚起全面深化改革的强大动力。

二、利益固化的藩篱

利益固化是个经济学术语,主要是指一个社会的收入分配情况、利益格局出现了停滞不变的状态和趋势。导致利益固化的原因有很多,但最根本、最重要的原因在于既得利益群体的阻挠。他们想方设法维持现有局面,以免自己的利益遭受损失。利益固化阻碍生产要素的优化配置,降低生产效率;加剧贫富分化,激化社会矛盾;封堵弱势群体向上流动的空间,削弱社会进步和发展的动力。它不仅是个经济问题,也是政治问题。如果处理不好,必将影响国家安全、社会稳定,影响党的执政地位、执政根基。党的十八大之前,我们国家形成了比较明显的利益固化的态势。这种态势主要表现在以下几个方面。一是部门条块分割。各部门从自身利益考量,划定自己的管辖范围,定义自己的管理权限,制定有利于自己的管理规则和政策。②二是地方保护主义。一些地方政府滥用行政权力,出台歧视性政策,设置不公平条件,限制外地商品或服务进入本地市场,保护本地企业。三是贫富差距。首先是地区差距,东部沿海地区的经济发展水平远远高于中西部地区。前者有些地方已经达到中等发达国家水平,后者有些地方还没解决温饱问题。其次是城乡差距,城镇居民的收入明显高于农村地区,前者是后者的三

---

① 《习近平关于全面深化改革论述摘编》,中央文献出版社2014年版,第21页。
② 燕继荣:《条块分割及其治理》,《西华师范大学学报》(社会科学版),2022年第1期。

倍左右。最后是行业差距,金融、烟草、电力、石油等垄断行业职工的薪资远远超过社会平均水平。四是僵化的户籍管理政策和制度。在我们国家,户籍非常重要,关系一个人的切身利益。户籍不同,意味着教育、医疗、就业、养老等社会福利政策的巨大差异。以前,我们国家实行严格的户籍管理制度,限制公民自由迁徙,这在很大程度上造成了城乡、区域壁垒,导致贫富差距。更重要的是,这种僵化的户籍管理制度堵塞了社会弱势群体向上流动的空间,使得贫困代际传递,社会失去活力。

改革的实质是利益关系的调整,但触动利益比触动灵魂还要难。以习近平同志为核心的党中央没有被改革的难度吓倒,而是用壮士断腕的决心推进改革,向顽瘴痼疾开刀,向堵点痛点亮剑,推动社会向更加公平的方向转变。

一是建设现代化经济体系,构建高水平社会主义市场经济体制。建设高效规范、公平竞争、充分开放的全国统一大市场,促进生产要素自由流动。

二是转变政府职能,提升行政效率。正确处理政府和市场的关系,发挥市场对资源配置的决定性作用,最大限度减少政府对市场活动的直接干预,减少权力寻租空间。深化简政放权、放管结合、优化服务改革,努力建设人民满意的廉洁型、法治型、服务型、效能型政府。

三是促进城乡、区域协调发展,实现共同富裕。脱贫攻坚战取得全面胜利,"现行标准下9899万农村贫困人口全部脱贫,832个贫困县全部摘帽,12.8万个贫困村全部出列,区域性整体贫困得到解决,完成了消除绝对贫困的艰巨任务"①。推进基本公共服务均等化,实现城乡一体化发展。在接续推动西部大开发、振兴东北、中原崛起的同时,以习近平同志为核心的党中央又接连提出一带一路、京津冀协同发展、长江经济带发展、黄河流域生态保

---

① 《习近平谈治国理政》(第四卷),外文出版社2022年版,第125页。

护和高质量发展、粤港澳大湾区建设、高标准高质量建设雄安新区等新的发展战略,推动形成了东西南北、纵横联动、共同发展的新格局。

四是打击垄断,维护公平竞争市场秩序。保证各种所有制经济依法平等使用生产要素、公平参与市场竞争、同等受到法律保护。

五是调节收入分配。综合运用税收、社会保障、转移支付等手段,调节过高收入、增加低收入群体保障,着力解决收入差距过大的问题,把社会各阶层收入差距和利益分化控制在适度的范围内。划分合法收入与非法收入的界限,保护合法收入,取缔非法收入,整顿不合理收入,消除民怨。①

六是深化户籍制度改革,促进社会公平正义。推动各地取消落户限制、放宽落户条件、改善落户政策,推动劳动力要素合理畅通有序流动。破除附着在户籍身份上的不平等公民待遇,在教育、医疗、社会保障等方面实现国民待遇的统一化和标准化,提高社会成员向上流动的能力。②以上举措有力地打破了利益固化的藩篱,将改革向纵深推进。

三、体制机制的束缚

改革是一项全新的事业,到底要怎么做,没有现成答案,需要干部在实践中自己摸索。由于没有经验,加上情况复杂,不可避免地,干部就会犯错,甚至引发群体性矛盾和冲突。这就需要建立一种容错纠错机制,爱护、保护改革一线干部,为其减轻压力、撑腰鼓劲。可是,在现实生活中,很多时候并非这样。一旦出现问题,迫于舆论压力或维稳需要,一些地方先拿推行改革的干部开刀,给予党纪政纪处分,甚至撤销职务。这就让"想干事、敢干事"的干部寒了心,不担当、不作为、混日子的态度在党内蔓延,全面深化改革面

---

① 喻新安等:《深化改革要突破利益固化的藩篱》,《光明日报》,2013年9月20日。
② 喻新安等:《深化改革要突破利益固化的藩篱》,《光明日报》,2013年9月20日。

临停滞甚至倒退的危险。改革是一项极为复杂的系统工程,牵涉领域广、影响范围大。改革要想顺利推进,需要各方面协调联动、相互配合,形成合力。但是由于"条块分割"的影响,我们国家很多事情出现"九龙治水"的情况,政出多门、多头管理、重复管理,相互"踢皮球",推诿扯皮。大家各自为政,只考虑自己的利益。这极大地损害了改革的凝聚力、向心力,降低了改革的效率。进入新时代,人们的需求升级,迫切需要高质量的产品和服务,但是我们的供给端提供的却是低端的产品和服务,难以满足人们的需求,这就出现了"供需错位"的问题。"供需错位"造成大量资源浪费,资本外流,危及中国经济的长远发展。"供需错位"要求我们对供给侧结构进行改革,减少无效和低端供给,扩大有效和中高端供给,增强供给结构对需求变化的适应性和灵活性,提高全要素生产率,使供给体系更好适应需求结构变化,实现二者的有效对接。

党的十八大以来,以习近平同志为核心的党中央以巨大的政治勇气、强烈的责任担当破除体制机制弊端,为改革扫清障碍。一是构建科学有效的容错纠错制度体系,激励干部担当作为。①推进容错纠错专项制度建设。2018年5月,中共中央办公厅印发《关于进一步激励广大干部新时代新作为的意见》,对建立健全容错纠错机制作出部署。②推进嵌入式制度建设。将容错纠错有关要求规定嵌入党内其他法规,如《中国共产党问责条例》《中国共产党组织工作条例》等,做到紧密衔接,深度融合。③建立澄清保护制度。对受到错告、误告、诬告的干部及时予以澄清、消除负面影响,打击造谣、抹黑的不法行为。④完善失误和错误的纠正机制。实行科学决策、民主决策、依法决策,制定应急预案,降低意外风险发生的概率。⑤注重容错纠错制度的有效落实。重用提拔勇于创新、敢于担当的干部,树立鲜明用人导向。①二是

---

① 方振邦:《全面构建激励干部担当作为的容错纠错机制》,《人民论坛》,2023年第6期。

深化党和国家机构改革,推进国家治理体系和治理能力现代化。"我国改革已经进入攻坚期和深水区,进一步深化改革,必须更加注重改革的系统性、整体性、协同性,统筹推进重要领域和关键环节改革。"①2018年2月,党的十九届三中全会审议通过了《中共中央关于深化党和国家机构改革的决定》和《深化党和国家机构改革方案》。《决定》和《方案》将"优化协同高效"作为深化党和国家机构改革必须坚持的一项基本原则,目的就在于加强相关机构配合联动,提高政府效能。三是推进供给侧结构性改革,加快经济结构优化升级。党和政府采取"三去一降一补"政策,淘汰落后产能,降低经济风险。实施创新驱动战略,发展高科技产业。瞄准市场需求、战略前沿,培育新的经济增长点。新的体制机制为经济社会发展注入了强大活力,保障了改革开放的顺利进行。

第五节　社会思潮多元多样多变

社会存在决定社会意识,社会意识是社会存在的反映,有什么样的社会存在就有什么样的社会意识。经济全球化、世界一体化的国际环境,以公有制为主体、多种所有制经济共同发展的基本经济制度,以按劳分配为主体、多种分配方式并存的分配制度,决定了我国必然存在多元社会思潮、多种舆论声音。如何用马克思主义引领多元社会思潮,统一思想、凝聚共识,成为当前党的意识形态工作的迫切任务。

---

① 《习近平关于全面深化改革论述摘编》,中央文献出版社2014年版,第30页。

一、新自由主义、"普世价值观"、宪政民主论、军队国家化、网络无主权等西方社会思潮加速扩张蔓延

新自由主义鼓吹自由化、私有化、绝对市场化。它反对国家对经济活动进行干预，主张完全让市场发挥作用；反对发展公有制经济，认为公有制经济效率低下。"普世价值观"认为西方的思想、文化、价值观、政治制度是全世界最好的，适用于世界上所有国家，世界所有国家都应该效仿西方，走资本主义道路。宪政民主论主张多党竞争、自由选举、三权分立，通过这样的方式限制政府权力，保护公民的人权和自由。军队国家化理论认为军队应当去政治化，保持中立；军队只能效忠于国家，不能听命于某个党派。网络无主权观点宣称网络无国界，网络空间是全球公共领域，不应受任何国家管辖、支配，任何国家都能对别国互联网事务发表意见。不管这些观点如何进行包装，也掩盖不了它美化资本主义制度、进行意识形态输出的目的。

上述西方社会思潮不是什么新鲜事物，在党的十八大之前已经出现。党的十八大之后，在西方敌对势力围堵打压中国的时代背景下，这些思潮在我国表现出加速扩张的态势。一是争夺网络空间，抢占网络话语权。为使西方思想、观念不受阻碍地、"原汁原味"地呈现在中国网民面前，美国情报部门雇佣相关公司专门研发针对中国的"翻墙软件"，帮助中国网民规避国内网络防火墙监管。一旦中国网民"翻墙"成功，相关网站会自动识别出中国的IP地址，"算法推荐"系统会持续性地向其推送赞美、吹捧、美化西方的"正面信息"和抹黑、攻击中国政府的负面言论，在精准推送和价值误导中消解中国网民对社会主义道路、理论、制度和文化的认同，对马克思主义的

信仰。①

二是瞄准重点人群，迷惑青年学生。美国等西方国家把"和平演变"的希望寄托在青年学生身上。"我们应该联合我们的盟友和中国国内的支持者，他们是被称为互联网一代的年轻人。中国有5亿互联网用户，8000万博主。他们将带来变化，类似的变化将扳倒中国（take China down）。与此同时我们将获得上升机会，并找回我们的经济生产力量。这就是我作为总统所要做的。"②美国2012年总统参选人、前驻中国大使洪博培的这段话充分证实了这一点。党的十八大之后，美国加大对中国的文化输出力度，通过影视剧、动漫、游戏等文化产品潜移默化地影响青年学生的价值观，使其向西方靠近。此外，美国政府还以"文化交流""教育交流"为名向中国学生提供丰厚奖学金，吸引他们到美国留学，培养他们对西方的好感、亲近感。美国从留学生当中挑选"精英"，悉心培养，让他们成为反华骨干。

三是挑选敏感问题敏感地区渗透，制造混乱。香港、台湾、澳门、新疆、西藏这些地方，存在较大的操弄空间。美国等西方国家专挑这些地方，以"侵犯自由民主人权""限制宗教信仰自由""抹杀少数民族语言文化"为名对中国政府进行抹黑攻击，激化矛盾，制造混乱。

二、历史虚无主义、文化虚无主义、新儒家、新左派等国内社会思潮持续发声扩大影响力

历史虚无主义打着重新研究历史、还原历史真相的幌子，抹黑歪曲党和国家领导人，调侃革命烈士、民族英雄，替反动历史人物翻案，目的在于否定

---

① 骆郁廷、李恩：《网络空间西方价值渗透及其应对》，《思想教育研究》，2021年第2期。
② 范辰言：《洪博培：应该联合中国国内的支持者扳倒中国》，《环球时报》，2011年11月19日。

党的领导,否定党执政的合法性。文化虚无主义完全否定本民族的历史、文化,把它说得一无是处。它把具有5000年历史、悠久灿烂的中华文化定义为消极的、腐朽的、落后的文化,却极力追捧西方文化,推崇"西方文化中心论"。"如果说文化虚无主义并非完全虚无,那么'以洋为尊''以洋为美''唯洋是从',就是它的文化本质。"①欲先灭其国,必先去其史。文化虚无主义挖空中国人的文化根基,打击中国人的文化自信,危害甚巨。新儒家思想反对全盘西化,力主回到中国传统,从儒家文化资源中找到通往现代国家之路。新儒家对传统文化的重视不乏裨益,但孔孟之道毕竟不同于马克思主义,其儒化社会、儒化中国共产党的行动方略具有明显"以儒化马""以儒反马"和"以儒代马"取向,其最终目标是要用孔孟之道来取代马克思主义、用儒士共同体来取代中国共产党,这显然不可取。②新左派否定改革开放,认为改革开放的很多做法偏离社会主义方向,向资本主义道路演进;反对市场经济,认为市场经济使人与人之间的关系蜕变为赤裸裸的金钱关系,造成中国伦理道德崩塌;反对经济全球化,认为全球化本质上是资本主义的全球化,是新殖民主义政策,第三世界国家在全球化中只能受发达国家的剥削,中国应当联合其他发展中国家抵制这一进程。新左派看到并试图纠正改革开放、市场经济、经济全球化发展衍生出的负面问题,这本身没错,但它夸大问题的严重性、曲解问题的性质,把改革开放与走资本主义道路相提并论,把市场经济等同于拜金主义,对经济全球化持封闭排斥态度,这与党的基本路线、方针、政策相矛盾,是错误言论。

　　党的十八大之后,以习近平同志为核心的党中央加强意识形态建设,对各种错误思潮"亮剑",严厉加以批判。上述社会思潮察觉到政治气候的明

---

①　孙丽珍、李泽泉:《文化虚无主义的表现、本质及治理》,《红旗文稿》,2018年第9期。

②　郭忠华:《改革开放以来中国主要社会思潮——阶段与本质》,《政治学研究》,2022年第4期。

显变化,有所收敛。但它们没有消失,仍在寻找机会发声,努力保持并扩大自己的影响力。一些网络大V、所谓的"顶流"为了满足"粉丝"的猎奇心理,在自己主持的节目大谈奇闻野史,说什么"明朝是'三无朝代'""郑成功是倭寇"等;为了活跃气氛,大讲低俗段子,调侃革命英烈,说什么"狼牙山五壮士不是跳崖而是'溜崖'""雷锋做好事不留名,却用日记昭告了天下"等。一些文学、影视公司为了市场、票房,颠覆传统、恶搞历史、消解思想、否定民族特色、淡化时代精神,胡编乱造,拍摄"穿越剧""宫廷剧""戏说剧""抗日神剧"等劣质文化产品,引发民众反感。[1]一些专家学者以弘扬中华优秀传统文化为名搞文化复古主义,甚至提出"以儒治国""以儒代马"的主张。还有些人"教条主义"思想严重,墨守成规,一旦看见别人有什么创新举措就扣上"非马克思主义""反马克思主义"的帽子横加指责,阻挠改革开放的进行。

上述社会思潮虽不居于主导地位,但有着巨大影响。它们要么把中国引向改旗易帜的邪路,要么把中国引向封闭僵化的老路,无论哪一条路,都会把中国推入万劫不复的境地,都会埋葬中国人民的美好前途。对于上述社会思潮,要持续加以批判,堵塞其传播渠道,压缩其活动空间,让其远离公众视野。

三、女性主义、生态主义、反智主义、科技本位主义、泛娱乐主义、消费主义等新兴社会思潮接连涌现

女性主义反对性别歧视,主张保护妇女权益,实现男女平等。生态主义主张保护环境,实现人与自然和谐发展。生态主义认为人不是自然界的主宰,人和自然是一种平等、共生关系。自然界是人类生存发展的基础,人有

---

① 赵振杰:《警惕文艺创作中历史虚无主义倾向》,《河北日报》,2019年4月26日。

保护自然界的责任和义务。反智主义者反对知识、科学、理性、教育，认为它们对于人生有害而无益。他们怀疑和鄙视社会精英、知识分子、专家、学者，因为这些人不能代表自己的利益。反智主义者固执己见，坚持按照自己的想法行事。他们精神惰怠，沉湎于庸俗的娱乐和大众流行文化不思进取。科技本位主义是指以科技为中心进行思维、行为和决策的一种思想。它高度重视科学技术的发展，把科技创新作为引领发展的第一动力，作为国家发展的基本战略。科技本位主义具有两面性，运用得好可以提高生产效率、便捷生活，造福人类；运用得不好则会形成科技垄断、技术霸权，威胁人类的生存发展。作为一种新兴社会思潮，"科技本位主义不仅发生于一个国家内部，而且不断向国际层面扩展；不仅成为国家和企业的战略选择，而且也成为个人的自觉行动；不仅体现在科技领域，而且渗透到经济社会运行的多个领域和各个环节"①。泛娱乐主义指的是一股以消费主义、享乐主义为核心，以现代媒介为主要载体，以内容浅薄空洞的方式，通过戏剧化的表演，试图放松人们的紧张神经，从而达到快感的一种文化现象。泛娱乐主义是一种传染性甚强、弥散性甚广的社会思潮，对人们思维方式、精神生活有着深刻影响。它营造虚假狂欢，引发人们审美取向庸俗化；冲击伦理道德，引发人们道德取向虚无化；消解主流价值，引发人们价值取向去崇高化；恶搞戏说政治，引发人们政治态度戏谑化，危害严重，亟须治理。②消费主义主张人们追求物质享受，及时享乐。"消费主义创造虚假的需要，诱导人们盲目消费，激发了攀比炫耀的心理，产生了商品与符号的拜物教，造成了人的价值世界的异化与扭曲。"③

---

① 蔡翠红：《科技本位主义的潮流与动因》，《人民论坛》，2019年第35期。

② 秦在东、靳思远：《"泛娱乐主义"思潮的生成机理、危害及其治理》，《思想理论教育导刊》，2020年第11期。

③ 鲁明川：《美好生活视域下的消费主义批判》，《马克思主义研究》，2022年第7期。

上述社会思潮虽为新兴思潮,却对中国产生重大影响,保护妇女权益、保护生态环境、重视科学技术、重视教育、重视人才、加强理想信念教育、加强艰苦奋斗教育的呼声在中国日益高涨。以习近平同志为核心的党中央顺应民意,将这些呼声纳入治国理政的实践中:修订妇女权益保障法,全面贯彻落实男女平等的基本国策;树立绿色发展理念,实现人与自然和谐共生;实施科教兴国、人才强国、创新驱动发展战略,为全面建设社会主义现代化国家提供基础性、战略性支撑;弘扬中华美德,传承良好家风,抵御拜金主义、享乐主义、奢靡之风等不良风气的侵袭。这些措施的实施推动了中国社会的发展进步。

需要特别注意的是,上述新兴社会思潮全部源于西方,我们在吸收借鉴这些社会思潮合理成分的同时要警惕西方的"话语陷阱"。比如,西方国家不是单纯地讲女性主义、性别平等,而是借此攻击中国的人权法治状况。再比如,谈到全球气候变暖、生态保护、碳排放,西方国家不讲自身的问题却不断指责中国,谎称中国是世界气候变化的最大推手,不断向中国施加压力,要求中国提高碳减排的速度,承担不该由中国承担的责任。西方国家将气候问题政治化、武器化、工具化,根本目的不在于为人类前途着想,而是妄图打乱中国的现代化发展节奏,遏制中国的工业化进程。如果我们不能识别西方的"话语陷阱",人云亦云,这些社会思潮将会成为改革开放和社会主义现代化建设的重要变量,会产生巨大负面影响。

第三章 新时代党的意识形态理论原创性贡献的生成逻辑

新时代党的意识形态理论原创性贡献的形成不是偶然的,它形成的背后有着深刻的逻辑依据:历史逻辑、实践逻辑和价值逻辑。从历史逻辑来看,它是在对中国共产党100多年意识形态工作经验科学总结的基础上形成的,继承和弘扬了党的优良传统;从实践逻辑来看,它是在防范化解新时代意识形态风险的过程中形成的,具有鲜明的问题导向;从价值逻辑来看,它践行以人民为中心的发展思想,维护人民群众的根本利益。这三种逻辑生动阐释了新时代党的意识形态理论原创性贡献形成的必然性,增强了人们对它的科学认知。

第一节 鉴往知今的历史逻辑

历史既是客观实在自身的发展过程,也是人们对其认识的过程。历史逻辑是历史发展的内在规律,是人们对历史发展经验的总结与反思,并经实践检验后得出的客观结论。它既来源于过去，又联结现实，同时启示着未来。中国共产党100多年意识形态工作既有宝贵的经验，也有惨痛的教训，对这些经验教训进行深刻总结、概括凝练，形成党的意识形态工作的根本规律。新时代党的意识形态理论的原创性贡献正是在吸收借鉴党的意识形态工作经验教训的基础上提出来的，贯穿着历史思维，闪耀着历史智慧。"全党要坚持唯物史观和正确党史观，从党的百年奋斗中看清楚过去我们为什么能够成功、弄明白未来我们怎样才能继续成功，从而更加坚定、更加自觉地践行初心使命，在新时代更好坚持和发展中国特色社会主义。"①

一、吸收和借鉴中国共产党百年意识形态工作的成功经验，继承和弘扬党的优良传统

中国共产党自成立以来就高度重视意识形态工作，在探索和创新意识形态工作方面积累了丰富而又宝贵的历史经验。以习近平同志为核心的党中央梳理和总结这些历史经验，充分吸收借鉴，开创了党的意识形态工作的新局面。

（一）坚持马克思主义在意识形态领域的指导地位

鸦片战争以后，由于西方列强入侵，中国逐步沦为半殖民地半封建社会。灾难深重的中国应向何处去、该怎么办，为了找到这个问题的答案，中国的仁人志士引进各种理论，作出各种尝试——农民起义、君主立宪制、资产阶级共和制，改良主义、无政府主义、实用主义等，但它们统统失败了，中国半殖民地半封建社会的性质和中国人民被压迫被奴役的悲惨命运未能改

---

① 《中共中央关于党的百年奋斗重大成就和历史经验的决议》，人民出版社2021年版，第2页。

变。正当中国人民陷入迷茫彷徨的时候，"十月革命一声炮响，给我们送来了马克思列宁主义。十月革命帮助了全世界的也帮助了中国的先进分子，用无产阶级的宇宙观作为观察国家命运的工具，重新考虑自己的问题。"①1921年7月，以马克思主义为指导思想、以共产主义为奋斗目标的政党——中国共产党诞生了，从此中国革命和建设有了科学的指导思想，中国面貌发生了翻天覆地的变化。

中国共产党坚持马克思主义的指导地位，坚决同各种非马克思主义、反马克思主义思想作斗争。马克思主义在中国的传播和发展史，是与非马克思主义、反马克思主义作斗争的历史。李大钊、陈独秀等早期马克思主义者就"问题与主义""要不要实行社会主义""要不要实行无产阶级专政"等问题与反马克思主义者展开了三次激烈论战。通过论战，划清了科学社会主义同资产阶级、小资产阶级的社会主义派别的界限，帮助当时一批倾向社会主义的进步分子走上马克思主义的道路，扩大了马克思主义在中国的影响，为中国共产党的诞生奠定了思想基础。新民主主义革命时期，党内出现了机会主义、教条主义、经验主义，使革命遭遇失败和挫折，针对这些错误思想，毛泽东先后发表了《反对自由主义》《反对本本主义》《实践论》《矛盾论》等文章，帮助全党厘清了思想，提高了党员干部的马克思主义理论素养，马克思主义的指导地位得到巩固。社会主义建设后期和"文化大革命"，党内一度出现"左"倾错误，使人们的思想受到严重束缚。为纠正"左"的倾向、打破束缚人民思想的藩篱，在邓小平的领导下，1978年中国共产党在全党范围内开展了"真理标准问题大讨论"，重新确立了"解放思想，实事求是"的思想路线，开启了改革开放的新征程。

改革开放使人们的思想解放，思维活跃，各种社会思潮应时而生、复杂

---

① 《毛泽东选集》（第四卷），人民出版社1991年版，第1471页。

多样,出现了各种非马克思主义思想意识和一些反马克思主义的错误思潮,特别是民主社会主义、历史虚无主义、新自由主义、普世价值观、拜金主义、享乐主义等思潮,干扰着人们的思想,对社会生活产生了极为消极的影响。对此,中国共产党从马克思主义科学理论出发,审时度势,开展批判,努力澄清人民对马克思主义、社会主义的模糊认识;对于各种非马克思主义社会思潮,坚持"尊重差异、包容多样"的原则,推动积极进步的社会思潮健康发展,最大限度地达成思想共识,使其与马克思主义指导思想和社会主义现代化建设同向同行、同步向好;对反马克思主义思潮"有力批驳,针砭要害、揭露本质"①,在事关政治方向和根本原则的问题上,始终旗帜鲜明、理直气壮、毫不含糊,维护和巩固了马克思主义在意识形态领域的指导地位。

马克思主义是时代的产物,它应当随着时代的改变而改变,不断丰富和发展。中国共产党在坚持马克思主义指导地位的同时,不断推进马克思主义的理论创新,使其做到与时俱进。马克思主义不是死的教条,而是活的灵魂。100多年来,中国共产党以马克思主义为指导思想,一方面坚持马克思主义基本原理,另一方面根据中国具体实际、社会发展和人民利益的趋向不断进行理论创新,实现马克思主义中国化和时代化。在新民主主义革命早期,年幼的中国共产党由于经验不足,对中国革命和马克思主义的发展规律尚不能很好地把握,曾犯过教条主义、经验主义的错误。毛泽东在研究中国革命和中国国情的基础上,强调"要学会把马克思列宁主义的理论应用于中国的具体的环境"②,第一次提出了"马克思主义中国化"的命题。以毛泽东同志为主要代表的中国共产党人,把马克思主义基本原理与中国革命具体实际相结合,对革命斗争中积累的一系列独创性经验进行理论概括,最终形

---

① 《习近平总书记系列重要讲话读本》,学习出版社、人民出版社2014年版,第99页。
② 《建党以来重要文献选编》(一九二一——一九四九 第十六册),中央文献出版社2011年版,第479页。

成了毛泽东思想，正是在毛泽东思想的指导下，新民主主义革命取得伟大胜利，建立了新中国，中国人民从此站起来了；之后又完成了社会主义革命，消灭了剥削制度和剥削阶级，确立了社会主义基本制度，推进社会主义建设，进一步丰富和发展了毛泽东思想。

党的十一届三中全会以后，以邓小平、江泽民和胡锦涛为主要代表的中国共产党人把马克思主义的普遍原理与改革开放的具体实际相结合，围绕什么是社会主义、怎样建设社会主义，建设什么样的党、怎样建设党，实现什么样的发展、怎样发展这些根本性问题进行探索，创立了以邓小平理论、"三个代表"重要思想、科学发展观为主要内容的中国特色社会主义理论体系，在其指导下，中华民族创造了举世瞩目的伟大奇迹，实现了从站起来到富起来的伟大飞跃。党的十八大以来，以习近平同志为核心的党中央持续推动党的理论创新，围绕新时代坚持和发展什么样的中国特色社会主义、怎样坚持和发展中国特色社会主义，建设什么样的社会主义现代化强国、怎样建设社会主义现代化强国，建设什么样的长期执政的马克思主义政党、怎样建设长期执政的马克思主义政党等新的重大时代课题进行深邃思考，提出一系列原创性的治国理政的新理念新思想新战略，形成习近平新时代中国特色社会主义思想。"习近平新时代中国特色社会主义思想是当代中国马克思主义、二十一世纪马克思主义，是中华文化和中国精神的时代精华，实现了马克思主义中国化新的飞跃。"[①]

与此同时，为了使马克思主义指导思想深入人心，中国共产党还不断进行马克思主义的宣传和传播，实现马克思主义的大众化。民主革命时期毛泽东强调马克思主义要贴近群众、走进群众，他指出："我们是革命党，是为

---

① 《中共中央关于党的百年奋斗重大成就和历史经验的决议》，人民出版社2021年版，第26页。

群众办事的,如果也不学群众的语言,那就办不好。"①中国共产党不断创新话语表达,注重"宣传鼓动工作的通俗化、大众化、民族化"②,使理论为群众所掌握,为新民主主义革命的胜利奠定了坚实的群众基础。社会主义建设时期,在全党、全国范围内开展了社会主义的教育。改革开放新时期,党提出马克思主义教育要从群众的实际思想情况出发,坚持正面教育、正面引导,提高人民的觉悟和信心。进入新时代,新技术、新媒体带来了传播方式的革新,习近平强调理论宣传要高度重视传播手段和话语方式创新,"让党的创新理论'飞入寻常百姓家'"③。党借助新技术革命推进了马克思主义大众化,为实现中华民族伟大复兴提供了强大精神动力。

(二)坚持党对意识形态工作的全面领导

"中国共产党是领导我们事业的核心力量。中国人民和中华民族之所以能够扭转近代以后的历史命运、取得今天的伟大成就,最根本的是有中国共产党的坚强领导。"④党的领导体现在革命和建设的各个方面,其中对意识形态工作的领导是第一位的。坚持党对意识形态工作的领导,既是我们的优良传统,也是我们的政治优势。

牢牢掌握意识形态工作的领导权是我们党对理论的反思和实践经验的科学总结。意识形态在社会发展中具有重要的地位和功能,作为一种思想体系,它反映了一定阶级或社会集团的利益和要求,进而展现他们创建新社会制度的共同理想和新的世界观;作为观念上层建筑,它是实现思想统治的

---

① 《毛泽东选集》(第三卷),人民出版社1991年版,第837页。

② 《建党以来重要文献选编》(一九二一——一九四九 第十六册),中央文献出版社2011年版,第307页。

③ 《习近平谈治国理政》(第三卷),外文出版社2020年版,第313页。

④ 《中共中央关于党的百年奋斗重大成就和历史经验的决议》,人民出版社2021年版,第65页。

重要工具和主要手段,通过这个阶级或社会集团动员、凝聚、引领社会力量,巩固自己的统治地位。代表一定阶级或社会集团的政党,无论从自身建设还是从其肩负的使命和发挥的职能看,都必须掌握意识形态工作领导权。中国共产党在革命实践中巩固和扩大党的意识形态工作领导权,是其由弱到强、不断走向成熟的宝贵经验。中国共产党成立后,随着革命形势的发展,清醒地认识到,既要拿好"枪杆子",也要拿好"笔杆子",才能掌握革命主动权、推动革命发展,因此,特别重视加强思想政治工作。1934年2月,在红军第一次全国政治工作会议上,中央提出"政治工作是红军的生命线"①的科学论断。新中国成立后,党通过组织、制度的建设,实现了对意识形态工作的有力领导,为社会主义建设奠定了思想基础。改革开放时期,党的思想战线领导一度软弱涣散,针对这一问题,邓小平强调,"必须大力加强党对思想战线的领导"②,使党的领导统一坚强起来。新时代以来,习近平指出意识形态工作是党的一项极端重要的工作,多次强调党要牢牢掌握意识形态工作领导权,向全党发出"必须把意识形态工作的领导权、管理权、话语权牢牢掌握在手中,任何时候都不能旁落,否则就要犯无可挽回的历史性错误"③的深刻警示。

　　坚持党管宣传、党管媒体的原则,加强党对新闻舆论工作的领导。意识形态作用的发挥离不开宣传。马克思、恩格斯和列宁都曾提及党管宣传的重要性。马克思、恩格斯反复强调无产阶级新闻事业必须一以贯之坚持党性原则,强调党报党刊是"能够以同等的武器同自己的敌人作斗争的第一个阵地"④。列宁认为在社会主义建设中"出版物应当成为党的出版物"⑤,"报

---

① 张耀灿主编:《中国共产党思想政治教育史论》,高等教育出版社2006年版,第78页。

② 《邓小平文选》(第三卷),人民出版社1993年版,第45页。

③ 习近平:《论党的宣传思想工作》,中央文献出版社2020年版,第21页。

④ 《马克思恩格斯全集》(第22卷),人民出版社1965年版,第590页。

⑤ 《列宁专题文集 论无产阶级政党》,人民出版社2009年版,第166页。

纸应当成为各个党组织的机关报"①,一切无党性的现象都是绝对不允许的。中国共产党从成立之日起,就十分重视意识形态的宣传工作。党的一大通过的第一个决议明确规定:"一切书籍、日报、标语和传单的出版工作,均应受中央执行委员会或临时中央执行委员会的监督","不论中央或地方出版的一切出版物,其出版工作均应受党员的领导","任何出版物,无论是中央的或地方的,均不得刊登违背党的原则、政策和决议的文章"。②毛泽东指出:"应该把报纸拿在自己手里,作为组织一切工作的一个武器,反映政治、军事、经济并且又指导政治、军事、经济的一个武器,组织群众和教育群众的一个武器。要以很大的精力来注意这个工作,使它一年比一年进步。"③进入改革开放和社会主义现代化建设新时期,邓小平要求"党报党刊一定要无条件地宣传党的主张"④。针对思想领域出现的新情况新变化,江泽民强调:"党报、党刊、国家通讯社和电台、电视台都要积极宣传党的主张,在正确引导舆论中发挥主干作用。"⑤ 21世纪初,胡锦涛进一步明确要"把坚持正确导向放在新闻宣传工作的首位"⑥。党的十八大之后,中央更加重视对新闻舆论工作的领导。习近平强调:"加强和改善党对新闻舆论工作的领导,是新闻舆论工作顺利健康发展的根本保证"⑦,"要坚持党管媒体原则,严格落实政治家办报要求,确保新闻宣传工作的领导权始终掌握在对党忠诚可靠的人手中"⑧,"党和政府主办的媒体是党和政府的宣传阵地,必须姓党,必须抓在党

---

① 《列宁专题文集 论无产阶级政党》,人民出版社2009年版,第167页。

② 《中国共产党第一个决议》,中国政府网,2008年5月26日。

③ 《毛泽东文集》(第三卷),人民出版社1996年版,第111页。

④ 《邓小平文选》(第二卷),人民出版社1994年版,第272页。

⑤ 《十四大以来重要文献选编》(上),人民出版社1996年版,第654页。

⑥ 《唱响奋进凯歌弘扬民族精神——记胡锦涛总书记在人民日报社考察工作》,《人民日报》,2008年6月21日。

⑦ 《习近平谈治国理政》(第二卷),外文出版社2017年版,第334页。

⑧ 《习近平新闻思想讲义》,人民出版社、学习出版社2018年版,第70页。

的手里，必须成为党和人民的喉舌，'党报党刊一定要无条件地宣传党的主张'。无论时代如何发展、媒体格局如何变化，党管媒体的原则和制度不能变"①。

强化党领导意识形态工作的责任制。实行责任制，是党领导意识形态工作的重大举措，也是做好意识形态工作的有效方法。在民主革命和社会主义建设时期，党就明确指出宣传、思想工作要统一于党的领导。改革开放后，邓小平强调在中国社会主义现代化建设的过程中，必须在思想政治上始终坚持四项基本原则，"各级党委一定要把思想理论工作放在正确轨道和重要地位上"②，要求各级党委要负起领导责任，逐步形成党委统一领导的意识形态领导体制和工作机制。进入新时代，习近平强调，做好意识形态工作关键在党，各级党委要负起政治责任和领导责任，积极推进意识形态工作的制度化和规范化，形成全党动手抓意识形态工作、各级党组织落实意识形态工作的良好机制。③对于在意识形态工作中失职、造成严重影响的干部，要进行问责，给予党纪政纪处分。建立意识形态述职报告制度，将意识形态情况作为评价各级党政机关工作成效的重要标准。建立意识形态专项督查制度，深入查找各部门、各领域在意识形态建设存在的突出问题，实行"回头看"。各类意识形态管理制度和机构的建立及意识形态工作责任制的确立使得党对意识形态工作的领导不断加强，党对意识形态工作的领导更加坚强有力。

---

① 《习近平总书记重要讲话文章选编》，中央文献出版社2016年版，第420页。
② 《邓小平文选》（第二卷），人民出版社1994年版，第181页。
③ 《习近平谈治国理政》（第一卷），外文出版社2018年版，第156页。

（三）正确处理意识形态工作和中心工作的关系

党的意识形态工作和中心工作相互联系,密不可分。一方面,意识形态工作是为党的中心工作服务的,脱离了中心工作,意识形态工作便是空谈,没有任何意义和价值。另一方面,中心工作的顺利开展离不开意识形态工作,需要意识形态工作为其提供精神动力、智力支持、思想保证和良好舆论环境。这就要求我们要正确处理意识形态工作和中心工作的关系,使二者相互支撑、良性互动。中国共产党正是做到了这一点,才取得了革命、建设、改革事业的伟大胜利。革命战争年代,军事斗争是党的中心工作。毛泽东在抓军事工作的同时,同样重视思想政治工作、意识形态工作。1929年12月,在古田会议上,毛泽东批评了党内少数同志身上存在的重军事、轻政治的"单纯军事观点",要求纠正这种错误思想倾向。1942年5月,在延安文艺座谈会上,毛泽东强调,军事工作和政治工作要同时推进,不可偏颇。"我们要战胜敌人,首先要依靠手里拿枪的军队。但是仅仅有这种军队是不够的,我们还要有文化的军队,这是团结自己、胜敌人必不可少的一支军队。"①改革开放后,经济建设成为党的中心工作,邓小平、江泽民、胡锦涛在强调以经济建设为中心的同时,也要求各级党委政府部门做好思想政治工作、精神文明建设工作。"我们要在建设高度物质文明的同时,提高全民族的科学文化水平,发展高尚的丰富多彩的文化生活,建设高度的社会主义精神文明"②,"必须把发展社会主义生产力同提高全民族文明素质结合起来,推动物质文明和精神文明协调发展,更加自觉、更加主动地推动文化大发展大繁荣"③,

---

① 《毛泽东选集》(第三卷),人民出版社1991年版,第847页。
② 《邓小平文选》(第二卷),人民出版社1994年版,第208页。
③ 《胡锦涛文选》(第三卷),人民出版社2016年版,第163页。

"越是发展经济,越是改革开放,越要重视思想政治工作"①,思想政治工作一刻也不能放松。物质文明和精神文明,经济建设和思想政治工作,两手都要抓,两手都要硬,成为一项基本原则贯彻在党治国理政的实践中。

在继承历代党的领导人思想观点的基础上,习近平对意识形态工作和中心工作的关系作出更为深刻的论述。习近平指出,经济建设是党的中心工作。改革开放四十多年,中国虽然取得了举世瞩目的辉煌成就,但中国依然是发展中国家,依然处在社会主义初级阶段。同西方发达国家相比,我们依然存在很大的差距。同人民群众对美好生活的期盼相比,我们还有很大距离。这就决定了我们必须继续坚持以经济建设为中心的基本路线,把发展作为党执政兴国的第一要务,聚精会神搞建设,一心一意谋发展。只要国内外形势没有发生根本变化,坚持以经济建设为中心就不能也不应该改变。习近平指出,经济建设对意识形态工作具有重大影响,经济建设搞不好,意识形态工作也做不好。没有扎扎实实的发展成果,没有人民生活不断改善,空谈理想信念,空谈党的领导,空谈社会主义制度优越性,空谈思想道德建设,最终意识形态工作也难以取得好的成效。"因此,我们要深刻认识经济基础对上层建筑的决定作用,坚持以经济建设为中心,大力解放和发展生产力,从而通过实现广大人民群众共享发展成果来提高社会主义意识形态的吸引力和凝聚力。"②

在强调以经济建设为中心的同时,习近平指出要高度重视并改进意识形态工作。意识形态事关旗帜和道路,事关贯彻落实党的理论和路线方针政策,事关顺利推进党和国家各项事业,事关全党全国各族人民凝聚力和向心力,事关党和国家前途命运,极端重要。意识形态工作一定要把围绕中心、服务大局作为基本遵循,胸怀大局、把握大势、着眼大事,找准工作切入

---

① 《江泽民文选》(第三卷),人民出版社2006年版,第74页。

② 鲁言:《意识形态工作关乎党和国家前途命运》,《红旗文稿》,2016年第6期。

点和着力点,做到因势而谋、应势而动、顺势而为。意识形态工作不能一成不变,应当随着时代的发展不断创新。要重点抓好理念创新、手段创新、基层工作创新,努力以思想认识新飞跃打开工作新局面。"要运用新媒体新技术使工作活起来,推动思想政治工作传统优势同信息技术高度融合,增强时代感和吸引力。"①要学会用谈文艺、讲故事的方式开展对外宣传,拉近与国外听众的距离。既要切实做好中心工作、发展经济,为意识形态建设提供坚实的物质基础,又要切实做好意识形态工作、为经济建设提供有力保障;既不能因为中心工作、发展经济而忽视意识形态工作,也不能使意识形态工作游离于中心工作,搞"两张皮"。习近平关于正确处理意识形态工作和中心工作关系的重要论述融唯物论、辩证法、认识论于一体,闪耀着真理的光芒。

（四）把牢文化发展正确方向

坚持"双百"方针,推动社会主义文化繁荣发展。"双百"方针,即百花齐放,百家争鸣,是毛泽东提出来的。"双百"方针的提出有个循序渐进的过程。1951年3月,毛泽东为中国戏曲研究院成立题词:"百花齐放,推陈出新"。1953年8月,就历史研究工作的方针,毛泽东指出要"百家争鸣",鼓励不同学术观点交流讨论。1956年4月28日,在中共中央政治局扩大会议上,毛泽东把"百花齐放"与"百家争鸣"并列放在一起,指出"艺术问题上的百花齐放,学术问题上的百家争鸣,我看应该成为我们的方针"②。5月2日,在最高国务会议第七次会议上,毛泽东正式提出"双百"方针。后来,毛泽东进一步强调了"双百"方针,指出"双百"方针绝不是暂时性、可有可无的,而是一个必须长期坚持的重要方针。正是在毛泽东的强调、倡导、坚持下,越来越多的人认识到了坚持"双百"方针的必要性、重要性,党在探索中逐步走出了一条

---

① 习近平:《论党的宣传思想工作》,中央文献出版社2020年版,第278页。
② 《毛泽东文集》(第七卷),人民出版社1999年版,第54页。

发展社会主义文化事业、建设社会主义意识形态的正确道路。习近平继承和发展了毛泽东的"双百"方针。2014年10月15日，在文艺工作座谈会上，习近平指出："要坚持百花齐放、百家争鸣的方针，发扬学术民主、艺术民主，营造积极健康、宽松和谐的氛围，提倡不同观点和学派充分讨论，提倡体裁、题材、形式、手段充分发展，推动观念、内容、风格、流派切磋互鉴。"①在坚持"双百"方针的同时，习近平也对一些错误观点特别是文学艺术领域的"绝对自由""绝对民主"提出批评。习近平指出，坚持"双百"方针，提倡学术民主、艺术民主，不是想说什么就说什么，想演什么就演什么，坚持"双百"方针也得遵循四项基本原则、遵守党的政治纪律，也得遵循社会主义核心价值观，符合公序良俗。文艺工作者必须坚持思想性、政治性、艺术性相统一的原则，只有这样才能创造出鼓舞时代前进、引领时代发展的精品力作。

坚持"二为"方向，站稳人民立场。文艺工作应当为谁服务、代表谁的利益、满足谁的需求，这是事关政治立场的根本性问题。中国共产党一贯主张，文艺工作应该为人民群众服务，将此作为文化建设的出发点、立足点。1940年，在《新民主主义论》中，毛泽东将新民主主义文化定义为"无产阶级领导的人民大众的反帝反封建的文化"②，并且指出这一文化"应为全民族中百分之九十以上的工农劳苦民众服务，并逐渐成为他们的文化"③。1942年在延安文艺座谈会上的讲话中，毛泽东重申了这一观点。毛泽东引用列宁的名言，指出"我们的文艺应当'为千千万万劳动人民服务'"④，必须站在无产阶级的立场上。改革开放后，关于文艺工作，邓小平作了一系列讲话，强调文艺不能脱离政治，文艺创作必须考虑社会影响，考虑人民的利益、国家

---

① 习近平：《论党的宣传思想工作》，中央文献出版社2020年版，第101页。
② 《毛泽东选集》（第二卷），人民出版社1991年版，第698页。
③ 《毛泽东选集》（第二卷），人民出版社1991年版，第708页。
④ 《毛泽东选集》（第三卷），人民出版社1991年版，第854页。

的利益、党的利益。在邓小平讲话精神的指导下,1980年7月26日,《人民日报》发表社论,明确提出文艺为人民服务、为社会主义服务的"二为"方向。

党的十八大后,以习近平同志为核心的党中央坚定坚持"二为"方向,指导社会主义文化事业健康发展。习近平指出,文艺工作者要坚持以人民为中心的创造导向。"以人民为中心,就是要把满足人民精神文化需求作为文艺和文艺工作的出发点和落脚点,把人民作为文艺表现的主体,把人民作为文艺审美的鉴赏家和评判者,把为人民服务作为文艺工作者的天职。"①"文艺要反映好人民心声,就要坚持为人民服务、为社会主义服务这个根本方向。这是党对文艺战线提出的一项基本要求,也是决定我国文艺事业前途命运的关键。只有牢固树立马克思主义文艺观,真正做到了以人民为中心,文艺才能发挥最大正能量。"②人民不但是文艺服务的对象,也是文艺创作的源头活水,要深入实践,到人民群众火热的生活中寻找创作的灵感。"文艺创作方法有一百条、一千条,但最根本、最关键、最牢靠的办法是扎根人民、扎根生活"③,"只有把生活咀嚼透了,完全消化了,才能变成深刻的情节和动人的形象,创作出来的作品才能激荡人心"④。习近平指出,广大文艺工作者要正确处理看待经济效益和社会效益的关系,力争实现二者统一。当二者相矛盾、相抵触的时候,要把社会效益放在第一位。文艺不能当市场的奴隶,不能沾满铜臭气。文艺是铸造灵魂的工程,文艺工作者是灵魂的工程师,不仅要在作品上追求卓越,也要在道德品质上严格要求自己,努力做到言为士则、行为世范。追求真善美是文艺的永恒价值。要努力创造好的文艺作品,通过文艺作品传递真善美,传递向上向善的价值观。要大力弘扬爱国主义

---

① 习近平:《论党的宣传思想工作》,中央文献出版社2020年版,第103页。
② 习近平:《论党的宣传思想工作》,中央文献出版社2020年版,第103页。
③ 习近平:《论党的宣传思想工作》,中央文献出版社2020年版,第108页。
④ 习近平:《论党的宣传思想工作》,中央文献出版社2020年版,第108~109页。

精神,引导人们树立正确的国家观、民族观、历史观,增强做中国人的底气和自信。文艺当然可以进行批判,但要把握好度,要处理好主流和支流的关系,不能"一叶障目,不见泰山",不能因为某个地方出了点问题就把所有成绩都否定。文艺更多的还是应该传递正能量,"用光明驱散黑暗,用美善战胜丑恶,让人们看到美好、看到希望、看到梦想就在前方"①。

坚持古为今用,洋为中用,辩证取舍,推陈出新。在评价看待中国传统文化和西方文化问题上,中国共产党一贯主张要辩证分析,全面看待,既反对夜郎自大、盲目排外的狭隘民族主义,又反对崇洋媚外、全盘西化的文化虚无主义、民族虚无主义。1938年10月,在党的六届中央委员会第六次全体会议所作的政治报告中,毛泽东指出要正确对待传统文化、对待自己民族的历史。"我们是马克思主义的历史主义者,我们不应当割断历史。从孔夫子到孙中山,我们应当给以总结,承继这一份珍贵的遗产。"② 1940年,在《新民主主义论》中,毛泽东谈到应当如何对待外国文化,"中国应该大量吸收外国的进步文化,作为自己文化食粮的原料"③,"凡属我们今天用得着的东西,都应该吸收"④。但是这种吸收不是生吞活剥、毫无批判地吸收,而是取其精华、弃其糟粕,保留积极的、有用的东西,抛弃腐朽的、落后的东西。1956年4月25日,在中共中央政治局扩大会议上的讲话中,毛泽东再次指出要批判继承传统文化和西方文化的观点,"我们的方针是,一切民族、一切国家的长处都要学,政治、经济、科学、技术、文学、艺术的一切真正好的东西都要学。但是,必须有分析有批判地学,不能盲目地学,不能一切照抄,机械搬用"⑤。

和毛泽东一样,习近平同样认为要辩证分析、看待和评价中国传统文

---

① 习近平:《论党的宣传思想工作》,中央文献出版社2020年版,第109页。
② 《毛泽东选集》(第二卷),人民出版社1991年版,第534页。
③ 《毛泽东选集》(第二卷),人民出版社1991年版,第706页。
④ 《毛泽东选集》(第二卷),人民出版社1991年版,第707页。
⑤ 《毛泽东文集》(第七卷),人民出版社1999年版,第41页。

化、西方文化。习近平指出:"传承中华文化,绝不是简单复古,也不是盲目排外,而是古为今用、洋为中用,辩证取舍、推陈出新,摒弃消极因素,继承积极思想,'以古人之规矩,开自己之生面',实现中华文化的创造性转化和创新性发展。"①文明因多样而交流,因交流而互鉴,因互鉴而发展。"今天,我们要铸就中华文化新辉煌,就要以更加博大的胸怀,更加广泛地开展同各国的文化交流,更加积极主动地学习借鉴世界一切优秀文明成果。"②习近平不但指出要继承中华优秀传统文化,而且强调要推动中华优秀传统文化创造性转化、创新性发展,赋予其新的内涵和表达形式,使其与新的时代相适应。习近平指出,要善于运用数字化技术对传统文化进行保护、复原,让收藏在博物馆里的文物、陈列在广阔大地上的遗产、书写在古籍里的文字都活起来;要善于利用 AR、VR、MR 等先进技术,借助声、光、电等现代化设备,对传统文化进行包装,打造沉浸式光影世界,创作场景化的视觉体验,吸引观众视线;要善于通过互联网,特别是新媒体平台,微信、抖音、快手、西瓜等社交媒体工具,对优秀传统文化作品进行推送,让其家喻户晓,把其变为人们的精神文化大餐;要隆重庆祝传统节日,以此为载体开展传统文化教育,增强民族自信;要讲清楚传统节日背后蕴含的精神,阖家团圆、慎终追远、忠贞爱国、尊老敬贤等,让其浸入人们的心田,滋润人们的心灵。对于西方文化,可以学习,可以借鉴,但不能崇洋媚外。"如果'以洋为尊'、'以洋为美'、'唯洋是从',把作品在国外获奖作为最高追求,跟在别人后面亦步亦趋、东施效颦,热衷于'去思想化'、'去价值化'、'去历史化'、'去中国化'、'去主流化'那一套,绝对是没有前途的!"③学习借鉴西方文化必须坚守中华文化立场,坚定文化自信。"站立在960万平方公里的广袤土地上,吸吮着中华民族漫长

---

① 习近平:《论党的宣传思想工作》,中央文献出版社2020年版,第114~115页。
② 习近平:《论党的宣传思想工作》,中央文献出版社2020年版,第406页。
③ 习近平:《论党的宣传思想工作》,中央文献出版社2020年版,第114页。

奋斗积累的文化养分,拥有13亿中国人民聚合的磅礴之力,我们走自己的路,具有无比广阔的舞台,具有无比深厚的历史底蕴,具有无比强大的前进定力,中国人民应该有这个信心,每一个中国人都应该有这个信心。"①"作为一个中国人,一定要了解我们民族的历史。'腹有诗书气自华'。14亿中国人民凝聚力这么强,就是因为我们拥有博大精深的中华文化、中华精神,这是我们文化自信的源泉。了解我们5000年延续不绝的历史,就能自然形成强烈的民族自尊心和民族自豪感。"②

(五)建设高素质的意识形态工作队伍

从毛泽东到胡锦涛,党的历代领导人都很重视意识形态工作队伍建设。1955年3月,在中国共产党全国代表会议上,毛泽东指出:"我们要在党内外五百万知识分子和各级干部中,宣传并使他们获得辩证唯物论,反对唯心论,我们将会组成一支强大的理论队伍,而这是我们极为需要的,这又是一件大好事。"③在《一九五七年夏季的形势》的讲话中,毛泽东再次强调意识形态工作队伍建设的重要性。毛泽东指出:"为了建成社会主义,工人阶级必须有自己的技术干部队伍,必须有自己的教授、教员、科学家、新闻记者、文学家、艺术家和马克思主义理论家的队伍。"④邓小平指出了意识形态工作干部做好工作必须遵循的基本原则。一是率先垂范,以身作则。要求别人做到的,自己首先做到;要求别人不做的,自己首先不做,事事做表率,处处当先锋。这样自己讲的话才有威信,群众才听。二是教育者先受教育。"要教

---

① 《习近平谈治国理政》(第二卷),外文出版社2017年版,第339页。

② 姜雨薇:《习近平视察澳门政府综合服务中心和英才学校》,中国新闻网,2019年12月19日。

③ 《毛泽东文集》(第六卷),人民出版社1999年版,第395页。

④ 《建国以来毛泽东文稿》(第六册),中央文献出版社1992年版,第550页。

育人民,必须自己先受教育。要给人民以营养,必须自己先吸收营养。"①只有自己先受教育,具有深厚的马克思主义理论素养、坚定的理想信念、高尚的品德,才能说服和感染别人。自己一无所知,什么也不懂,教育别人则无从谈起。三是敢于斗争。意识形态工作干部要敢于批判错误思想观点,敢于同一切违背四项基本原则的错误言行作斗争,这是自己的工作职责,也是对党忠诚的表现。江泽民对意识形态工作队伍的能力素质提出明确要求,要求党员干部打好四个"根底":要打好理论路线根底,坚持马列主义、毛泽东思想、邓小平理论,坚持党的基本路线,用以指导自己的思想和工作,站稳政治立场;要打好政策法规纪律根底,牢牢掌握中央的方针政策,牢牢掌握国家的法律法规,严守党的纪律,把其作为带电的"高压线"、不可逾越的"红线";要打好群众观点根底,反映群众心声,维护群众利益,始终同人民群众同呼吸、共命运、心连心;要打好知识根底,既掌握与自己的业务直接相关的知识,又博览群书、广泛涉猎其他知识,历史、哲学、文学、法学、新闻学、教育学、心理学、社会学、政治学等,培养一批既懂政治、学识又渊博的编辑、记者、教师、评论员队伍。②胡锦涛指出,加强意识形态领域队伍建设,要配备好各级领导班子,特别是要选好一把手,确保意识形态领导权牢牢掌握在忠于党、忠于人民、忠于马克思主义的人手中。做好党的意识形态工作,必须紧紧依靠广大知识分子。各级领导干部要加强同知识分子特别是那些学术造诣深、社会影响大的知识分子的联系,主动听取他们的意见,发挥他们的积极性、主动性、创造性,使其积极投身社会主义文化建设事业,为党和人民服务。③

以习近平同志为核心的党中央吸收借鉴了历代党的领导人关于意识形

---

① 《邓小平文选》(第二卷),人民出版社1994年版,第211页。

② 《毛泽东邓小平江泽民论思想政治工作》,学习出版社2000年版,第256~257页。

③ 《胡锦涛文选》(第二卷),人民出版社2016年版,第530~531页。

态工作队伍建设的重要论述并把它应用于实践过程中。2013年8月19日，在全国宣传思想工作会议上，习近平指出："宣传思想部门工作要强起来，首先是领导干部要强起来，班子要强起来。各级宣传部门领导同志要加强学习、加强实践，真正成为让人信服的行家里手。"①"如果我们不努力提高各方面的知识素养，不自觉学习各种科学文化知识，不主动加快知识更新、优化知识结构、拓宽眼界和视野，那就难以增强本领，也就没有办法赢得主动、赢得优势、赢得未来。因此，全党同志特别是各级领导干部都要有加强学习的紧迫感。"②

在文艺工作座谈会、全国党校工作会议、党的新闻舆论工作座谈会、哲学社会科学座谈会、全国教育大会、学校思想政治理论课教师座谈会、中青年干部培训班开班式等多个会议上，习近平强调了要加强意识形态工作队伍建设，对意识形态工作队伍提出高标准严要求：政治强、业务精、纪律严、作风正、信念坚、情怀深、视野广、思维新、讲规矩、守底线等。意识形态工作不是谁想干就能干的，只有综合素质高的人才能胜任。习近平指出，要关心关爱意识形态工作干部，"做到政治上充分信任、思想上主动引导、工作上创造条件、生活上关心照顾，多为他们办实事、做好事、解难事"③；"要实施哲学社会科学人才工程，着力发现、培养、集聚一批有深厚马克思主义理论素养、学贯中西的思想家和理论家，一批理论功底扎实、勇于开拓创新的学科带头人，一批年富力强、锐意进取的中青年学术骨干，构建种类齐全、梯队衔接的哲学社会科学人才体系"④，促进优秀人才快速成长；要完善职位晋升、职称评定和人才遴选制度，建立规范的奖励体系，表彰有突出贡献的专家学者，

① 《习近平谈治国理政》（第一卷），外文出版社2018年版，第156页。
② 习近平：《在中央党校建校80周年庆祝大会暨2013年春季学期开学典礼上的讲话》，《人民日报》，2013年3月1日。
③ 习近平：《论党的宣传思想工作》，中央文献出版社2020年版，第239页。
④ 习近平：《论党的宣传思想工作》，中央文献出版社2020年版，第238页。

增强他们的荣誉感、责任感、获得感;要加强对意识形态工作队伍的管理,对能力不足、素养不够、创新意识不强的人员要进行调整,对政治立场摇摆、道德品质低下、违反党纪国法造成恶劣影响的人员要及时处理,清除出意识形态工作队伍;要坚持党管意识形态的基本原则,牢牢掌握意识形态的领导权、管理权、话语权;要建立健全意识形态制度体系,严格落实意识形态工作责任制,发挥好意识形态专项巡视作用,完善督促检查机制,增强政治敏锐性和政治鉴别力,提高意识形态领域治理能力,有效防范化解意识形态领域风险。习近平的重要讲话为新时代意识形态工作队伍建设指明了方向,提供了重要遵循。

二、反思意识形态工作的历史教训,正确认识和评价意识形态工作的地位和作用

中国共产党在百年意识形态工作的实践中,积累了丰富经验,取得了历史性成就,但也留下了一些教训,其中最深刻的教训就是没能正确认识、评价意识形态的地位和作用,要么无限夸大,认为它高于一切,要么疏忽轻视,认为它无足轻重。这两种极端认识违背了马克思主义唯物辩证法,给党和国家带来严重损失。

(一)夸大意识形态的作用,宣扬"唯意志论"

新中国成立后,面临着建设新社会的崭新任务。党在意识形态建设上"破旧立新",一方面通过肃清黄赌毒、开展"三反""五反"运动,与落后思想作斗争,消除帝国主义、封建主义、官僚资本主义思想的消极影响,净化社会风气;另一方面通过创办基层文化网点、扫盲班、识字班等方式在全社会普及科学文化知识,提高人民群众的科学文化水平。同时,党大力进行爱国主

义教育,激发人们的爱国热情。这些举措有力地保障了"抗美援朝"的伟大胜利,推动了社会主义改造的顺利进行。1956年9月,党的八大召开。党的八大对中国社会主要矛盾作出新的判断:在社会主义改造完成之后,阶级斗争虽然还存在,但它已经不是中国社会的主要矛盾。"我们国内的主要矛盾,已经是人民对于建立先进的工业国的要求同落后的农业国的现实之间的矛盾,已经是人民对于经济文化迅速发展的需要同当前经济文化不能满足人民需要的状况之间的矛盾。这一矛盾的实质,在我国社会主义制度已经建立的情况下,也就是先进的社会主义制度同落后的社会生产力之间的矛盾。"①在社会主义改造完成之后,党和人民的主要任务不再是阶级斗争,而是发展经济,发展生产力,提高人民群众的生活水平。党的八大之后,党的工作重心由阶级斗争向经济建设转移。意识形态工作是为党的中心工作服务的。党的工作重心由阶级斗争转向经济建设,意识形态工作相应地也应由服务于阶级斗争转向服务于社会主义建设。可是受到国内外局势的影响,特别是少数资产阶级右派分子借整风运动对新生的社会主义政权进行诘难和攻击。"他们把共产党在国家政治生活中的领导地位攻击为'党天下',公然提出共产党退出机关、学校,公方代表退出合营企业,要求'轮流坐庄',妄图取代共产党的领导;他们极力抹煞社会主义改造和建设的成绩,否定社会主义制度的优越性,把人民民主专政的制度说成产生官僚主义、宗派主义和主观主义的根源。"②少数右派分子的猖狂进攻引起了毛泽东的警觉。毛泽东认为,资产阶级右派是反动派、反革命派,他们同人民的矛盾是对抗性的、不可调和的、你死我活的矛盾。对于右派分子的猖狂进攻,必须予以反击。毛泽东指出:"批判资产阶级右派是一次在政治战线上和思想战线上的伟大的社会主义革命,单有1956年在经济战线上的社会主义革命是不够

---

① 《中国共产党历史》(第2卷上册),中共党史出版社2011年版,第396页。

② 《中国共产党历史》(第2卷上册),中共党史出版社2011年版,第447页。

的、不巩固的,必须还要有一个政治战线上和一个思想战线上的彻底的社会主义革命"①,"如果这一仗不打胜,社会主义是没有希望的"②。基于此,1957年至1958年,中央在全党全国范围内开展了一场声势浩大的反右派斗争。反右派斗争在全国人民中澄清了要不要党的领导、走资本主义道路还是社会主义道路、如何评价社会主义革命和建设的成绩等根本的大是大非问题,稳固了新生的社会主义制度,是必要的。"但是,由于当时党对阶级斗争和右派进攻的形势作了过分严重的估计,并且沿用革命时期大规模的急风暴雨式的群众性政治运动的斗争方法,对斗争的猛烈发展又没有能够谨慎地加以控制,致使反右派斗争被严重地扩大化"③,很多人错误地受到批判,蒙受冤屈。

反右派斗争后,中央认为思想政治战线的社会主义革命已经取得基本胜利,党的八大二次会议上正式提出了"鼓足干劲、力争上游、多快好省地建设社会主义"的总路线。为了调动人民建设社会主义的积极性和热情,缩小与西方发达资本主义国家的差距,1958年到1960年,中央开展了"大跃进"运动。"大跃进"运动片面夸大人的主观意志和精神的作用,宣扬"人有多大胆,地有多大产""不怕做不到,就怕想不到"等唯意志论观点,给人们的思想造成极大的混乱。全国各地盲目攀比,大放"卫星","浮夸风""共产风"盛行。"大跃进"运动违背经济发展规律,造成了国民经济比例严重失调,使社会主义建设事业遭受重大损失。"文化大革命"期间,江青、林彪两个反革命集团鼓吹"突出政治论""政治冲击论",说什么"突出政治"是最厉害的"精神原子弹",突出政治一通百通,冲击政治一冲百空,政治工作高于一切,大于一切,冲击一切。"宁要社会主义的草,不要资本主义的苗","宁要没有文化的社会

---

① 《中国共产党历史》(第2卷上册),中共党史出版社2011年版,第453页。
② 《中国共产党历史》(第2卷上册),中共党史出版社2011年版,第453页。
③ 《中国共产党历史》(第2卷上册),中共党史出版社2011年版,第456页。

主义劳动者,不要有文化的资产阶级的精神贵族","只要阶级斗争抓好了,粮食颗粒无收也不要紧"。谁要是主张发展经济、搞业务,就被扣上"唯生产力论""单纯生产观点""单纯业务观点"的帽子大加批判。"突出政治论""政治冲击论"割裂政治与经济、技术、业务的关系,将他们置于绝对对立的地位。在这种错误论调的影响下,"文化大革命"期间中国工农业生产急剧下降,市场供应紧张,财政收入锐减,人民生活困苦,社会动荡不安,国民经济走向崩溃的边缘。[①]

(二)忽视意识形态工作的作用,一手软一手硬

"文化大革命"结束以后,面对意识形态工作中的重大失误,以邓小平同志为主要代表的中国共产党人重新确立了"解放思想,实事求是"的思想路线,使党和国家的各项工作重新回到正常的发展轨道。党的十一届三中全会后,全党的工作重心转移到社会主义现代化建设上来,意识形态工作围绕这一重心有序展开。邓小平强调,改革开放后我们最大的任务就是建设好社会主义现代化,经济建设是头等大事,一切工作要围绕、服务这个中心。在党的十三大上,中央确立了"一个中心,两个基本点"的社会主义初级阶段的基本路线,中国的经济发展由此驶入快车道,中国社会进入了经济与社会全面转型时期。但是"在转型这一巨大的变革面前,人们道德评价标准迷失,道德价值取向紊乱,社会正义感淡化,礼、义、廉、耻丧失,见利忘义、唯利是图、坑蒙拐骗时有发生,集体主义、爱国主义观念淡漠"[②]。再加上一些领导干部认为既然"以经济建设为中心",经济工作就是"硬指标",精神文明建

---

① 张耀灿主编:《中国共产党思想政治教育史论》,高等教育出版社2006年版,第261~262页。

② 王永贵等:《马克思主义意识形态理论与当代中国实践研究》,人民出版社2013年版,第216页。

设、法制建设、党风建设等意识形态工作是"软任务",没有必要下功夫、花气力去做,由此出现了意识形态工作"说起来重要,做起来次要,忙起来不要"的奇怪现象。由于把经济建设的中心地位绝对化,忽视意识形态工作,对西方国家的"和平演变"放松了警惕,20世纪80年代中国出现了资产阶级自由化思潮泛滥的情况。邓小平指出:"十年最大的失误是教育,这里我主要是讲思想政治教育,不单纯是对学校、青年学生,是泛指对人民的教育。对于艰苦创业,对于中国是个什么样的国家,将要变成一个什么样的国家,这种教育都很少,这是我们很大的失误。"①要大力加强思想政治工作、精神文明建设,要加强对人民群众的马克思主义理论教育、四项基本原则教育、理想信念教育、法制教育;要反对资产阶级自由化,批驳西方错误观点,消除精神污染;要加强对文艺战线的整顿,对书刊市场、媒体的管理,引导人民爱党、爱国家、爱社会主义。

社会存在与社会意识的关系问题是社会历史观的基本问题。依据对这个问题的回答可以把历史观分为两种:唯物史观和唯心史观。唯物史观认为,社会存在决定社会意识,社会存在是社会意识内容的客观来源,社会存在的发展变化决定社会意识的发展变化;社会意识是对社会存在的反映,社会意识对社会存在具有巨大的反作用,正确的社会意识对社会发展起着积极的推动作用,错误的社会意识则会阻碍人类社会的发展,把人类社会引向歧途。作为反映一定阶级利益的社会意识形式,意识形态是为自己的经济基础服务的,受到经济基础的制约,但它同时对经济基础具有巨大的反作用力,能够巩固或者削弱自己的经济基础。用恩格斯的话来讲就是:"政治、法、哲学、宗教、文学、艺术等等的发展是以经济发展为基础的。但是,它们又都互相作用并对经济基础发生作用。这并不是说,只有经济状况才是原

---

① 《邓小平文选》(第三卷),人民出版社1993年版,第306页。

因，才是积极的，其余一切都不过是消极的结果，而是说，这是在归根到底不断为自己开辟道路的经济必然性的基础上的相互作用。"①

在深刻把握历史唯物主义基本原理和吸取经验教训的基础上，习近平科学回答了在社会历史整体框架中如何定位和做好意识形态工作的问题。一方面，他强调经济建设的重要性，经济建设是党的中心工作。"以经济建设为中心是兴国之要，发展是党执政兴国的第一要务，是解决我国一切问题的基础和关键。"②要始终坚持经济建设在社会发展中的基础性地位和支撑性作用，不断发展生产力，增强综合国力，提高人民群众生活水平，展示社会主义制度的优越性。另一方面，习近平指出要高度重视意识形态工作。意识形态工作事关党的前途命运、事关国家长治久安、事关民族凝聚力向心力，极端重要，必须予以重视。忽视意识形态工作将会像苏联那样，犯下不可挽回的历史性错误。"苏联为什么解体？苏共为什么垮台？一个重要原因就是意识形态领域的斗争十分激烈，全面否定苏联历史、苏共历史，否定列宁，否定斯大林，搞历史虚无主义，思想搞乱了，各级党组织几乎没任何作用了，军队都不在党的领导之下了。最后，苏联共产党偌大一个党就作鸟兽散了，苏联偌大一个社会主义国家就分崩离析了。这是前车之鉴啊！"③习近平指出，经济工作和意识形态工作是辩证统一关系，要统筹兼顾，"我们要深刻认识经济基础对上层建筑的决定作用，深刻认识上层建筑对经济基础的反作用，既要有硬实力，也要有软实力，既要切实做好中心工作、为意识形态工作提供坚实物质基础，又要切实做好意识形态工作、为中心工作提供有力保障；既不能因为中心工作而忽视意识形态工作，也不能使意识形态工作游离于

---

① 《马克思恩格斯选集》(第四卷)，人民出版社2012年版，第649页。
② 《习近平谈治国理政》(第二卷)，外文出版社2017年版，第234页。
③ 习近平：《论中国共产党历史》，中央文献出版社2021年版，第5页。

中心工作"①。习近平对意识形态工作的科学认识和定位不仅是对我们党意识形态工作优秀传统的继承和发扬,也是对以往意识形态工作中存在的突出问题的深刻反思,充分体现出我们党对意识形态工作的不断探索、创新和发展。

第二节　观照现实的实践逻辑

问题是时代的声音,问题是时代的口号。任何一个科学理论,都是时代发展的产物,都是对社会突出矛盾问题思考和研究的结果,这是理论产生的实践逻辑。新时代党的意识形态理论的产生,反映和体现了当今社会的发展形势。新时代,我国意识形态工作面临极为复杂的形势,既有外部威胁、内部压力,也有技术革新带来的全新挑战。以习近平同志为核心的党中央以强烈的问题意识,防范和化解意识形态领域存在的突出风险,开创了意识形态工作新局面。

一、直面资本主义意识形态渗透加剧的外部威胁,提升社会主义意识形态在国际社会的话语影响力

自世界上第一个社会主义国家建立,西方发达资本主义国家就绞尽脑汁地在想如何把社会主义国家从地球上抹去。武力围剿失败以后,西方资本主义国家逐渐认识到,共产主义革命不能只靠军事力量来对付,正如时任美国总统威尔逊所言:"共产主义是对极端恶劣的不公正的一种革命,只能

---

① 《习近平关于社会主义文化建设论述摘编》,中央文献出版社2017年版,第21页。

用铲除引起共产主义革命的根源而不是用武力来对付。"①二战结束之后,西方资本主义国家更多采取"和平演变"的方式,通过意识形态渗透改变社会主义国家的"颜色",使其走上资本主义道路。最终在其"攻心战"下,世界第一个社会主义国家苏联分崩离析,东欧一系列社会主义国家也相继解体。"东欧剧变"之后,社会主义中国成为西方国家推行"和平演变"战略的重点,被视为"最后一个眼中钉"。可这个"眼中钉"因日益强大,不能轻易拔出。美国兰德公司一位教授说:现在我们对付中国比过去对付苏联难多了。我们搞垮苏联只用了"两化",就是"西化"和"分化",要搞垮中国至少还要再加"四化",就是要让中国老百姓对政治"淡化",让中国官员"腐化",让中共领袖"丑化",让马列主义在多元化意识形态冲击下"溶化"。②

党的十八大之后,随着中国快速崛起,走向世界舞台中央,以美国为首的西方国家对中国的打压更为激烈,对中国的国家安全构成严重威胁。西方意识形态渗透具有以下两个显著特点。

一是渗透力度空前加大、范围更为广泛。尽管中国坚持走和平发展道路,并注重加强同世界各国的交流合作,但"西方敌对势力一直把我国发展壮大视为对西方价值观和制度模式的威胁,一刻也没有停止对我国进行意识形态渗透,千方百计利用一些热点难点问题进行炒作,煽动基层群众对党委和政府的不满,挑动党群干群对立情绪,企图把人心搞乱。"③近年来更是变本加厉,愈演愈烈。2018年,美国不顾中美双方业已达成的共识,公然违反世贸规则,挑起贸易战。这是迄今为止世界经济史上规模最大的贸易战,这场激烈的贸易战是美国为了阻止中国发展强大而公然采取的通过经济斗

① [美]阿瑟·林克:《1900年以来的美国史》(上册),中国社会科学出版社1983年版,第117页。

② 龚云:《西方敌对势力意识形态渗透的冲击和影响》,乌有之乡网站,2014年12月29日。

③ 《习近平关于总体国家安全观论述摘编》,中央文献出版社2018年版,第128页。

争打压中国、阻挠中国、搞乱中国的手段,"中美贸易战背后所折射出来的是社会主义和资本主义两种社会制度和意识形态斗争的本质。"①2022年8月2日,美国国会众议长佩洛西不顾中方强烈反对和严正交涉,窜访我国台湾地区,严重违反一个中国原则和中美三个联合公报规定,践踏国际法,挑衅中国主权。

除了直接攻击外,西方国家更是强化意识形态领域的渗透,传播西方思想、政治制度、价值观。以美国为首的西方国家诽谤甚至遏制中国的进步发展,力图唱衰中国,消解社会主义意识形态,力图保持资本主义在国际意识形态领域中的主导地位。在政治上,西方国家大搞"民主输出"和"人权外交"。用本国的民主制度和模式作为参照,肆意评判中国的政治制度,主观武断地宣布中国政治制度不是民主的,是"极权主义"和"专制主义",企图以此推翻中国共产党的领导、否定中国特色社会主义制度。在文化上,有组织有目的地推广各类文化产品,"扬己抑中",腐化和西化中国人的思想。另外,美国等西方国家借中国对外文化交流之机,通过学术交流和学术赞助等途径向中国兜售新自由主义、新制度经济学等西方学术理论,企图通过这些理论来影响中国的知识分子,瓦解中国社会主义经济制度的基础,将中国引向西方道路。

二是渗透手段更加隐蔽、更为复杂。"当前资本主义意识形态渗透与侵蚀的最大特点是隐形化,即不再是赤裸裸的侵略,而是以文明与文化对话的方式,化装成全球'普世观念'、'普世价值',试图一统人们的思想。资本主义对社会主义的斗争,不再是武力的对抗,而是思想的较量,并且以'巩固'社会主义的面目出现,即借用社会主义国家的改革之势,将资本主义之思想包装成社会主义之'必需',通过所谓的'代理人'之嘴发布出去,从而变身为

---

① 石云霞:《中美贸易战的意识形态考量》,《思想教育研究》,2018年第7期。

形式上、表面上为社会主义,实则为资本主义。"①西方国家对中国的意识形态渗透表现在两方面。一方面,直接渗透,丑化、诋毁、抹黑中国共产党和中国政府。从经济层面的"中国新殖民论""中国占便宜论""新疆黑棉花论"到政治领域的"中国威胁论""侵害人权论",从科技方面的"技术威胁论""盗窃技术论"到军事领域的"中国霸权论",从公共卫生领域的"中国病毒论""武汉肺炎论"到社会领域的"新疆强迫劳动论""雇佣童工论"等,炒作议题变幻莫测,炒作形式花样翻新。②为了产生轰动效应,西方资本主义国家往往采取移花接木、时空穿越、技术拼装等现代技术摆出所谓的证据链条,混淆国际视听。长时间的传播和炒作极易在中国共产党和中国人民、中国与世界之间造成观念对立和情感壁垒,从根基上触及我国公民的政治立场和政治认同,危害严重。另一方面,间接渗透,采取诱导性、学术性手段传播西方政治制度和价值观。对一些权力掌控者、舆论传播者、生计困难者和不明真相者等特殊群体通过金钱、美色、扶危济困等利益输送方式进行拉拢、腐蚀、贿赂、蛊惑和收买,使这些人失职、违法,然后利用他们的违法证据对其进行威逼利诱、威胁敲诈,引诱他们按照西方国家意愿影响教育、误导舆论、煽动公民聚众闹事,进而达到颠覆、分裂国家、破坏社会稳定的目的。

面对以美国为首的西方国家咄咄逼人的态势,以及由此给我国意识形态安全带来的挑战与危害,以习近平同志为核心的党中央沉着应对,有效予以化解。

首先,习近平强调了意识形态斗争的长期性、艰巨性、复杂性、尖锐性,提醒全党提高警惕,注意防范。2015年12月25日,习近平在视察解放军报

---

① 李合亮、高庆涛:《十八大以来共产党对意识形态认识的创新与深化》,《马克思主义研究》,2016年第7期。

② 刘建华:《当前美国对华意识形态渗透的新手段及其应对》,《华侨大学学报》(哲学社会科学版),2022年第1期。

社时,进一步强调:"新形势下,意识形态领域斗争复杂尖锐。历史和现实都警示我们,思想舆论阵地一旦被突破,其他防线就很难守得住。在意识形态领域斗争上,我们没有任何妥协、退让的余地,必须取得全胜。"①后来,他又提醒大家注意,非政府组织成为境内外敌对势力和平演变中国的重要抓手,文艺、宗教、教育等领域的意识形态斗争不容忽视。在党的十九大报告中,他提醒全党:"意识形态领域斗争依然复杂,国家安全面临新情况。"②在党的二十大报告中,习近平再次强调:"意识形态领域存在不少挑战"③,"来自外部的打压遏制随时可能升级"。④

其次,习近平指出,对于西方的不实言论,要坚决予以还击。2020年以特朗普、蓬佩奥为首的部分美国政客围绕新冠肺炎疫情作文章,对中国攻击、抹黑、诋毁甚至栽赃、嫁祸,我国外交部发言人和一些驻外大使纷纷在脸书、推特上发声,对他们故意借新冠病毒污名化中国的行径进行了有力回击,维护了中国形象。

最后,习近平指出,在理直气壮发出中国声音的同时,我们还要向全世界讲好中国故事,向世界展现真实、立体、全面的中国,消除别的国家对中国的误解。2018年在全国宣传思想工作会议上,习近平围绕讲什么中国故事、如何讲好中国故事、怎样展现好中国形象作出深刻论述,提出明确要求。2021年,习近平在中国文联第十一次全国代表大会、中国作协第十次全国代表大会开幕会上发表重要讲话时指出,广大文艺工作者要有信心和抱负,承

---

① 习近平:《论党的宣传思想工作》,中央文献出版社2020年版,第23页。
② 习近平:《决胜全面建成小康社会 夺取新时代中国特色社会主义伟大胜利——在中国共产党第十九次全国代表大会上的报告》,人民出版社2017年版,第9页。
③ 习近平:《高举中国特色社会主义伟大旗帜 为全面建设社会主义现代化国家而团结奋斗——在中国共产党第二十次全国代表大会上的报告》,人民出版社2022年版,第14页。
④ 习近平:《高举中国特色社会主义伟大旗帜 为全面建设社会主义现代化国家而团结奋斗——在中国共产党第二十次全国代表大会上的报告》,人民出版社2022年版,第26页。

百代之流，会当今之变，创作更多彰显中国审美旨趣、传播当代中国价值观念、反映全人类共同价值追求的优秀作品。他勉励广大文艺工作者要立足中国大地，讲好中国故事，塑造更多为世界所认知的中华文化形象，努力展示一个生动立体的中国，让中国好声音、中国实践生动起来，形象起来，不断增强中国意识形态的说服力，提升中国梦的世界影响力。①讲好中国故事，提升社会主义意识形态在国际社会的话语影响力，要充分认识西方意识形态学术性渗透对中国社会认知体系、价值体系和信仰体系的颠覆，加强中国特色哲学社会科学体系建设。"哲学社会科学是人们认识世界、改造世界的重要工具，是推动历史发展和社会进步的重要力量，其发展水平反映了一个民族的思维能力、精神品格、文明素质，体现了一个国家的综合国力和国际竞争力。"②哲学社会科学直接影响社会的认知体系、价值体系和信仰体系，而这些对于民族独立和国家意识确立发挥着举足轻重的作用。习近平在哲学社会科学工作会议上强调："要按照立足中国、借鉴国外，挖掘历史、把握当代，关怀人类、面向未来的思路，着力构建中国特色哲学社会科学，在指导思想、学科体系、学术体系、话语体系等方面充分体现中国特色、中国风格、中国气派。"③构建中国特色哲学社会科学，不仅有助于抵制西方学术性渗透和浸润，维护中国主流意识形态的安全，而且能够增强新时代中国特色社会主义的理论自信和文化自信，形成与中国国力相适应的文化力和文明力。

---

① 《习近平谈治国理政》(第四卷)，外文出版社2022年版，第325~326页。

② 习近平：《论党的宣传思想工作》，中央文献出版社2020年版，第212~213页。

③ 习近平：《论党的宣传思想工作》，中央文献出版社2020年版，第226页。

二、化解社会主义意识形态认同和信仰问题凸显的内部压力,提升主流意识形态的凝聚力、引领力和公信力

马克思、恩格斯在《德意志意识形态》中指出:"意识在任何时候都只能是被意识到了的存在,而人们的存在就是他们的现实生活过程。"①作为观念上层建筑,意识形态是对社会存在的反映,随着社会存在的变化而变化。中国特色社会主义进入新时代,世情、国情、党情、社情、民情发生深刻变化,经济体制深刻变革、社会结构深刻变动、利益格局深刻调整、思想观念深刻变化,这给党的意识形态工作带来巨大挑战。

一是多元思潮和价值观冲击和消解社会主义意识形态的凝聚力和引领力,直接影响人们对社会主义意识形态的认同和信仰。随着改革开放的深入推进和社会主义市场经济的进一步发展,我国经济社会生活各个层面都发生了深刻的变化,这些深刻的变化必然反映到人们的头脑中,不可避免地引起人们思想观念的变化,使社会意识呈现多样化的特点。那些积极、进步的思想观念和社会思潮可以为社会主义意识形态提供宝贵的时代养分,推动社会主义意识形态的完善和发展,而那些与社会主义意识形态根本对立的不良社会思潮和价值观念则会造成人们的思想混乱,淡化和消解人们的思想和政治认同,制造思想领域的复杂局面。

首先,不良社会思潮冲击马克思主义主流意识形态的整合力和引领力。"领导我们事业的核心力量是中国共产党。指导我们思想的理论基础是马克思列宁主义。"②作为我们立党立国的根本指导思想,马克思主义在社会主义意识形态中占据统摄地位,是坚持和发展中国特色社会主义的支柱和灵

---

① 《马克思恩格斯选集》(第一卷),人民出版社2012年版,第152页。
② 《毛泽东文集》(第六卷),人民出版社1999年版,第350页。

魂。只有始终坚持马克思主义在意识形态领域的指导地位，才能建设具有强大凝聚力和引领力的社会主义意识形态。随着改革进入攻坚期和深水区，各种利益矛盾日益增多，意识形态领域的斗争也渐趋激烈，一些非马克思主义、反马克思主义的杂音噪音时有出现，民粹主义、消费主义、泛娱乐主义、历史虚无主义、新自由主义等错误思潮纷至沓来，企图挑战马克思主义的指导地位，攻击否定中国共产党领导和社会主义制度，对我国主流意识形态形成干扰和冲击。它们一方面将矛头直接对准马克思主义指导思想及社会主义革命和建设事业。如历史虚无主义，"以否定中国革命史为核心主张，通过多种手法否定和歪曲新民主主义革命史、社会主义发展史和中国共产党的历史。"①历史虚无主义丑化、矮化英雄形象，否定甚至贬低民主革命，否定或诋毁我国社会主义建设和改革取得的伟大成就，其根本目的就是要搞乱人心，煽动推翻中国共产党的领导和我国社会主义制度。另一方面，不良社会思潮以西方意识形态理论为标准，推销西方价值观念，就一些社会现实问题提出不同于主流意识形态的解决方案，质疑、挑战社会主义意识形态理论体系的权威性。如"新自由主义"在经济制度上热衷于西方国家的私有制，不断兜售西方国家的政治和经济模式。新自由主义者认为私有制效率高，符合人性，鼓吹彻底私有化，反对公有制，主张完全市场化，反对国家对经济的宏观调控，不但如此，他们还主张取消所有制分类，不分国有、私有和外资，极力攻击我国国有企业，认为国有企业是"怪胎"。"新自由主义"看似是在论证私有制的正当性和市场化的合法性，实则是挑战中国特色社会主义基本经济制度，进而消解人们对于中国特色社会主义制度的认同。

其次，多元价值观侵蚀社会主义核心价值观。价值观是人们关于价值本质的认识及对人和事物的评价标准、评价原则和评价方法的观点的体系。

---

① 王燕文：《社会思潮怎么看》，江苏人民出版社2015年版，第172~173页。

"任何一个社会都存在多种多样的价值观念和价值取向,要把全社会意志和力量凝聚起来,必须有一套与经济基础和政治制度相适应、并能形成广泛社会共识的核心价值观。否则,一个民族就没有赖以维系的精神纽带,一个国家就没有共同的思想道德基础。培育和弘扬核心价值观,有效整合社会意识,是社会系统得以正常运转、社会秩序得以有效维护的重要途径,也是国家治理体系和治理能力的重要方面。"①社会主义核心价值观是当代中国价值体系的高度凝练和集中表达,凝结着全体中国人民共同的价值追求。改革开放 40 多年来,随着经济、政治和文化体制的深刻变革、社会结构深刻变动、利益格局深刻调整,人们思想观念发生深刻变化,独立性、差异性显著增强,人们的价值观念、价值取向和价值选择更加多元、多样和多变。市场经济的逐利性导致享乐主义、拜金主义、功利主义和极端个人主义在一些领域滋生蔓延,生活奢侈、享受成风,个人利益至上、集体意识淡化,共同理想和追求缺失,不道德、不诚信行为屡屡突破社会公序良俗底线,用社会主义核心价值观引领和整合多元价值观念的难度加大,这对人们认同社会主义意识形态带来很大不利影响。

二是部分党员干部理想信念丧失,行为失范,导致社会主义意识形态公信力式微。群雁高飞头雁领。党员干部尤其是领导干部是意识形态工作中的"头雁",是意识形态工作的"关键少数"和责任主体,对大众的意识形态认同起着十分重要的引领作用。然而当前部分领导干部没有起到"头雁"的作用。部分党员干部在能力素质上,缺乏深厚的马克思主义理论功底,在意识形态工作上竞争意识不强、能力不足,存在不愿作为、不善作为的问题,甚至理想信念不坚定、思想防线疏松,存在失去灵魂、迷失方向的风险,严重削弱了社会主义意识形态的公信力。

---

① 习近平:《论党的宣传思想工作》,中央文献出版社 2020 年版,第52~53页。

一方面,部分领导干部欠缺马克思主义理论功底,在意识形态工作上能力不足,不愿作为、不善作为。改革开放以来,中国特色社会主义不断与时俱进,党的指导思想不断创新发展,但部分党员干部轻视或忽视马克思主义基本理论和经典著作的学习钻研,对马克思主义的立场、观点和方法掌握得不够彻底,不但导致错误思想乘虚而入,在党内扩散蔓延,而且往往一知半解没有将其内化于心,转化成自己的世界观和方法论,因而在将其外化于行的过程中,也只是流于表面和形式,在意识形态建设和宣传过程中只唯书、唯上,不唯实,脱离生活实际、脱离群众,"形式主义""官僚主义"歪风盛行,贪污腐败、弄虚作假,疏离党与人民群众的血肉联系,极大地影响了人们对主流意识形态的认同和信服。

另一方面,部分领导干部思想防线疏松、理想信念动摇,不信马列信鬼神,批评、嘲讽马克思主义,把共产主义远大理想视作虚无缥缈的幻想,热衷于求神拜佛、跑官买官;不讲原则、不负责任、不讲政治、不守纪律,正如习近平所批评的那样,有的党员干部"是非观念淡薄、原则性不强、正义感退化,糊里糊涂当官,浑浑噩噩过日子;有的甚至向往西方社会制度和价值观念,对社会主义前途命运丧失信心;有的在涉及党的领导和中国特色社会主义道路等原则性问题的政治挑衅面前态度暧昧、消极躲避、不敢亮剑,甚至故意模糊立场、耍滑头,等等。党的领导干部特别是高级干部,在大是大非面前没有态度,出了政治性事件、遇到敏感性问题没有立场、无动于衷,岂非咄咄怪事!"①这些干部的言行损害了党在人民群众心中的光辉形象,致使部分群众对党的领导及中国特色社会主义事业失去信心,进而对社会主义意识形态产生认同障碍和逆反情绪,严重影响主流意识形态的公信力。

社会主义意识形态的凝聚力和引领力消解、公信力式微,致使新时代中

---

① 《习近平谈治国理政》(第一卷),外文出版社2018年版,第414页。

国特色社会主义意识形态认同和信仰问题凸显。解决这一凸显问题,一方面要增强社会主义意识形态的凝聚力和引领力,不断推进马克思主义中国化时代化,另一方面要提升社会主义意识形态的公信力,坚持自我革命,推进全面从严治党。

增强社会主义意识形态的凝聚力和引领力,就是要不断推进马克思主义中国化、时代化、大众化。习近平在党的十九大报告中指出:"必须推进马克思主义中国化时代化大众化,建设具有强大凝聚力和引领力的社会主义意识形态,使全体人民在理想信念、价值理念、道德观念上紧紧团结在一起。"①马克思主义是科学的理论,创造性地揭示了人类社会发展的规律。马克思主义之所以能够成为全党全国各族人民坚定的政治信仰,能够在伟大的历史进程中显现出巨大的指导作用,根本原因就在于它与我国国情相结合,与时代发展同进步,与人民群众共命运,很好地实现了中国化、时代化、大众化。在纪念马克思诞辰200周年大会上,习近平全面总结我们党带领人民创造性推进马克思主义中国化的壮阔历程和丰硕成果,深刻阐述马克思主义作为立党立国根本指导思想的长远指导意义,指出:"马克思主义不仅深刻改变了世界,也深刻改变了中国"②,"我们要坚持用马克思主义观察时代、解读时代、引领时代,用鲜活丰富的当代中国实践来推动马克思主义发展。"③党的第十九届四中全会第一次提出坚持马克思主义在意识形态领域指导地位的根本制度,党的十九届五中全会重申"坚持马克思主义在意识形态领域的指导地位"④,党的二十大报告再次明确马克思主义的指导地位

---

① 习近平:《决胜全面建成小康社会 夺取新时代中国特色社会主义伟大胜利——在中国共产党第十九次全国代表大会上的报告》,人民出版社2017年版,第41页。

② 习近平:《在纪念马克思诞辰200周年大会上的讲话》,人民出版社2018年版,第11页。

③ 习近平:《在纪念马克思诞辰200周年大会上的讲话》,人民出版社2018年版,第27页。

④ 《中共中央关于制定国民经济和社会发展第十四个五年规划和二〇三五年远景目标的建议》,人民出版社2020年版,第25页。

并且指出要推动马克思主义不断发展。"实践告诉我们,中国共产党为什么能,中国特色社会主义为什么好,归根到底是马克思主义行,是中国化时代化的马克思主义行。"①党的二十大报告深刻总结了马克思主义中国化时代化的重大理论价值和实践意义,表明了以习近平同志为核心的党中央对意识形态工作规律的认识达到了新的高度。党的二十大报告不仅指出要推动马克思主义中国化、时代化,还为开辟马克思主义中国化、时代化新境界指明了前进方向。"只有把马克思主义基本原理同中国具体实际相结合、同中华优秀传统文化相结合,坚持运用辩证唯物主义和历史唯物主义,才能正确回答时代和实践提出的重大问题,才能始终保持马克思主义的蓬勃生机和旺盛活力。"②

提升社会主义意识形态的公信力,就是要坚持自我革命,推进全面从严治党。习近平在"不忘初心、牢记使命"主题教育总结大会上强调:"领导干部是党和国家事业发展的'关键少数',对全党全社会都具有风向标作用。"③作为意识形态工作的"关键少数"和责任主体,他们的个人素养、人格魅力、组织权威等对意识形态公信力的影响至关重要,抓住了领导干部这个"关键少数",要求他们以身作则、率先垂范,用自己的模范行为和高尚人格去感召人民群众、引领社会风尚,充分发挥领导干部的"头雁"作用,才能有效开展意识形态工作,用党和政府自身拥有的强大公信力来赢得人民群众对其社会主义意识形态的认同。

提升社会主义意识形态的公信力,首先要进一步坚定领导干部的理想

---

① 习近平:《高举中国特色社会主义伟大旗帜　为全面建设社会主义现代化国家而团结奋斗——在中国共产党第二十次全国代表大会上的报告》,人民出版社2022年版,第16页。

② 习近平:《高举中国特色社会主义伟大旗帜　为全面建设社会主义现代化国家而团结奋斗——在中国共产党第二十次全国代表大会上的报告》,人民出版社2022年版,第17页。

③ 习近平:《在"不忘初心、牢记使命"主题教育总结大会上的讲话》,《人民日报》,2020年1月9日。

信念。理想信念是中国共产党人的政治灵魂和精神支柱,习近平多次强调,有没有理想信念至关重要,"理想信念动摇是最危险的动摇,理想信念滑坡是最危险的滑坡。一个政党的衰落,往往从理想信念丧失或缺失开始"①。共产党人的理想信念,就是对马克思主义的信仰,对社会主义和共产主义的信念,而这些正是社会主义意识形态的核心内容。领导干部自身要成为社会主义意识形态的坚定信仰者、忠实实践者,不仅如此,还要承担起维护主流意识形态主导地位和宣传主流意识形态、教化社会公众的责任。对那些反党、反社会主义、反马克思主义及违反党的方针政策的言论,领导干部要坚决与之斗争,旗帜鲜明地亮出自己的观点。

其次,领导干部要带头弘扬和践行社会主义核心价值观。社会主义核心价值观作为当代中国精神的高度凝练和集中表达,凝结着全体人民共同的价值追求,构成了社会主义意识形态的本质规定性。"社会主义核心价值观是凝聚人心、汇聚民力的强大力量"②,领导干部践行社会主义核心价值观与否直接影响民众对社会主义意识形态的认同度。习近平指出:"党员、干部的一言一行、一举一动,对社会有着很强的示范作用,很大程度上影响着人民群众对核心价值观的认同。"③这就要求"广大党员、干部必须带头学习和弘扬社会主义核心价值观,用自己的模范行为和高尚人格感召群众、带动群众"④。只有这样,广大群众才会相信社会主义意识形态的科学性和权威性,才会在情感上认同社会主义意识形态。

最后,还需要强化正风肃纪,加强制度建设。人民群众痛恨腐败行为,也深恶官员不作为,如果不从根本上消除腐败,不树立良好的工作作风,社

---

① 《习近平谈治国理政》(第二卷),外文出版社2017年版,第34页。

② 习近平:《高举中国特色社会主义伟大旗帜 为全面建设社会主义现代化国家而团结奋斗——在中国共产党第二十次全国代表大会上的报告》,人民出版社2022年版,第44页。

③ 《习近平关于社会主义文化建设论述摘编》,中央文献出版社2017年版,第108页。

④ 《习近平关于社会主义文化建设论述摘编》,中央文献出版社2017年版,第109页。

会主义意识形态终究会因腐败分子的影响和党员干部的懈怠而失去人民群众的拥护和支持。进入新时代，党中央把全面从严治党纳入"四个全面"战略布局，以前所未有的勇气和定力推进党风廉政建设和反腐败斗争，锲而不舍落实中央八项规定精神，抓住"关键少数"以上率下，持续深化纠治"四风"，"刹住了一些多年未刹住的歪风邪气，解决了许多长期没有解决的顽瘴痼疾，清除了党、国家、军队内部存在的严重隐患，管党治党宽松软状况得到根本扭转，探索出依靠党的自我革命跳出历史周期率的成功路径"①。习近平在党的十九届六中全会上强调，全党同志要永葆自我革命精神，增强全面从严治党永远在路上的政治自觉，决不能滋生已经严到位的厌倦情绪。党风廉政建设和反腐败斗争永远在路上，一刻也不能放松。要以抓铁有痕、踏石留印的坚韧和执着，继续打好党风廉政建设和反腐败斗争这场攻坚战、持久战。在二十大报告中，他告诫全党："全面从严治党永远在路上，党的自我革命永远在路上，决不能有松劲歇脚、疲劳厌战的情绪，必须持之以恒推进全面从严治党，深入推进新时代党的建设新的伟大工程，以党的自我革命引领社会革命。"②

三、积极应对网络信息化技术发展给主流意识形态传播带来的全新挑战，加强网络建设和治理

随着互联网技术的飞速发展，网络空间持续扩大，影响力不断上升，网络已不再只是一种工具，而是一种生活方式和社会状态。"截至 2021 年 12

---

① 《习近平在十九届中央纪委六次全会上发表重要讲话》，新华网，2022 年 1 月 18 日。
② 习近平：《高举中国特色社会主义伟大旗帜　为全面建设社会主义现代化国家而团结奋斗——在中国共产党第二十次全国代表大会上的报告》，人民出版社 2022 年版，第 64 页。

月,我国网民规模达10.32亿,互联网普及率达73%"①,中国俨然已经成为名副其实的网络大国。网民群体的壮大和网络技术的发展大大改变了信息的传播方式,网络已经成为意识形态传播和斗争的新场域。互联网是一把"双刃剑",既给意识形态工作创造出新机遇、提供了新平台,又给主流意识形态传播带来严峻挑战。

一是网络空间成为意识形态斗争的前沿阵地。改革开放以来,人们的思想观念呈现多元化,随着互联网的发展,各种"主义"在网络空间共生共存,多元的社会思潮在网络空间相互激荡,互联网已成为舆论斗争的主战场、意识形态斗争的最前沿。各种意识形态粉墨登场、挥斥方遒。一些非主流意识形态通过QQ、微信、微博、抖音、哔哩哔哩等网络平台抢占更多网络阵地,笼络和俘获广大网民,尤其是青年网民,而许多宣传主流意识形态的网站和板块,比如各级党委组织和宣传部门的教育网站,各高校理论版块、各级政府的政务宣传网站等,形式单一,内容陈旧,对青年缺乏吸引力。西方资本主义国家借助网络平台,以"网络自由"为借口,将经过精心打造和包装的资本主义制度理念和思想观念通过新闻媒介、网络舆论等多样化的形式进行全球输出和渗透。截至2021年10月,网络上的文化输出我国仅占世界的1.8%,美国第一,英国第二。全球80%以上的网上信息和95%以上的服务是由美国提供的。网络成为西方国家对中国进行意识形态渗透的主渠道。

二是互联网的发展消解主流意识形态的影响力。互联网技术的发展为主流意识形态传播提供了前所未有的机遇。网络虚拟空间延展了主流意识形态的传播空间,各种自媒体平台和软件的开发丰富了主流意识形态的传播载体,网络信息流通具有成本低、传播速度快、波及范围广等特性,这些都

---

① 《第49次中国互联网络发展状况统计报告》,中国互联网络信息中心网站,2022年2月25日。

极大地提升了主流意识形态的影响力。但网络科技的发展也给主流意识形态传播带来了巨大的风险和考验。网络具有开放性、虚拟性、平民化、无边界、匿名性等特点,特别是随着大数据、云计算、物联网、人工智能、区块链等信息技术加速向各个领域渗透融合,微博、微信、客户端等网络媒体正日益成为信息传播的主渠道、主平台,网络空间里"人人都有麦克风""个个都是通讯员","网民们的表现欲、想象力、自我意识和深层诉求都能够在网络中得到淋漓尽致的表现和书写"[①]。网络信息庞杂且传播迅速导致信息在传播的过程中容易传递出"碎片化"的"真相",这就给非主流价值观的滋生和传播提供了载体,在传播过程中,形成"理所应当"式的观念,并与捕风捉影的谣言、非理性的评论以及迷惑性的虚假信息相耦合,阻滞主流意识形态的有效传播。

三是网络信息技术创新不足,主流意识形态的传播存在被西方左右的风险。以美国为首的西方发达国家一直占据网络信息技术的制高点,一方面借助互联网优势,运用技术霸权,占据互联网领域的主导权,对我国进行意识形态渗透;另一方面利用先进的网络技术破坏我国网络生态、干扰我国网民认知、制造思想混乱、侵蚀社会思想根基,由此来消解我国主流意识形态。我国虽然已是网络大国,但仍然缺乏对核心技术的自主创新与应用,整体上跟国际互联网技术水平仍有很大的差距。在芯片研发制造、电子产品规范、计算机底层系统架构等核心技术方面长期依赖于技术进口,而这些底层核心产品很有可能被植入病毒木马、创建后门、搞监听、篡改网页、插恶意软件,从而造成网民隐私、国家机密信息泄露。

四是网络监管乏力,挤压主流意识形态受众面。首先,网络空间的复杂性和虚拟性等特征使网民在网络世界中可以掩饰自己的真实身份,所以针

---

① 陈纯柱:《网络语言的生成、价值和特征研究》,《重庆邮电大学学报》(社会科学版),2011年第3期。

对一个社会现象或问题发表见解时,往往进行夸张式的分析和揣测,肆意发泄自己的情绪、发布不良言论,颠覆政府在网络受众心中的形象,破坏主流意识形态的权威性和影响力。其次,由于网络的隐蔽性,使得对其的监管难度巨大,追责不易,那些网络水军和隐藏在网络背后的黑手无法受到有力制裁,"键盘侠"们也就变得越发肆无忌惮,他们会就某个社会现象或问题对网络群体进行诱导式灌输,在网络空间挑起矛盾,引发骂战,甚至引发群体性"网络暴力"等恶性事件。再次,网络空间的自由开放使各类价值观念生根发芽但却良莠不齐,从而乱象丛生,主流意识形态的传播空间被蚕食和挤压。最后,网络应用受到资本的裹挟,网络功利化日益明显。部分网络平台通过搜索降权、流量限制、有偿删帖、操纵评论等手段控制平台信息流,以"隐私换便利"的方式对个人隐私数据进行合法化占有。不管是日常消费和店铺评论,还是媒体公开报道的公共事件,它们如何呈现、推荐及排序,都事关公众的利益,一旦被资本控制,互联网势必成为少数人牟利的工具,破坏社会公平正义。

以习近平同志为核心的党中央高度重视互联网的作用。习近平指出:"互联网已经成为舆论斗争的主战场。在互联网这个战场上,我们能否顶得住、打得赢,直接关系我国意识形态安全和政权安全"[1],"过不了互联网这一关,就过不了长期执政这一关"[2]。意识形态工作是做人的思想工作,人在哪儿、人往哪儿聚集,工作重心就应该往哪儿转移。现在网络成为人们特别是年轻人获取信息的第一渠道,对人们的思想和价值观具有重大影响,那我们就必须重视网络舆论工作,把它作为意识形态工作的重中之重来抓。各级领导干部要善于运用互联网开展工作,"让互联网成为我们同群众交流沟通的新平台,成为了解群众、贴近群众、为群众排忧解难的新途径,成为发扬人

---

① 《习近平新闻思想讲义》,人民出版社、学习出版社2018年版,第28页。
② 习近平:《论党的宣传思想工作》,中央文献出版社2020年版,第183页。

民民主、接受人民监督的新渠道。"①"善于运用网络了解民意、开展工作,是新形势下领导干部做好工作的基本功。各级干部特别是领导干部一定要不断提高这项本领。"②善于运用网络必须掌握新媒体技术,这就要求各级领导干部要勤奋学习,解决好"本领恐慌"问题,真正成为运用现代传媒新手段、新方法的行家里手。同西方发达国家相比,我们的互联网技术还有很大差距,要加大科技研发力度,掌握关键核心技术,把发展的主动权牢牢掌握在自己手中,摆脱核心技术受制于人的局面。网络不是法外之地。要建立健全网络法规,加强法治教育,引导人们依法上网、文明上网,营造清朗网络空间;要提高网络综合治理能力,形成党委领导、政府管理、企业履责、社会监督、网民自律等多主体参与,经济、法律、技术等多种手段相结合的综合治网格局;要严厉打击电信诈骗、黄赌毒、传销等网络犯罪活动,维护人民群众合法权益。"传统媒体和新兴媒体不是取代关系,而是迭代关系;不是谁主谁次,而是此长彼长;不是谁强谁弱,而是优势互补。从目前情况看,我国媒体融合发展整体优势还没有充分发挥出来。要坚持一体化发展方向,加快从相加阶段迈向相融阶段,通过流程优化、平台再造,实现各种媒介资源、生产要素有效整合,实现信息内容、技术应用、平台终端、管理手段共融互通,催化融合质变,放大一体效能,打造一批具有强大影响力、竞争力的新型主流媒体。"③

　　网络安全是全球性挑战,没有哪个国家能够置身事外、独善其身,维护网络安全是国际社会的共同责任。各国应该携手努力,加强对话交流,有效管控分歧,推动制定各方普遍接受的网络空间国际规则,共同遏制信息技术滥用,反对网络监听和网络攻击,反对网络空间军备竞赛和网络恐怖主义,

---

① 习近平:《论党的宣传思想工作》,中央文献出版社2020年版,第195~196页。

② 习近平:《论党的宣传思想工作》,中央文献出版社2020年版,第195页。

③ 习近平:《论党的宣传思想工作》,中央文献出版社2020年版,第354~355页。

健全打击网络犯罪司法协助机制,共同维护网络空间和平安全。国际社会要本着相互尊重和相互信任的原则,通过积极有效的国际合作,共同构建和平、安全、开放、合作的网络空间,建立多边、民主、透明的国际互联网治理体系。网络主权是国家主权的重要组成部分,要尊重各国网络主权,反对利用网络干涉别国内政;反对将互联网武器化、工具化、政治化,反对利用互联网进行意识形态渗透、发动"颜色革命"、颠覆别国合法政权。"发展好、运用好、治理好互联网,让互联网更好造福人类,是国际社会的共同责任。各国应顺应时代潮流,勇担发展责任,共迎风险挑战,共同推进网络空间全球治理,努力推动构建网络空间命运共同体"①,这是国际社会的共同期盼。

第三节　人民至上的价值逻辑②

价值是反映主体和客体之间意义关系的哲学范畴,是客体对个人、群体乃至整个社会的生活和活动所具有的积极意义。意识形态的价值在于它代表、维护某个社会群体的利益,为这个社会群体的利益鼓与呼。中国共产党是中国工人阶级的先锋队,是中国人民和中华民族的先锋队,全心全意为人民服务是其根本宗旨。这样的性质和宗旨决定了中国共产党必然代表最广大人民根本利益,为人民利益而奋斗。除了人民群众的利益,中国共产党没有任何自己的私利。党的十八大以来,以习近平同志为核心的党中央坚持以人民为中心的发展思想,把人民群众对美好生活的向往作为自己的奋斗目标,把实现好、维护好、发展好广大人民群众的利益作为一切工作的出发

---

① 《习近平关于网络强国论述摘编》,中央文献出版社2021年版,第168页。
② 本节主要内容2017年发表在《理论导刊》上,编写此书时作了适当修改。参见李伟:《以人民为中心:习近平治国理政思想的内在指引》,《理论导刊》,2017年第7期。

点和立足点,努力提高人民群众的生活水平,满足人民群众的精神文化需求,极大地增强了人民群众的幸福度和获得感。

一、以人民为中心的治国理念

"人民立场是中国共产党的根本政治立场,是马克思主义政党区别于其他政党的显著标志。"①以习近平同志为核心的党中央始终坚持人民立场,尊重人民群众主体地位、发挥人民群众首创精神、维护人民群众合法权益,把它作为治国理政的根本理念,指导治国理政的伟大实践。

(一)尊重人民群众主体地位

人民群众是社会历史的主体,是历史的创造者,这是马克思主义群众史观的基本观点。对于人民主体思想,习近平作了深刻论述。在他看来,"人民是历史的创造者,人民是真正的英雄。波澜壮阔的中华民族发展史是中国人民书写的! 博大精深的中华文明是中国人民创造的! 历久弥新的中华民族精神是中国人民培育的! 中华民族迎来了从站起来、富起来到强起来的伟大飞跃是中国人民奋斗出来的!"②人民群众是中国共产党的力量源泉,党的根基在人民,力量在人民,血脉在人民。脱离人民群众,失去人民群众的拥护和支持,中国共产党就会成为无源之水、无本之木,失去生机活力。因此,中国共产党必须坚持群众观点、群众路线,与人民群众同呼吸、共命运、心连心。当选总书记后,在不同场合讲话中,习近平提得最多的就是"人民"二字,"人民对美好生活的向往,就是我们的奋斗目标"③、"始终要把人民

---

① 习近平:《在庆祝中国共产党成立95周年大会上的讲话》,《人民日报》,2016年7月2日。

② 习近平:《论党的宣传思想工作》,中央文献出版社2020年版,第296页。

③ 《习近平谈治国理政》(第一卷),外文出版社2018年版,第4页。

放在心中最高的位置"①、"民心是最大的政治"②、"江山就是人民,人民就是江山"③,等等。除了强调人民群众的主体地位和重要性,习近平还就如何践行这一思想作出明确指示。他要求全体党员干部自觉树立"主仆观""师生观",从内心深处把人民群众当"主人"、当"先生",全心全意为人民服务,老老实实向人民学习。"在人民面前,我们永远是小学生,必须自觉拜人民为师,向能者求教,向智者问策;必须充分尊重人民所表达的意愿、所创造的经验、所拥有的权利、所发挥的作用。"④经过耐心细致的教育,尊重人民群众主体地位成为9800多万中国共产党员的集体共识和自觉行动。

(二)发挥人民群众首创精神

人民群众中蕴藏着巨大的智慧和力量。努力汲取人民群众的智慧和力量,将人民群众在实践中创造的新鲜做法和成功经验逐步予以推广,这是党的优良传统和作风。从"包产到户"到乡镇企业兴起,从"温州模式"到"苏南崛起",正是依靠人民群众的这些"新发明",过去40多年,中国的改革开放事业才取得了举世瞩目的辉煌成就。实现第二个百年奋斗目标,实现中华民族伟大复兴中国梦,任务更为艰巨、困难更加险重,只有继续发挥人民群众的首创精神,充分调动他们的积极性、主动性、创造性,才能最大限度地增强社会发展活力,为强国目标的实现提供强大智力支持和思想保证。习近平高度重视发挥人民群众的首创精神。在他眼里,群众实践最丰富最生动,群众实践是推动改革发展的智慧之源,"改革开放在认识和实践上的每一次突破和发展,改革开放中每一个新生事物的产生和发展,改革开放每一个方面

---

① 《习近平谈治国理政》(第三卷),外文出版社2020年版,第139页。
② 《习近平谈治国理政》(第四卷),外文出版社2022年版,第60页。
③ 《习近平著作选读》(第一卷),人民出版社2023年版,第38页。
④ 习近平:《论党的宣传思想工作》,中央文献出版社2020年版,第44页。

经验的创造和积累,无不来自亿万人民的实践和智慧"①。要想汲取人民群众的智慧和力量,广大党员干部必须深入实际、深入基层、深入群众,和群众面对面交流,与人民肩并肩劳动,摒弃官僚主义和形式主义的作风,只有这样才能拉近干群距离、增进党群感情,群众才会敞开心扉,将自己的智慧、经验和盘托出,与党员干部分享。党的二十大召开后,中共中央办公厅印发了《关于在全党大兴调查研究的工作方案》,要求在全党大兴调查研究之风。《方案》指出,"在全党大兴调查研究,必须坚持党的群众路线,从群众中来、到群众中去,增进同人民群众的感情,真诚倾听群众呼声、真实反映群众愿望、真情关心群众疾苦,自觉向群众学习、向实践学习,从人民的创造性实践中获得正确认识,把党的正确主张变为群众的自觉行动"②。自觉向群众学习,本质上就是问计于民,从人民群众中汲取智慧,寻找破解发展难题的良方。

(三)维护人民群众合法权益

维护人民群众合法权益是党的宗旨的内在要求。全心全意为人民服务是党的根本宗旨,中国共产党一切理论和奋斗的目标都是为了实现广大人民群众的根本利益。除了人民利益,党没有任何私利。正是如此,习近平再三告诫全党:"我们任何时候都必须把人民利益放在第一位,把实现好、维护好、发展好最广大人民根本利益作为一切工作的出发点和落脚点,诚心诚意为人民群众谋利益。"③维护人民群众的合法权益,各级领导干部须深入实际,到人民群众的生活中去,从解决群众最关心、最迫切的现实问题入手,扑下身子,扎下根子,听民声、察民情、知民盼、解民忧,用实实在在的行动赢得

---

① 《习近平谈治国理政》(第一卷),外文出版社2018年版,第68页。

② 《关于在全党大兴调查研究的工作方案》,《人民日报》,2023年3月20日。

③ 习近平:《始终坚持和充分发挥党的独特优势》,《求是》,2012年第15期。

民心。维护人民群众的合法权益,各级领导干部特别是公检法部门的干部要切实做到严格执法、公平司法,敢于同一切侵犯群众利益的行为作斗争,让公平正义的阳光照亮每一个角落,温暖每个中国人的心灵。对于那些挪用公款、贪污受贿、恣意侵吞人民利益的"蛀虫",不管其位置有多高、后台有多硬,都要以党纪国法对其进行严肃处理,追究责任。党的十八大以来,以习近平同志为核心的党中央铁腕反腐,既打"老虎"也拍"苍蝇"。"从2012年12月到今年5月份,纪检监察机关共立案审查调查省部级以上领导干部392人、厅局级干部2.2万人、县处级干部17万余人、乡科级干部61.6万人;查处落实中央八项规定精神不力问题、'四风'问题62.65万起"①,显示了中国共产党全面从严治党、维护人民利益的坚定决心。

二、以人民为中心的施政举措

"以人民为中心的发展思想,不是一个抽象的、玄奥的概念,不能只停留在口头上、止步于思想环节,而要体现在经济社会发展各个环节。"②在确立以人民为中心的治国理念之后,习近平带领全党强化执行、狠抓落实,推出一个又一个惠民举措,实施一项又一项"民生工程",增进人民福祉。

(一)加强食品监管,确保人民饮食安全

国以民为本,民以食为天,食以安为先。食品安全事关人民群众身体健康,能不能在食品安全上给人民群众一个满意交代直接考验着我们党的执政能力和执政水平。近些年来,我们国家少数食品企业利欲熏心,制假贩

---

① 邢婷婷、张寒、李芸:《数说十八大以来正风肃纪反腐成绩单》,中央纪委国家监委网站,2021年6月28日。
② 《习近平谈治国理政》(第二卷),外文出版社2017年版,第213~214页。

假、在食品中非法添加有毒有害物质,给人民生命财产造成严重损失,引起社会强烈不满,加强食品监管、确保饮食安全成为广大人民群众的热切期盼。习近平异常关注食品安全问题,他特别强调指出,确保食品安全是民生工程、民心工程,是各级党委、政府义不容辞之责,丝毫不能放松,必须抓得紧而又紧。各级党委、政府要做好食品安全工作,必须坚持最严谨的标准,确保监管部门有效执法;必须坚持最严格的监管,确保市场主体规范经营;必须坚持最严厉的处罚,确保犯罪分子付出惨痛代价;必须坚持最严肃的问责,确保食品监管队伍一刻不敢松懈。要加强"从农田到餐桌"全过程食品安全工作,使食品监管覆盖生产、储藏、流通、销售的每一环节,形成食品监管的完整链条,不留任何死角。要加大对食品的抽检力度,尤其是在节假日,全面排查风险隐患,将问题食品消灭在萌芽状态。经过艰苦努力,我国食品安全形势明显好转,人民群众"舌尖上的安全"已基本实现。

(二)加快危房改造,改善人民居住条件

住上宽敞明亮、干净整洁的新房是城乡困难户居民长期以来梦寐以求的愿望。党的十八大之后,中央加大对农村危房、城市棚户区改造、保障房建设的支持力度,补助范围不断扩大、补助标准显著提高,数千万户困难家庭喜圆"住房梦""安居梦"。对于危房改造,习近平念兹在兹,特别重视。首先,他要求各级政府加快危房改造的进度,满足困难家庭改善居住条件的迫切愿望。其次,习近平强调,住房是群众安身立命之所,质量安全至关重要。要优化新建住房规划布局、设施配套和户型设计,抓好工程质量,努力把危房改造办成一项经得起实践、人民、历史检验的德政工程。再次,习近平指出,危房改造要尽力而为,同时也要量力而行,危房改造的目的在于满足群众的基本住房需求,不能对群众开"空头支票"、随意夸海口,欺骗群众感情。最后,要提前规划、未雨绸缪,把危房改造和当地发展紧密结合起来,反对千

篇一律,鼓励建设富有地方特点、民族特色、人文风情的新型住房,保护有历史文化价值的古村落和古民宅,将贫困地区建成观光旅游景点,帮助当地居民脱贫致富。"新农村建设一定要走符合农村实际的路子,遵循乡村自身发展规律,充分体现农村特点,注意乡土味道,保留乡村风貌,留得住青山绿水,记得住乡愁。"①不能头脑发热,不顾农民意愿,强行撤并村庄,赶农民上楼。习近平的讲话为新农村建设指明发展方向,具有重要现实意义。新时代十多年,中国"改造棚户区住房四千二百多万套,改造农村危房二千四百多万户,城乡居民住房条件明显改善。"②

(三)促进教育公平,保障人民发展权利

教育是人们获得知识的主要途径,是人成长成才不可或缺的重要阶梯。改革开放以来,中国教育事业飞速发展,国民科学素养和文化水平显著提高。但是,毋庸讳言,中国的教育事业还存在诸多不足,与人民的期待还有很大差距,其中最为人诟病的就是教育公平问题——城乡差距、区域差距、校际差距、群体差距,宛如一道道鸿沟,阻挡了人们发展的步伐。"教育公平是社会公平的重要基础,要不断促进教育发展成果更多更公平惠及全体人民,以教育公平促进社会公平正义。"③为了促进教育公平,以习近平同志为核心的党中央积极推动教育事业改革,加大薄弱学校改造力度、大幅提高农村教师待遇、减免贫困家庭学生学费、推行小学初中免试就近入学、增加中西部地区和人口大省高考录取名额,等等。上述教育改革"组合拳"的出台,引导优质教育资源向农村延伸、向基层倾斜、向普通学校转移,教育差距的

---

① 《习近平关于"三农"工作论述摘编》,中央文献出版社2019年版,第122页。

② 习近平:《高举中国特色社会主义伟大旗帜 为 全面建设社会主义现代化国家而团结奋斗——在中国共产党第二十次全国代表大会上的报告》,人民出版社2022年版,第11页。

③ 《习近平谈治国理政》(第二卷),外文出版社2017年版,第365~366页。

鸿沟显著弥合,每个公民都站在同一起跑线上,迎来人生出彩和梦想成真的机会。

（四）实施精准扶贫,实现共同富裕

"全面建成小康社会,最艰巨最繁重的任务在农村、特别是在贫困地区。没有农村的小康,特别是没有贫困地区的小康,就没有全面建成小康社会。"①为了帮助贫困地区的民众摆脱贫困,在吸取以往经验的基础上,习近平提出"精准扶贫"的思想。习近平指出,扶贫工作要想取得实效,必须抓好"三项建设":农村党支部建设,发挥基层党组织在脱贫攻坚战中的战斗堡垒作用;农村精神文明建设,鼓舞人们战胜贫困的勇气和信心;贫困地区软环境建设,提高办事效率,改善服务质量,打造一流营商环境。必须树立"四种意识":先飞意识,增强发展自信;自立意识,依靠自己的力量拔除穷根;奉献意识,淡泊名利、勇于牺牲;创新意识,搭乘"互联网+"的快车致富。必须实施"五个一批工程":发展生产脱贫一批,把发展作为摆脱贫困的根本途径;易地搬迁脱贫一批,对居住在"一方水土养不起一方人"地方的贫困人口实施易地搬迁,将这部分人搬迁到条件较好的地方,从根本上解决他们的生计问题;生态补偿脱贫一批,增加重点生态功能区转移支付,扩大政策实施范围,让有劳动能力的贫困人口就地转成护林员等生态保护人员,增加他们的劳动收入;发展教育脱贫一批,阻断贫困代际传递;社会保障兜底一批,对贫困人口中完全或部分丧失劳动能力的人,由政府兜底,保障其基本生活需求。必须做到"六项精准":扶持对象精准,精准识别扶贫对象,确保扶贫对象的真实性和有效性;项目安排精准,做到因人因地施策,最大限度地发挥贫困地区、贫困家庭的优势;资金使用精准,严格监管,保证扶贫资金专款专

① 《习近平谈治国理政》(第一卷),外文出版社2018年版,第189页。

用,"好钢用在刀刃上";措施到户精准,确保党和政府的扶贫政策真正入户到人,惠及每一个困难群众;因村派人精准,贫困地区需要什么样的干部就派什么样的干部,"对症下药""有的放矢""靶向治疗";脱贫成效精准,建立一系列量化指标,对脱贫工作进行公正全面考核,奖优罚懒,调动扶贫干部的积极性、主动性和创造性。

"经过全党全国各族人民共同努力,在迎来中国共产党成立一百周年的重要时刻,我国脱贫攻坚战取得了全面胜利,现行标准下9899万农村贫困人口全部脱贫,832个贫困县全部摘帽,12.8万个贫困村全部出列,区域性整体贫困得到解决,完成了消除绝对贫困的艰巨任务,创造了又一个彪炳史册的人间奇迹!"①抓好"三项建设"、树立"四种意识"、实施"五个一批工程"、做到"六项精准",这是习近平精准扶贫思想的核心要义,也是新形势下我们做好脱贫工作的基本方略和行动指南。在上述基本方略中,"三项建设"是制度保障,"四种意识"是思想基础,"五个一批工程"是具体路径,"六项精准"是考核标准,四者相互影响、相互作用、相互依赖,共同构成一个组织严密的逻辑体系。

（五）保护生态环境,还人民以碧水蓝天

改革开放以来,中国的经济建设成就辉煌。但是这种成就很大程度上是建立在资源消耗的基础上的,属于粗放型的增长模式。粗放型的增长模式让我们付出巨大的环境代价,污水横流、雾霾肆虐、酸雨频发……人民群众的身体健康受到严重影响,反应强烈。面对人民群众治理环境污染的强烈愿望,以习近平同志为核心的党中央顺应民心、响应民意,在960多万平方千米的国土上掀起一场声势浩大的生态环境保卫战。

---

① 习近平:《在全国脱贫攻坚总结表彰大会上的讲话》,《人民日报》,2021年2月26日。

首先,党中央积极倡导绿色发展理念。全面倡导绿色生活及消费方式,将绿色和文明观念贯彻到社会经济生活中,在全社会范围内营造健康、和谐、生态、环保的氛围。加强资源环境国情和生态价值观教育,培养公民环境意识,推动全社会形成绿色消费自觉。利用网络、电视、广播、报纸等一切媒体进行宣传,学校、家庭、社会同向发力,使生态环保的理念深入人心。制定优惠政策,采取减免税收或者发放特别补贴的方式鼓励企业更新改造落后技术装备,实现绿色清洁生产。加快建设主体功能区,发挥主体功能区作为国土空间开发保护基础制度的作用,落实主体功能区规划,完善政策,发布全国主体功能区规划图和农产品主产区、重点生态功能区目录,推动各地区依据主体功能定位发展。推进能源革命,加快能源技术创新,建设清洁低碳、安全高效的现代能源体系。实施全民节能行动计划,节约利用资源,建设节约型社会。加大环境治理力度,开展环保督察巡视,严格环保执法。①

其次,完善政绩考核评价体系。把资源消耗、环境损害、生态效益等体现生态文明建设成效的指标纳入经济社会发展评价体系,作为考核政绩的重要依据,扭转少数地方政府"唯经济论""GDP至上"的错误观念,引导他们正确处理"金山银山"和"绿水青山"的关系。

最后,建立健全责任追究制度。"对那些不顾生态环境盲目决策、造成严重后果的人,必须追究其责任,而且应该终身追究。"②生态环境保护责任制建立之后,一大批党政领导干部受到党纪政纪处分,履职不严、尽责不力的状况有了明显改善。经过勠力奋战,今天的中国山清水秀,草绿天蓝。以习近平同志为核心的党中央执"绿"为笔,画出新时代中国的美丽画卷。

---

① 《中共中央关于制定国民经济和社会发展第十三个五年规划的建议》,人民出版社2015年版,第23~27页。

② 《习近平谈治国理政》(第一卷),外文出版社2018年版,第210页。

三、以人民为中心的制度设计

制度问题带有根本性、全局性、长期性、稳定性。与说服教育的"软引导"相比,制度对一个人或者机构的行为更加具有约束力。科学有效的制度能够明确工作职责、规范权力运行、提高行政效率,对于推进国家治理体系和治理能力现代化具有非常重要的意义。党的十八大以来,以习近平同志为核心的党中央不断完善制度建设,着力构建以人民为中心的制度体系,保障人民群众的利益。

（一）建立健全权力监督制度,切实做到权为民所用

2013年7月12日,习近平在河北省民政厅主持召开座谈会时指出："权力是人民赋予的,要为人民用好权,让权力在阳光下运行。"①习近平的这一论述寓意深刻,不仅指出了党和政府的权力来源、服务对象、运作方式,而且指出规范权力运行的根本途径——发扬民主,加强对权力的制约和监督。为了更加有效地监督权力的运行,促使领导干部严以用权,党的十八大以来,中央先后发布(或修订)党章党规20多次,出台《关于党政机关停止新建楼堂馆所和清理办公用房的通知》《关于全面推进公务用车制度改革的指导意见》《中国共产党巡视工作条例》《中国共产党廉洁自律准则》《中国共产党纪律处分条例》《中国共产党党内监督条例》《关于新形势下党内政治生活的若干准则》等规定。截至2021年7月1日,全党现行有效党内法规共3615部,我们已经形成比较完善的党内法规体系,为领导干部行使权力划出明确边界。②除了党内监督,习近平同样重视党外监督的作用。在第十八届中央

---

① 乔业琼、秦华:《跟总书记学习"严以用权"》,中国共产党新闻网,2015年7月17日。
② 中共中央办公厅法规局:《中国共产党党内法规体系》,《人民日报》,2021年8月4日。

纪律检查委员会第六次全体会议上，他特别强调"要把党内监督同国家监察、群众监督结合起来，同法律监督、民主监督、审计监督、司法监督、舆论监督等协调起来，形成监督合力，推进国家治理体系和治理能力现代化"①，构建360度全方位、无死角的监督体系。在"人人都有麦克风，个个都是通讯社"的网络媒体时代，还要注重发挥互联网的监督作用。"我多次强调，要把权力关进制度的笼子里，一个重要手段就是发挥舆论监督包括互联网监督作用。这一条，各级党政机关和领导干部特别要注意，首先要做好。对网上那些出于善意的批评，对互联网监督，不论是对党和政府工作提的还是对领导干部个人提的，不论是和风细雨的还是忠言逆耳的，我们不仅要欢迎，而且要认真研究和吸取"②，严禁断网、删帖、封杀舆论的错误做法，严禁打击报复，否则给以党纪政纪处分。党的十八大之后，网络媒体很好地发挥了"第五权力"的作用，成为让腐败分子胆战心惊的梦魇。

（二）建立健全责任追究制度，切实做到情为民所系

治国务必治党，治党务必从严。"不明确责任，不落实责任，不追究责任，从严治党是做不到的。"③不明确责任，不落实责任，不追究责任，党的规章制度就成了"纸老虎""稻草人"，成了一种摆设，没有效力，没有威力。为了增强各级党组织和领导干部的责任意识，督促他们做好自己的本职工作，2016年7月，中共中央印发《中国共产党问责条例》，着力解决在少数党组织和领导干部中存在的领导弱化、党建缺失、纪律松弛、治党不严、反腐不力等给党和人民的事业造成严重损失、产生恶劣影响的突出问题。《条例》坚持权责对等的原则，告诫各级领导干部有权必有责，用权受监督，失职要问责，违法要

---

① 《习近平谈治国理政》（第二卷），外文出版社2017年版，第169页。
② 《习近平谈治国理政》（第二卷），外文出版社2017年版，第337页。
③ 《习近平关于全面从严治党论述摘编》，中央文献出版社2021年版，第460页。

追究。《条例》对问责的内容、对象、事项、主体、程序、方式作出明确规定,使问责制度更为具体化、科学化、规范化。《条例》指出,要建立健全问责典型问题通报曝光制度,对失职渎职的党组织和领导干部点名批评,在媒体上予以曝光,达到问责一个、警醒一片的效果。尤为重要的是,《条例》明确规定实行终身问责制,不论责任人是否调离转岗、提拔或者退休,无论何时,只要出现失职渎职情况,都要严肃问责。不但要追究本单位、本人的责任,还要追究上级领导、党组织的责任。"任何地方、部门、单位,发生了党的领导作用不发挥、贯彻党的路线方针政策走样、管党治党不严不实、选人用人失察、发生严重'四风'和腐败现象、巡视整改不力等问题,就要抓住典型严肃追责。既追究主体责任、监督责任,又上查一级追究领导责任、党组织责任。"①这就在领导干部中间产生了巨大震慑效应,有效避免了过去那种拍脑袋决策、拍胸脯蛮干,然后拍屁股走人,留下一屁股烂账,最后官照当照升,不负任何责任的情况。《条例》指出,有关问责情况应当向纪委和组织部门通报,纪委应当将问责决定材料归入被问责领导干部廉政档案,组织部门应当将问责决定材料归入被问责领导干部的人事档案,作为今后选拔任用干部的重要依据。②《条例》颁布之后得以严格落实,依规治党显示出巨大威力。

（三）建立健全收入分配制度,切实做到利为民所谋

从温饱不足到全面小康,改革开放40多年,中国人民生活水平显著提高,生活质量明显改善。但由于资源禀赋、地理环境、个人能力、管理水平的差异,我国社会发展又呈现出明显的不平衡的态势,主要表现为地区差距、城乡差距、行业差距过大,贫富分化严重。北上广深和沿海某些省份的人均GDP已经达到中等发达国家水平,而中西部很多地方的民众还处在贫困的

---

① 《习近平关于全面从严治党论述摘编》,中央文献出版社2021年版,第467~468页。
② 《中国共产党问责条例》,《人民日报》,2016年7月18日。

泥潭中。城镇居民的收入是农村居民收入的3倍,高收入行业居民的收入是低收入行业居民的4倍。贫富悬殊容易激发社会矛盾,严重影响社会稳定。此外,中国是社会主义国家,共同富裕是社会主义的本质要求,社会主义的国家性质决定我们与贫富分化现象相抵触,根本不相容。党的十八大后,以习近平同志为核心的党中央深刻认识到解决贫富分化问题的迫切性,深入推进收入分配制度改革,使发展成果更多更公平惠及全体人民。建立初次分配、再分配、第三次分配协调配套的制度体系,构建合理有序的收入分配格局。建立工资正常增长机制,努力提高居民收入在国民收入分配中的比重,提高劳动报酬在初次分配中的比重。坚持多劳多得,鼓励勤劳致富,促进机会公平,增加低收入者收入,扩大中等收入群体。完善按要素分配政策制度,探索多种渠道增加中低收入群众要素收入,多渠道增加城乡居民财产性收入。加大税收、社会保障、转移支付等的调节力度,向偏远地区、落后地区、农村地区倾斜。完善个人所得税制度,规范收入分配秩序,规范财富积累机制,保护合法收入,调节过高收入,取缔非法收入,维护社会公平正义。引导、支持有意愿有能力的企业、社会组织和个人积极参与公益慈善事业,帮扶社会弱势群体。①新时代的收入分配制度改革,目标非常清晰——更加公平地分配社会财富,缩小贫富差距,实现共同富裕。随着改革进程的不断推进,这种效应开始显现。国家统计局数字显示,2013—2021年,我国农村居民年均收入增速比城镇居民高1.7个百分点。2021年城乡居民人均可支配收入之比为2.50(农村居民收入=1),比2012年下降0.38,城乡居民收入相对差距持续缩小。2021年,东部、中部、西部地区居民人均可支配收入分别为44980元、29650元、27798元,与2012年相比,分别累计增长110.1%、116.2%、123.5%。三个地区相比,西部地区居民收入年均增速最快,中部次

---

①　习近平:《高举中国特色社会主义伟大旗帜 为全面建设社会主义现代化国家而团结奋斗——在中国共产党第二十次全国代表大会上的报告》,人民出版社2022年版,第47页。

之,中西部地区与东部地区的差距明显缩小,14亿多中国人全面小康,共同迈上幸福生活的康庄大道。①

（四）建立健全司法制度,切实做到法为民所立

司法是维护社会公平正义的最后一道防线。"我们要依法公正对待人民群众的诉求,努力让人民群众在每一个司法案件中都能感受到公平正义,决不能让不公正的审判伤害人民群众感情、损害人民群众权益。"②围绕这一目标,以习近平同志为核心的党中央积极推进司法制度改革。一是加强责任体系建设,审判权力运行更加规范。2015年至2021年,围绕司法责任制的推进落实,最高人民法院先后印发《关于完善人民法院司法责任制的若干意见》《关于深化司法责任制综合配套改革的实施意见》等22个制度性文件,将原来的"审者不判、判者不审"变为"让审理者裁判、由裁判者负责",完善了独任法官、合议庭办案责任制,把本属于法官的裁判权还给法官,让办案法官对案件质量终身负责,实现了权力与责任的统一,实现了司法权力和司法责任的双重归位。二是践行司法为民宗旨,诉讼服务更加精准高效。全面实现"有案必立,有诉必理"。2015年起,人民法院推行立案登记制改革,改立案审查制为立案登记制,大大降低了立案门槛,长期困扰群众的"立案难"问题从制度上、源头上得到解决。全程实现一站式诉讼服务。面对新一轮科技革命机遇,人民法院顺势而为、乘势而上。最高人民法院先后制定印发人民法院在线诉讼、在线调解、在线运行"三大规则"和加强区块链司法运用的意见,建成涵盖各审判领域、覆盖诉讼全流程,线上线下双轨并行、有序衔接的互联网司法规则体系,打造了"世界领先,中国特色"互联网司法新模

---

① 《居民收入水平较快增长生活质量取得显著提高——党的十八大以来经济社会发展成就系列报告之十九》,国家统计局网站,2022年10月11日。

② 《习近平谈治国理政》(第一卷),外文出版社2018年版,第141页。

式。大力推进"网上跨域立案""云办案""指尖诉讼""文书电子送达"……人民法院发挥互联网司法模式便民利民作用,建成了一站式多元解决纠纷和诉讼服务体系,努力让群众打官司"只进一个门、最多跑一次",实现了公平正义"不打烊",诉讼服务更加精准高效,人民群众司法需求得到更好满足。三是深化诉讼制度改革,多元司法需求得到更好满足。党的十八大以来,人民法院先后开展了刑事诉讼认罪认罚从宽制度改革试点、民事诉讼程序繁简分流改革试点,推动案件繁简分流、轻重分离、快慢分道,通过科学优化司法资源配置,在推动诉讼制度变革和发展方面成效显著,实现了简案快审、繁案精审,使当事人合法权益得到高效便捷的实现,切实回应了人民群众多元司法需求。[①]

(五)建立健全干部选拔制度,切实做到官为民所选

进行具有许多新的历史特点的伟大斗争,实现党提出的各项目标和任务,关键在于培养一支高素质的干部队伍。什么样的干部才是好干部?不同历史时期有不同的评价标准。但是,无论是在哪个历史时期,有一个标准是恒定的,即"党的干部必须做人民公仆,忠诚于人民,以人民忧乐为忧乐,以人民甘苦为甘苦,全心全意为人民服务"[②]。为规范党政领导干部选拔任用工作,保证选出的干部忠诚、干净、担当,以习近平同志为核心的党中央大力推动干部人事制度改革,查找漏洞、弥补缺陷,使党的选人用人制度更加成熟完善。

一是实行干部动态管理制度。所谓动态管理,就是打破干部管理僵化呆板的局面,实现干部能上能下、能进能出。能上不能下是长期制约干部工作的难点问题,多年来各地各部门虽然作了很多探索、想了很多办法,但效

---

①　王雨田:《十年司改成效显著公平正义底色更足》,《人民法院报》,2022年9月24日。

②　《习近平谈治国理政》(第一卷),外文出版社2018年版,第413页。

果不佳,关键原因在于缺乏科学有效的制度机制。针对这种情况,习近平指出:"从严治党、从严管理干部,要下功夫把干部的问责、惩处制度抓好,建立领导干部能上能下的制度机制。"①2015年7月,中共中央办公厅印发《推进领导干部能上能下若干规定(试行)》,明确下的标准、规范下的方式、疏通下的渠道,干部能上不能下的问题得以破解,"庸懒散"现象得到有效治理。

二是健全干部分类选拔任用制度。"科学的干部选用、考核和管理以职务分类和人岗相适为基础。"②因此,干部选拔任用工作要想取得良好效果,必须对干部类型作出区分,针对不同类型的干部采取不同的选拔方式。但是,以前我国的干部选拔方式有些地方还不太规范,存在一些乱象,该选举的直接任命、该任命的却又选举,该考试的却去聘任、该聘任的却要考试,给徇私舞弊者留下一定操作空间,严重影响干部选拔质量。针对这种情况,习近平要求各级党政部门加快实施领导干部分类管理制度,明确界定不同类型干部的选拔任用方式:选任制干部主要通过选举产生,由票数多少决定;委任制干部主要通过上级组织任命,上级组织起领导、把关和决定作用;考任制干部主要通过公开考试录取,择优录用;聘任制干部主要通过签订聘约的形式任用,按照合同约定履职。2016年7月,中共中央办公厅、国务院办公厅联合印发《专业技术类公务员管理规定(试行)》和《行政执法类公务员管理规定(试行)》两个文件,废除过去"大一统"的管理模式,探索对公务员实行分类管理——分类录用、分类考核、分类晋升,有效激发了公务员队伍的工作积极性和热情。

三是完善干部选拔任用监督制度。"没有监督的权力必然导致腐败,这

---

① 刘杨:《中组部就印发推进领导干部能上能下〈规定〉答问》,中央政府门户网站,2015年7月28日。

② 罗中枢:《党政领导干部的分类选用、考核和管理探析》,《四川大学学报》(哲学社会科学版),2012年第1期。

是一条铁律。"①这条铁律已被无数历史事件证明。习近平从历史中汲取智慧,不断加大对公权力的监督力度,推动权力在阳光下运行。第一,实现监督全覆盖,没有禁区、没有例外,不留死角、不留空白。第二,坚持民主集中制,把上级对下级、同级之间以及下级对上级的监督充分调动起来,形成遏制腐败现象的完整链条。第三,发挥巡视利剑作用,严厉查处选人用人腐败问题,狠刹不正之风。第四,盯住重点人群,"管好关键人、管到关键处、管住关键事、管在关键时,特别是要把一把手管住管好"②。2016年10月,中国共产党第十八届中央委员会第六次全体会议审议通过《中国共产党党内监督条例》,着力解决了上述几个问题,干部选拔任用监督制度得以显著改进。

四、以人民为中心的评价标准

知屋漏者在宇下,知政失者在草野。"时代是出卷人,我们是答卷人,人民是阅卷人"③,"我们党的执政水平和执政成效都不是由自己说了算,必须而且只能由人民来评判。人民是我们党的工作的最高裁决者和最终评判者。"④党的十八大以来,以习近平同志为核心的党中央把党和政府的评判权交给人民,把人民是否满意作为评价党和政府一切工作的根本标准,有力地提升了党的执政水平,推动了服务型政府的建设进程。

---

① 《习近平关于全面从严治党论述摘编》,中央文献出版社2021年版,第253页。

② 《习近平关于全面从严治党论述摘编》,中央文献出版社2021年版,第418页。

③ 《中共中央关于党的百年奋斗重大成就和历史经验的决议》,人民出版社2021年版,第71页。

④ 《习近平谈治国理政》(第一卷),外文出版社2018年版,第28页。

（一）以"获得感"评价党和政府工作成效

改革开放40多年，中国经济高速增长，国家财富迅速累积。然而国家财富的增长和人民对政府的满意度之间并不存在绝对正向关系，能否构成这种关系取决于国家财富能否做到公平合理分配。如若不能，财富流向不均，贫富差距拉大，反而会导致普通民众心理失衡，加剧社会矛盾。改革收入分配制度，将更多"蛋糕"分到百姓手里，增强民众的"获得感"，成为消除群众不满情绪、巩固党的执政地位的迫切要求。进入新时代，以习近平同志为核心的党中央从解决教育、医疗、交通、就业、社会保障、生态环境等人民群众最关心最直接最现实的利益问题入手，推出一个又一个"民生工程"，引导公共资源向基层延伸、向农村覆盖、向弱势群体倾斜，人民群众得到实实在在的利益，"获得感"显著增强。"获得感"的提出避免了过去那种单纯追求GDP增长的"数字游戏"，它将改革开放的成果具体落实到每个社会成员身上，集中体现了社会主义制度共同富裕的优越性。"检验我们一切工作的成效，最终都要看人民是否真正得到了实惠，人民生活是否真正得到了改善，人民权益是否真正得到了保障。"[①]"对'获得感'的重视和强调，使人民幸福从冷冰冰的数字变成了实实在在的得到，不仅为评价改革成效提供了一个看得见摸得着的民意标准，也为衡量人民群众幸福感提供了一个核心坐标。"[②]

（二）用"幸福感"衡量党和政府工作业绩

"获得感"是人们获取某种利益之后产生的一种心理上的满足，它更多强调的是人们在物质利益方面的收获。"幸福感"则不同，它是一个全面系统的指标体系，既包括收入提高、住房改善等物质方面的"有形"指标，也包括

---

① 《习近平谈治国理政》(第一卷)，外文出版社2018年版，第28页。
② 康来云：《获得感：人民幸福的核心坐标》，《学习论坛》，2016年第12期。

接受优质教育、公平自由竞争等精神方面的"无形"指标。与"获得感"相比，"幸福感"涵盖的范围更为广泛，内容更加全面。党的十八大以来，以习近平同志为核心的党中央除了注重人民物质利益方面的收获即"获得感"以外，同时注重满足人民精神文化方面的需求：加强社会主义民主政治制度建设，保障人民当家作主的权利；推进文化体制机制创新，满足人们的精神文化需求；创新社会管理体制，激发民众参与社会管理的积极性和热情；加快生态文明制度建设，改善人民生活环境——人民群众各方面的权益得到良好保障，"幸福感"显著飙升。"人民对美好生活的向往，就是我们的奋斗目标。"①党和政府的一切工作都要以增强人民的"幸福感"为旨归，为了人民幸福拼搏奋斗，这是共产党人的光荣使命，也是党的宗旨的根本要求。

将治国理念转化为施政举措，在施政举措中完善制度设计，通过制度设计规范约束权力，最终达到维护人民群众利益的目的——按照这样的思路，以人民为中心的思想逐渐形成。以人民为中心的发展思想科学回答了发展为了谁、发展依靠谁、发展成果归谁享受、发展成效由谁评价等一系列重大时代课题，丰富和发展了马克思主义的群众史观，扩大了党的执政基础，巩固了党的执政地位，具有重大理论意义和现实意义。

---

① 《习近平谈治国理政》(第一卷)，外文出版社2018年版，第4页。

第四章　新时代党的意识形态理论原创性贡献的主要内容①

　　党的十八大以来，围绕意识形态工作的地位、任务、使命、方法、载体、阵地、能力素质、体制机制、队伍建设等根本性问题，以习近平同志为核心的党中央提出一系列富有创见的新思想、新观点、新论断，为马克思主义意识形态理论的发展作出重大原创性贡献。这些原创性观点体现了马克思主义与时俱进的理论品质，闪烁着耀眼的真理光芒。

---

① 本章主要内容2023年发表在《河南理工大学学报》(社会科学版)上，编写此书时作了进一步地补充和修改。参见李伟：《新时代党的意识形态理论的原创性贡献》，《河南理工大学学报》，2023年第1期。

第一节　重要地位论：
将意识形态工作提到前所未有的高度

中国共产党历来重视意识形态工作，一以贯之。早在1942年，在写给刘少奇的信中，毛泽东就强调"掌握思想领导是掌握一切领导的第一位"①。在党的七大作的政治报告中，毛泽东把掌握思想教育看作团结全党进行伟大政治斗争的中心环节、完成其他政治任务的前提条件。毛泽东指出，只有解决这个任务，党的其他政治任务才能完成。在《中国农村的社会主义高潮》的按语中，毛泽东指出"政治工作是一切经济工作的生命线"②，保证经济工作沿着社会主义的正确方向前进。在《关于正确处理人民内部矛盾的问题》一文中，毛泽东强调"没有正确的政治观点，就等于没有灵魂"③。在《工作方法六十条（草案）》中，毛泽东告诫全党不能忽视思想政治工作。只要思想政治工作稍微一放松，经济工作和技术工作就会偏离社会主义方向，走到资本主义的邪路上去。

改革开放之后，面对资产阶级自由化思潮快速传播的态势，邓小平发出"思想战线不能搞精神污染"④的警示。邓小平指出："精神污染的实质是散布形形色色的资产阶级和其他剥削阶级腐朽没落的思想，散布对于社会主义、共产主义事业和对于共产党领导的不信任情绪。"⑤精神污染的危害极为严重，足以祸国殃民。必须大力加强党对思想战线的领导，对于造成思想混

---

①　《毛泽东文集》(第二卷)，人民出版社1993年版，第435页。
②　《毛泽东文集》(第六卷)，人民出版社1999年版，第449页。
③　《毛泽东文集》(第七卷)，人民出版社1999年版，第226页。
④　《邓小平文选》(第三卷)，人民出版社1993年版，第39页。
⑤　《邓小平文选》(第三卷)，人民出版社1993年版，第40页。

乱和精神污染的各种严重问题,必须采取坚决严肃认真的态度,一抓到底。针对少数党员干部埋头经济工作、忽视思想政治工作的错误倾向,邓小平多次指出要"两手抓",一手抓物质文明建设,一手抓精神文明建设,两个文明建设都搞好才是有中国特色的社会主义。"不加强精神文明的建设,物质文明的建设也要受破坏,走弯路。光靠物质条件,我们的革命和建设都不可能胜利。"①对于否定党的领导和社会主义制度的言行,要旗帜鲜明地予以斗争,不能优柔寡断,畏难手软,必要时可以使用专政手段。要对人民进行四项基本原则教育,让坚持四项基本原则成为人们特别是党员干部的行为准则。要对人民特别是青少年进行革命理想教育,让红色基因代代相传。"我们一定要经常教育我们的人民,尤其是我们的青年,要有理想。为什么我们过去能在非常困难的情况下奋斗出来,战胜千难万险使革命胜利呢? 就是因为我们有理想,有马克思主义信念,有共产主义信念。我们干的是社会主义事业,最终目的是实现共产主义。这一点,我希望宣传方面任何时候都不要忽略。"②对于意识形态工作的重要性,江泽民、胡锦涛作了进一步论述。1993年1月,在全国宣传部长座谈会上,江泽民指出:"越是改革开放,越要动员和团结群众,越要重视宣传思想工作。宣传思想工作只能加强,不能削弱。"③2000年6月,在中央思想政治工作会议上,江泽民再次强调意识形态工作的重要性。江泽民指出:"党的思想政治工作,是经济工作和其他一切工作的生命线,是团结全党和全国各族人民实现党和国家各项任务的中心环节,是我们党和社会主义国家的重要政治优势"④,"越是发展经济,越是改革开放,越要重视思想政治工作"⑤。在党的十六届六中全会第二次全体会

---

① 《邓小平文选》(第三卷),人民出版社1993年版,第144页。
② 《邓小平文选》(第三卷),人民出版社1993年版,第110页。
③ 《毛泽东邓小平江泽民论思想政治工作》,学习出版社2000年版,第26页。
④ 《江泽民文选》(第三卷),人民出版社2006年版,第74页。
⑤ 《江泽民文选》(第三卷),人民出版社2006年版,第74页。

议上,胡锦涛指出:"意识形态工作是党的一项十分重要的工作。经验告诉我们,经济工作搞不好要出大问题,意识形态工作搞不好也要出大问题"①,要"提高做好新形势下意识形态工作能力,牢牢掌握意识形态工作领导权和主动权"。②

党的十八大之后,以习近平同志为核心的党中央更加重视意识形态工作,把它提升到了前所未有的高度。在全国宣传思想工作会议上,习近平指出,意识形态工作是党的一项极端重要的工作,能否做好意识形态工作,事关党的前途命运,事关国家长治久安,事关民族凝聚力和向心力。党的群众基础、执政基础包括物质和精神两方面。只重视物质方面,不重视精神方面,是形而上学的单一论观点,不符合马克思主义的辩证法思想。只有物质文明建设和精神文明建设都搞好,国家物质力量和精神力量都增强,全国各族人民物质生活和精神生活都改善,中国特色社会主义事业才能顺利向前推进。③因此,要正确处理好经济建设和意识形态工作的关系,既要发展经济,提高人民群众的生活水平,也要重视意识形态工作,壮大主流思想舆论,二者不可偏颇。在党的十八届三中全会第一次全体会议上,习近平再次强调:"在集中精力进行经济建设的同时,一刻也不能放松和削弱意识形态工作,必须把意识形态工作的领导权、管理权、话语权牢牢掌握在手中,任何时候都不能旁落,否则就要犯无可挽回的历史性错误。"④2014年10月,在谈到我国发展面临的复杂严峻的国内外形势时,习近平用三个关乎,即"意识形态关乎旗帜、关乎道路、关乎国家政治安全"⑤,阐述做好意识形态工作的必要性、重要性、紧迫性。2016年2月,在党的新闻舆论工作座谈会上,习近平

---

① 《胡锦涛文选》(第二卷),人民出版社2016年版,第527页。
② 《胡锦涛文选》(第二卷),人民出版社2016年版,第528页。
③ 《习近平关于总体国家安全观论述摘编》,中央文献出版社2018年版,第99页。
④ 《习近平关于总体国家安全观论述摘编》,中央文献出版社2018年版,第106页。
⑤ 《习近平关于社会主义文化建设论述摘编》,中央文献出版社2017年版,第35~36页。

把意识形态工作的重要性从"三个事关"上升到了"五个事关","做好党的新闻舆论工作,事关旗帜和道路,事关贯彻落实党的理论和路线方针政策,事关顺利推进党和国家各项事业,事关全党全国各族人民凝聚力和向心力,事关党和国家前途命运。"①

在党的十九大报告中,习近平指出,意识形态决定文化前进方向和发展道路,要建设具有强大凝聚力和引领力的社会主义意识形态,使全体人民在理想信念、价值理念、道德观念上紧紧团结在一起。党的十九届四中全会在党的历史上首次把坚持马克思主义在意识形态领域的指导地位作为一项根本制度确立下来,把它放在社会主义文化建设的首位。在党的二十大报告中,习近平指出,意识形态工作是为国家立心、为民族立魂的工作,要牢牢掌握党对意识形态工作领导权,全面落实意识形态工作责任制,巩固壮大奋进新时代的主流思想舆论。在党的二十届三中全会上,习近平指出,要着眼于推进物质文明和精神文明相协调的现代化,推动理想信念教育常态化制度化。②从"三个事关"到"五个事关",从"十分重要"到"极端重要",从"基本制度"到"根本制度"——新时代十多年,意识形态工作在党和国家大局中的地位不断上升,更加凸显。

以习近平同志为核心的党中央前所未有的重视意识形态工作主要源于两个因素。一是现实因素,二是历史因素。现实因素分国际、国内两个方面。从国际上看,历经四十多年的高速增长,中国迅速崛起,日益走近世界舞台中央。今天的中国是世界第二大经济体,第一大工业国、第一大货物贸易国、第一大外汇储备国,是全球120多个国家和地区的最大贸易伙伴,是世界经济发展的引擎。实际上,中国的崛起不仅体现在经济上,而且在军事、科技、文化、教育、外交等各方面均取得了举世瞩目的辉煌成就,成为世界上

---

① 《习近平总书记重要讲话文章选编》,中央文献出版社2016年版,第417页。
② 《党的二十届三中全会〈决定〉学习辅导百问》,党建读物出版社2024年版,第58页。

最有影响力的国家。尽管中国坚持走和平发展道路，一再解释中国发展的目标不是为了超越谁、取代谁，而是让中国人民过上更加幸福的生活。可是，以美国为首的西方国家坚持从地缘政治的角度看待中国的崛起，把中国的崛起视为对"现存国际体系和自由民主价值观的最大威胁"①。他们发动贸易战，对中国进口商品征收高额关税。从2018年9月开始，特朗普政府先后三轮对中国输美约3600亿美元商品加征高额关税，最高幅度达25%。拜登政府上台后，虽多次宣称"不寻求同中国经济脱钩"，但高关税的政策一直没有废除，延续至今。他们泛化国家安全概念，滥用国家力量，对中国的高科技企业如华为、大疆、抖音等进行打压，意图维持自己的科技霸主地位。他们四处散布"中国威胁论""新殖民论""债务陷阱论""军事基地论"等不实观点，诋毁中国形象，挑唆中国与其他国家之间的矛盾。他们操纵香港、台湾局势，借新疆问题、西藏问题攻击中国的宗教、人权。他们发动"新冷战"，炮制"民主对抗威权"的虚假叙事，拉帮结派，大搞"小圈子"和集团政治，集体对中国施压。西方国家的极限施压使得中国的现代化建设面临更多不确定的因素，风险大大增加。"我国发展进入战略机遇和风险挑战并存、不确定难预料因素增多的时期，各种'黑天鹅'、'灰犀牛'事件随时可能发生。"②

从国内来看，党的十八大之后，历史虚无主义、新自由主义、民主社会主义、普世价值观等错误思潮虽然遭到了强烈批判，但表现依然活跃，不时制造思想混乱；党风廉政建设和反腐败斗争虽然取得巨大成效，但仍有少数党员干部理想信念动摇，腐化堕落；脱贫攻坚虽然取得决定性胜利，一些人却产生"喘口气、歇歇脚"的松懈念头，产生"船到码头车到站"的交差心理；网络乱象虽然得到很大程度遏制，但"三俗之风"、拜金主义行为、违法犯罪案件仍

---

① 《布林肯发表上任后首次外交政策演讲》，央视网，2021年3月4日。

② 习近平：《高举中国特色社会主义伟大旗帜　为全面建设社会主义现代化国家而团结奋斗——在中国共产党第二十次全国代表大会上的报告》，人民出版社2022年版，第26页。

然高发,冲击社会主义核心价值观;网络安全政策法规和制度体系虽已基本形成,但仍然存在责任意识不足、落实不到位的情况,亟须改进。上述问题的存在严重危及马克思主义在意识形态领域的指导地位,损害党的执政根基。

除了现实挑战,党中央前所未有地重视意识形态工作还跟历史有关,源于对世界社会主义运动和部分国家发生"颜色革命"惨痛教训的深刻总结。苏联解体的悲剧之所以会发生,很重要的一个原因在于他们的意识形态出了问题。

第一,放弃马克思主义在意识形态领域的指导地位,造成全党全国人民思想上的混乱。戈尔巴乔夫以改革为由推行"新思维",鼓吹"民主化、公开性、多元化",主张实行"人道的民主的社会主义"。1991年,苏共中央七月全会用人道主义取代马克思主义作为苏联的指导思想。自此之后,马克思主义失去了在意识形态领域的指导地位,影响力急剧衰退。

第二,历史虚无主义思潮蔓延,否定共产党执政的合法性。1956年,在苏共二十大上,赫鲁晓夫作了《反对个人崇拜及其后果》的秘密报告,全面否定斯大林。随后,苏联历史学界掀起了一股歪曲历史、抹黑历史的狂潮。历史虚无主义者将包括反法西斯战争、巨大经济科学成就在内的苏联历史一概抹黑,将其描写得一无是处。他们把苏联出现问题的原因归咎于苏联共产党的领导和社会主义制度,故意激化社会矛盾。令人遗憾的是,面对历史虚无主义思潮大肆蔓延的局面,苏共不但没有制止,反而推波助澜。1990年6月12日,《苏联出版法》正式颁布。该法宣扬"言论自由",为历史虚无主义思潮的传播提供了护身符。一时间,哗众取宠、造谣惑众的信息满天飞,各种攻击、谩骂苏联共产党的言论纷纷出笼。苏共的形象一落千丈,失去执政的合法性。

第三,特权腐败,脱离人民群众。党员干部是人民的公仆,应当为人民的利益而奋斗。但是在苏联,党员干部却变成了特权阶层,他们拥有特殊工资、特殊供给、特殊住房、特殊服务、特殊教育。人民看病需要排队,甚至托关系送礼,领导干部却可以轻松地住进条件优越的专属病房;人民生活必需品短缺,陷入"面包慌""肥皂慌""牙膏慌",领导干部却能在"特供商店"里轻松地买到上述物品,有的领导干部子女甚至通过倒卖专供商品牟利,大发横财。"腐败和特权在苏联不仅造成了国家物质上的损失,道德上的损失就更为惨重:社会分化加剧;经常遇到磨难的大多数对那些不仅享受福利照顾而且享有种种特权、任意攫取不义之财而又逍遥法外的'上流人物'的憎恨之情与日俱增,埋下了社会冲突的地雷。"①

中亚国家"颜色革命"和"阿拉伯之春"事件的发生同样和意识形态有关。这些国家接受西方所谓的"普世价值观",建立以三权分立、多党竞争、自由选举为基础的"民主制度"。为了夺取政权,各个政党之间相互攻讦,无底线地进行斗争。政党恶斗大大加剧社会矛盾、阶级矛盾、民族矛盾,让这些国家陷入混乱动荡局面,甚至爆发大规模内战。"一个政权的瓦解往往是从思想领域开始的,政治动荡、政权更迭可能在一夜之间发生,但思想演化是个长期过程。思想防线被攻破了,其他防线就很难守住。"②

"前事不忘,后事之师"。正是吸取了上述国家的教训,所以党中央特别重视和强调意识形态工作,目的在于以史为鉴,防止类似的悲剧在中国上演。

第二节　任务使命论:系统阐述意识形态工作肩负的责任

巩固马克思主义在意识形态领域的指导地位,巩固全党全国人民团结奋斗的共同思想基础,举旗帜、聚民心、育新人、兴文化、展形象,以习近平同志为核心的党中央深刻阐述意识形态工作的任务使命,使之更加具象化、更

---

① 黄苇町:《苏共亡党二十年祭》,江西高校出版社2014年版,第290页。
② 《习近平关于社会主义文化建设论述摘编》,中央文献出版社2017年版,第21页。

为清晰。

一、深刻阐述意识形态工作的根本任务

2013年,在全国宣传思想工作会议上,习近平对意识形态工作的根本任务作出明确表述。习近平指出,意识形态工作的根本任务就是"两个巩固","巩固马克思主义在意识形态领域的指导地位,巩固全党全国人民团结奋斗的共同思想基础。"[①]"马克思主义是我们立党立国的根本指导思想。背离或放弃马克思主义,我们党就会失去灵魂、迷失方向。在坚持马克思主义指导地位这一根本问题上,我们必须坚定不移,任何时候任何情况下都不能有丝毫动摇。"[②]一个世纪以来,"中国共产党之所以能够完成近代以来各种政治力量不可能完成的艰巨任务,就在于始终把马克思主义这一科学理论作为自己的行动指南,并坚持在实践中不断丰富和发展马克思主义。"[③]尽管马克思主义是我们立党立国的根本指导思想已经写入《中华人民共和国宪法》《中国共产党章程》,但社会上"非马""贬马""去马""反马"的声音从未停歇,有的时候甚至表现得非常激烈,他们声称"马克思主义已经过时",主张"指导思想多元化",信奉西方"普世价值观",企图在中国制造思想混乱。2035年基本实现现代化,2050年把我国建设成为富强、民主、文明、和谐、美丽的社会主义现代化国家,任务艰巨,困难重重。只有团结凝聚全党全国人民,万众一心、齐力奋斗,才能克服一切艰难险阻,将梦想变为现实。西方错误思潮的攻击、国内外的严峻形势,迫切需要我们做到"两个巩固",为社会主义事业发展提供良好舆论环境和强大精神动力支持。

---

① 习近平:《论党的宣传思想工作》,中央文献出版社2020年版,第14页。
② 《习近平谈治国理政》(第二卷),外文出版社2017年版,第33页。
③ 《习近平谈治国理政》(第二卷),外文出版社2017年版,第33页。

巩固马克思主义在意识形态领域的指导地位,须从"正""反"两方面努力。"正",即建设。首先是硬实力建设,要加大媒体投入,特别是对新媒体的投入,增强主流媒体的传播力、引导力、影响力,占领意识形态阵地。要坚持移动优先策略,建设好自己的移动传播平台,管好用好商业化、社会化的互联网平台,让主流媒体借助移动传播,牢牢占据舆论引导、思想引领、文化传承、服务人民的传播制高点。要加快推动媒体融合发展,构建全媒体传播格局。传统媒体和新兴媒体不是取代关系,而是迭代关系;不是谁主谁次,而是此长彼长;不是谁强谁弱,而是优势互补。从目前情况来看,我国媒体融合发展整体优势还没有充分发挥出来。要坚持一体化发展方向,加快从相加阶段迈向相融阶段,通过流程优化、平台再造,实现各种媒介资源、生产要素有效整合,实现信息内容、技术应用、平台终端、管理手段共融互通,催化融合质变,放大一体效能,打造一批具有强大影响力、竞争力的新型主流媒体。①其次是软实力建设,阐述马克思主义的科学性、真理性,改进马克思主义的传播方法。要讲清楚、讲透彻中国近现代史、党史、新中国史、改革开放史,使人们认识到中国选择马克思主义、选择社会主义道路的历史必然性。要讲清楚、讲透彻中国改革开放之后发生的巨大变化、取得的辉煌成就,将"中国之治"与"西方之乱"进行对比,使人们深刻认识到马克思主义的生机活力,认识到社会主义制度的优越性和比较优势。要转换话语范式,用通俗易懂的语言宣传和讲解马克思主义,提高亲和力,拉近与教育对象的距离;要开展丰富多彩的精神文明创建活动、播放红色经典影视作品,通过隐性教育的方式让人们接受社会主义核心价值观。"反",即批判。"宣传思想战线的同志要当战士、不当绅士,不做'骑墙派'和'看风派',不能搞爱惜羽毛那一套。宣传思想战线的同志要履行好自己的神圣职责和光荣使命,以战斗的

---

① 习近平:《加快推动媒体融合发展,构建全媒体传播格局》,《思想政治工作研究》,2019年第4期。

姿态、战士的担当,积极投身宣传思想领域斗争一线。"①意识形态工作干部不能"和稀泥"、当"老好人",要敢于亮剑,对各种错误思潮进行批判,对诋毁党的领导和社会主义制度的言论进行批判,不断压缩其地盘、挤压其空间。在大是大非的原则问题上绝不能含糊,必须立场坚定、旗帜鲜明。

富强、民主、文明、和谐,自由、平等、公正、法治,爱国、敬业、诚信、友善的社会主义核心价值观是14亿多中国人民的"最大公约数",是凝聚社会共识的"同心圆"。巩固全党全国人民团结奋斗的共同思想基础,就是要大力培育和弘扬社会主义核心价值观,使其成为全体国民的价值准则和行为指南。培育和弘扬社会主义核心价值观,必须立足中华优秀传统文化。中华文化绵延数千年。在其长期发展过程中,形成了以讲仁爱、重民本、守诚信、崇正义、尚和合、求大同为核心的价值理念,这些理念即使放在今天依然具有重要的时代价值。要深入挖掘和阐发中华优秀传统文化的精髓,使其成为涵养社会主义核心价值观的源泉。培育和弘扬社会主义核心价值观,干部要起带头作用,用自己的模范行为和高尚人格感召群众、带动群众。身教重于言教。"党的思想政治工作能否做好,很大程度上还取决于我们党的自身建设和各级领导干部的言行表现。群众的眼睛是雪亮的。要求群众做到的,党员、干部首先要做到。如果说一套、做一套,说的大道理都是要求别人的,自己不起模范作用,那说得再好也没有用。"②培育和弘扬社会主义核心价值观,要从娃娃抓起,使其从小就养成良好的品德和行为习惯;要贯穿各学段、各学科、各个育人环节,使社会主义核心价值观与学生的成长成才始终相伴。培育和弘扬社会主义核心价值观,必须把它融入人们的日常生活中,让人民在日常生活中感知它、领悟它、接受它,日用而不觉。"要利用各种时机和场合,形成有利于培育和弘扬社会主义核心价值观的生活情景和社

---

① 《习近平关于社会主义文化建设论述摘编》,中央文献出版社2017年版,第45页。
② 《江泽民文选》(第三卷),人民出版社2006年版,第98页。

会氛围,使核心价值观的影响像空气一样无所不在、无时不有。"①开展公务员宣誓活动,强化宗旨教育;开展党史、国史纪念庆典活动,筑牢信念根基;庆祝传统节日,延续文化血脉;评选道德模范,五好文明家庭,倡导良好家风。党的十八大之后,社会主义核心价值观更好地融入人们的日常生活中,成为人们的行为准则。

二、全面阐述意识形态工作的崇高使命

习近平指出,做好新形势下宣传思想工作,必须自觉承担起举旗帜、聚民心、育新人、兴文化、展形象的使命任务。举旗帜,就是要高举马克思主义、中国特色社会主义的旗帜,坚持不懈用新时代中国特色社会主义思想武装全党、教育人民、推动工作,在学懂弄通做实上下功夫,推动当代中国马克思主义、21世纪马克思主义深入人心、落地生根。习近平反复强调,中国特色社会主义是社会主义而不是其他什么主义,科学社会主义基本原则不能丢,丢了就不是社会主义。我们正在进行全方位、深层次改革,但中国的改革是有前提的,那就是坚持党的基本路线不动摇,坚持四项基本原则不动摇,坚定不移沿着中国特色社会主义道路前进。我们既不能走封闭僵化的老路,也不能走改旗易帜的邪路,否则就要犯无可挽回的历史性错误。

聚民心,就是要牢牢把握正确舆论导向,唱响主旋律,壮大正能量,做大做强主流思想舆论,把全党全国人民士气鼓舞起来、精神振奋起来,朝着党中央确定的宏伟目标团结一心向前进。2035年基本实现现代化,2050年把中国建成富强民主文明和谐美丽的社会主义现代化强国,这是中国共产党未来30年的战略擘画。实现这样的宏伟目标,注定不会轻松,必然风雨兼

---

① 《习近平谈治国理政》(第一卷),外文出版社2018年版,第165页。

程,这就需要发挥意识形态工作凝聚人心、汇聚力量的作用,为实现第二个百年奋斗目标、实现中华民族伟大复兴提供强大精神动力。

育新人,就是要坚持立德树人、以文化人,建设社会主义精神文明、培育和践行社会主义核心价值观,提高人民思想觉悟、道德水准、文明素养,培养能够担当民族复兴大任的时代新人。要引导青年学生勤于学习、敏于求知,注重把所学知识内化于心,形成自己的见解,既要专攻博览,又要关心国家、关心人民、关心世界,学会担当社会责任。

兴文化,就是要坚持中国特色社会主义文化发展道路,推动中华优秀传统文化创造性转化、创新性发展,继承革命文化,发展社会主义先进文化,激发全民族文化创新创造活力,建设社会主义文化强国。要更好地推动中华文化走出去,以文载道、以文传声、以文化人,向世界阐释推介更多具有中国特色、体现中国精神、蕴藏中国智慧的优秀文化。要坚定文化自信,增强做中国人的自信心和自豪感。

展形象,就是要推进国际传播能力建设,讲好中国故事、传播好中国声音,向世界展现真实、立体、全面的中国,提高国家文化软实力和中华文化影响力。要积极开展同世界各国的人文交流,促进民心相通。①要驳斥西方错误言论,维护国家形象。

习近平全面系统地阐述了党的意识形态工作的崇高使命。这种阐述既有对内指示,统一思想、凝聚民心、培育新人,也有对外要求,推动中华文化走出去,提高国家软实力,积极主动开展对外宣介,展示中国良好国际形象。对内、对外宣传,两项工作同等重要,要双管齐下,同时发力。这种阐述既有内容上的明确规定,要大力加强马克思主义理论教育、爱国主义集体主义社会主义教育、理想信念教育、思想品德教育、纪律法治教育、国防教育、民族

---

① 习近平:《论党的宣传思想工作》,中央文献出版社2020年版,第339~340页。

团结教育、社会主义荣辱观教育、新时代劳动教育,引导人们树立正确的历史观、民族观、国家观、文化观;也有方法上的重要启示,要加强和改善党的领导、加强对互联网的监管、转换话语范式,牢牢掌握意识形态工作的领导权管理权话语权等。丰富内容和改进方法同等重要,要统一安排,同步推进。这种阐述既体现了对过去成功经验和优良传统的继承,坚持四项基本原则不动摇,坚持人民主体地位不动摇,坚持社会主义办学方向不动摇,又体现了解放思想、与时俱进、开拓进取的创新精神。通过理念创新、手段创新、载体创新、内容创新、基层工作创新,实现意识形态工作新飞跃,打开意识形态工作的新局面。传承经验与开拓创新同等重要,要统筹兼顾,齐头并进。

第三节 方法载体论:
探索提高意识形态工作效果的新思路新办法新举措

科学的方法、恰当的表达形式是意识形态工作取得成功的前提。新时代,以习近平同志为核心的党中央积极探索提高意识形态工作效果的新思路新办法新举措,用新办法解决新问题,取得显著效果。

一、创新意识形态工作方法

(一)把握好时度效

意识形态工作要做好,必须把握好时度效。时,即时机、节奏。"时效决定成效,速度赢得先机。"①重大突发事件发生后,主流新闻媒体要第一时间介入,发布权威信息,抢占舆论引导的先机,不能让商业媒体甚至境外媒体

---

① 《习近平总书记重要讲话文章选编》,中央文献出版社2016年版,第430页。

抢了风头,带偏节奏。需要特别强调的是,真实性是新闻的生命,追求时效性不能偏离真实性,捏造虚假新闻的事情决不允许发生,否则不但不能正确引导社会舆论,而且会损害自己的声誉和公信力。度,即力度、分寸。不管是新闻报道,还是理论宣传,均需拿捏好分寸,掌握好火候,既不能把大事说小,也不能把小事说大。该造势的时候要造势,该突出的时候要突出,但又不能过分渲染。进行思想宣传,措辞须得体,语气要适中,不能一成不变、千篇一律,要视具体情况灵活运用。效,即效果、实效。意识形态工作最终要看效果,"这个效果就是群众口碑好、社会共识强"①。要抓住群众关注的现实问题,围绕关切解读政策,针对问题解疑释惑,增强理论的说服力;要贴近群众,用生活化的语言与其交流,拉近彼此距离;要改进方法,寓思想宣传于丰富多彩的文体活动中,潜移默化地进行教育。"时度效是检验新闻舆论工作水平的标尺。不管是主题宣传、典型宣传、成就宣传,还是突发事件报道、热点引导、舆论监督,都要从时度效着力、体现时度效要求"②,谋求最佳效果。

(二)抓好理念创新、手段创新、基层工作创新、内容创新

和以前相比,新时期,意识形态工作的环境、对象、范围、方式发生巨大变化。如果还是按老思想、老观念、老办法来做工作,显然不合时宜,也难以取得理想效果。"明者因时而变,知者随事而制",意识形态工作必须随着时代的发展不断改进、不断创新。意识形态工作创新,重点要抓好理念创新、手段创新、基层工作创新、内容创新,以此为着力点,开拓新局面。理念创新,就是要革旧除弊,打破传统思维定式,打破旧的观念的束缚,使自己的思想更加适应已经变化了的形势。新媒体时代,人人都有"麦克风",个个都是

---

① 《习近平总书记重要讲话文章选编》,中央文献出版社2016年版,第432页。
② 《习近平总书记重要讲话文章选编》,中央文献出版社2016年版,第430页。

"通讯社",信息已无秘密可言。舆论引导必须适应这种变化,实现从管控到合作的转变。手段创新,就是要改进方法,探索提高意识形态工作效果的新办法新举措。特别是要适应社会信息化持续推进的新情况,提高运用新媒体新技术新应用开展意识形态工作的本领,实现网络信息技术和意识形态工作的高度融合,增强时代感和吸引力。基层工作创新,就是要目光下移,把创新的重心放在基层一线,虚心向人民群众学习,从人民群众中汲取营养和智慧,获得创新的灵感。"要尊重人民主体地位,尊重人民群众在实践活动中所表达的意愿、所创造的经验、所拥有的权利、所发挥的作用,充分激发蕴藏在人民群众中的创造伟力。"①内容创新,就是要丰富内容,结合时事热点、历史典故、生活实际开展宣传教育,消除教育对象的疲劳感,吸引他们的注意力。相对于其他方面的创新,内容创新更为重要,是根本。新闻媒体必须坚持内容为王的战略,把内容生产作为自己的第一要务,推出更多有思想、有筋骨、有温度的产品,以内容优势赢得发展优势,抢占媒体竞争的制高点。

(三)掌握意识形态工作领导权、管理权、话语权

"我们必须把意识形态工作的领导权、管理权、话语权牢牢掌握在手中,任何时候都不能旁落,否则就要犯无可挽回的历史性错误。"②掌握领导权,重在队伍建设。要把好政治关,严格筛选,真正把那些立场坚定、素质过硬、作风正派的人选入意识形态工作队伍,确保意识形态工作的领导权牢牢掌握在忠于党、忠于人民、忠于马克思主义的人手里。掌握管理权,重在落实责任。各级党组织要负起政治责任和领导责任,加强对意识形态领域重大问题的分析研判,加强对意识形态阵地的监管,加强对意识形态工作队伍的管理,切实做到守土有责、守土负责、守土尽责。各级领导干部要率先垂范,

---

① 习近平:《论中国共产党历史》,中央文献出版社2021年版,第227页。

② 《习近平关于社会主义文化建设论述摘编》,中央文献出版社2017年版,第21页。

带头开展舆论斗争,带头批判错误观点,筑牢社会主义意识形态的阵地和防线。掌握话语权,重在加强国际传播能力建设。传播力决定影响力,影响力决定话语权。同西方国家相比,中国的媒体传播力依然居于弱势地位。"西强东弱"的传播格局、信息流进出的"逆差"让中国在很多问题上失语,处于"挨骂"境地。"要下大力气加强国际传播能力建设,加快提升中国话语的国际影响力,让全世界都能听到并听清中国声音。"①除了加强国际传播能力建设,也要注重话语创新。"要加快构建中国话语和中国叙事体系,用中国理论阐释中国实践,用中国实践升华中国理论,打造融通中外的新概念、新范畴、新表述,更加充分、更加鲜明地展现中国故事及其背后的思想力量和精神力量。"②

(四)做到八个统一

2019年3月18日,在学校思想政治理论课教师座谈会上,习近平就思政课改革创新、增强吸引力亲和力感染力发表重要讲话,他要求思政课教师做到"八个统一"。"八个统一"虽然是针对思政课教师提出来的,但对意识形态工作干部具有普遍的指导意义,是其必须掌握的工作方法。第一,坚持政治性和学理性相统一。政治性是指意识形态工作的政治方向、原则、立场。党的意识形态工作是为党的执政服务的,自然应当为党代言,为党发声,宣传党的路线方针政策,宣传党的观点主张,坚决同党中央保持高度一致,坚决维护党中央权威。学理性是指蕴含于意识形态工作中的学科专业知识和理论逻辑。意识形态工作不是一种简单的政治宣传,而是以透彻的学理分析回应公众,以彻底的思想理论说服公众,用真理的强大力量引导公众,彰显马克思主义的科学性。

---

① 《习近平总书记重要讲话文章选编》,中央文献出版社2016年版,第432页。
② 《习近平谈治国理政》(第四卷),外文出版社2022年版,第317页。

第二，坚持价值性和知识性相统一。价值性强调的是社会导向问题。意识形态工作要引导公众树立正确价值观，知荣辱，明是非，辨善恶，分美丑，讲道德。知识性强调的是马克思主义理论的知识体系、逻辑架构。没有科学的知识做支撑，价值观教育无法全面系统地完成。知识是载体，价值观是目的，要寓价值观引导于知识传授之中，在知识传授中实现价值引领。

第三，坚持建设性和批判性相统一。建设性是指要推动马克思主义不断发展，使其与新的时代相适应；要大力宣传党的创新理论成果，使其深入人心。批判性是指要直面各种错误观点和思潮，旗帜鲜明地进行斗争；要戳穿西方错误思潮的虚假面目，揭露其政治本质。

第四，坚持理论性和实践性相统一。理论性是指课堂讲授，实践性是指参观考察。要把思政小课堂同社会大课堂结合起来，在理论和实践的结合中教育引导公众，增进政治认同。

第五，坚持统一性和多样性相统一。统一性指的是意识形态工作的目标、内容、要求、评价标准等是一样的，要严格落实，规范去做。多样性是指实现共同目标的方法、途径不是只有一种而是有很多种，鼓励进行多样化探索，创造性开展工作。

第六，坚持主导性和主体性相统一。主导性强调的是教育者的作用。在意识形态工作中，教育者起着主导作用。教育者要对意识形态过程进行精心设计，优化教学流程，使之更加科学。主体性强调的是受教育者的作用。要开展丰富多彩的活动，小组研学、情景展示、课堂辩论等，调动受教育者参与课堂的积极性和热情。意识形态不能成为教育者的个人"独唱"，应当成为教育者和受教育者的"联合演出"。

第七，坚持灌输性和启发性相统一。灌输性是指理论教育，让教育对象接受马克思主义，这是最基本的教育方法。启发性是指引导教育对象发现问题、分析问题、思考问题，经过自己的思考水到渠成地得出结论。这两种方法要结合使用,相互支撑。

第八,坚持显性教育和隐性教育相统一。显性教育指的是意识形态教育的正当性、合理性、公开性。中国是社会主义国家,马克思主义是立党立国的根本指导思想,要理直气壮地开好思政课,进行爱国主义、集体主义、社会主义教育,培养社会主义建设者和接班人,坚决反对弱化思想政治教育、弱化思政课的观点。隐性教育是指要挖掘其他课程和教学方式中蕴含的思想政治教育资源,实现全员全程全方位育人。既要有惊涛拍岸的声势,也要有润物无声的效果,这是教育之道,必须遵循。①

习近平关于意识形态工作方法的重要论述符合马克思主义的认识论,是其生动体现。"意识在任何时候都只能是被意识到了的存在,而人们的存在就是他们的现实生活过程。"②马克思的这句话表明,人的认识来源于实践,是对以实践为基础的不断变化着的现实世界的反映。习近平意识形态工作方法的提出完全印证了马克思主义认识论的科学性。在提出上述方法之前,习近平作了大量的调研工作,走访人民日报社、新华社、中央电视台等新闻媒体;召开文艺工作座谈会、新闻舆论工作座谈会、网络安全和信息工作座谈会、哲学社会科学工作座谈会等会议,听取多名专家学者建议,这就使得他对我国意识形态领域的状况有了充分了解,能够提出富有针对性、前瞻性和创新性的对策建议。人的认识不但来源于实践,还会随着实践的发展不断发展,并且接受实践检验。随着国内外形势的变化,习近平陆续又提出了很多新的观点,丰富和完善了意识形态工作的方法体系。党的十八大以来,我国意识形态领域形势发生了全局性、根本性的改变,主旋律更加响亮,正能量更为强劲,这充分证明了习近平意识形态工作方法的科学性。各级宣传思想部门、所有干部均需掌握并运用上述方法,提高意识形态工作的

① 习近平:《论党的宣传思想工作》,中央文献出版社2020年版,第383~387页。
② 《马克思恩格斯选集》(第一卷),人民出版社2012年版,第152页。

质量和水平。

二、改进意识形态表达形式

载体,泛指能够承载其他事物的事物。举凡概念、思想的沟通形式,以及沟通所使用的工具,皆可称为载体。载体非常重要,它是不同思想、观念沟通交流的桥梁和纽带。载体选择恰当,主客体交流顺畅,传播目标完成;载体选择不当,主客体交流终止,传播目标落空。尤其在进行对外宣传的时候,由于受众国的政治制度、文化传统、思想观念、风俗习惯、宗教信仰和中国不同,甚至大相径庭,我们更须慎重,需要采取合适载体、恰当方式表达自己的主张。当前,在国际话语的较量中,中国依旧处于弱势地位,"有理说不出""说了传不开""传开叫不响"的局面没有得到根本改善。这种弱势地位的形成跟国际传播能力建设不到位的"硬伤"有关,同时与传播方式不恰当的"软伤"也有密切关联。"对外传播具有跨国界、跨文化、跨语言的特征,要拓展新领域、闯出新天地,必须尊重传播规律、讲究传播艺术、注重传播技巧"[1],用海外受众乐于接受的方式、易于理解的语言进行宣传。

(一)谈文艺,沟通心灵

文艺是世界语言,是不同国家和民族沟通交流的最好方式。习近平深深懂得这一点,并把它运用在了对外交往中。在访问俄罗斯时,他讲述俄罗斯文化的深厚魅力,对俄国文学家的作品如数家珍;在访问法国时,他讲述法国文化的博大精深,赞扬法国文化的世界影响力;访问德国时,他讲述自己年轻时候读《浮士德》的经历,表达对德国文化的浓厚兴趣。"我为什么要

---

① 杨振武:《把握对外传播的时代新要求——深入学习贯彻习近平同志对人民日报海外版创刊30周年重要指示精神》,《人民日报》,2015年7月1日。

对外国人讲这些？就是因为文艺是世界语言，谈文艺，其实就是谈社会、谈人生，最容易相互理解、沟通心灵。"①随着中国国力迅速提升，国际社会特别是西方世界对中国的关注度越来越高。他们想了解中国，了解中国的历史变迁和发展现状，了解中国的文化传统和民族秉性。这些光靠官方介绍是远远不够的，靠外国民众的亲身感受也是非常有限的，而文艺在这方面具有独特优势，发挥着不可替代的重要作用。习近平指出，广大文艺工作者要潜心创作，努力生产更多传播当代中国价值观念、体现中华文化精神、反映中国人审美追求，融思想性、艺术性、观赏性于一体的优秀作品，让外国民众通过欣赏中国作家、艺术家的作品深化对中国的认识，增进对中国的了解。新闻媒体机构要在世界范围内大力宣传并推介中国的优秀文化作品，通过文化作品传播增强中国的亲和力，拉近中国与世界的距离。

（二）讲故事，增进感情

与刻板严肃的"理论灌输"相比，故事更能打动人心，引发共鸣。"从一定意义上说，塑造国家形象的效果、传播价值理念的力度、增进文化认同的质量，直接取决于我们讲故事的能力和水平。"②习近平非常善于讲故事，话语朴实，娓娓道来，如他讲道，巴基斯坦出动所有战略运输机，捐赠所有储备帐篷，倾囊相助，援助中国抗击地震；唐铎将军驾机参加解放明斯克的战役；布拉戈维申斯基、尼古拉延科等白俄罗斯将军远赴中国东北参加打击日本侵略者的战争；胡志明主席在华创立"越南青年革命同志会"，指导越南革命活动，足迹遍布中国大江南北；越南著名将领洪水积极投身中国革命，参加二万五千里长征，成为新中国开国将领中唯一的外籍将军；旅居津巴布韦，多

---

① 《习近平总书记重要讲话文章选编》，中央文献出版社2016年版，第187页。
② 杨振武：《把握对外传播的时代新要求——深入学习贯彻习近平同志对人民日报海外版创刊30周年重要指示精神》，《人民日报》，2015年7月1日。

年如一日从事慈善事业的华人妈妈团体"非爱不可"和连车牌号都被当地孩子熟知的华侨"程爸爸";中国一位教授古稀之年开始翻译但丁的《神曲》,历经十八载在病榻上最终完成;意大利汉学家层出不穷,撰写多部介绍中国的著作,《马可·波罗游记》激起了欧洲人对东方的强烈向往……。一个个生动的故事,经习近平讲述,广为流传,家喻户晓。上述故事语言朴实,情感真挚,拨动人的心弦,直击人的心灵,极大地增强了中国人民与世界各国人民之间的感情。

　　谈文艺、讲故事,通过这样的方式拉近与受众的距离,增进与受众的感情,从而更好地传播自己的思想,这样的方法不仅适用于对外宣传,同样适用于对内宣传和思想政治教育。在地方考察和各种会议、座谈会上,习近平多次指出要讲故事、讲好故事,并且亲自示范。"要讲好党的故事、革命的故事、根据地的故事、英雄和烈士的故事,加强革命传统教育、爱国主义教育、青少年思想道德教育,把红色基因传承好,确保红色江山永不变色。"①"会讲故事、讲好故事十分重要,思政课就要讲好中华民族的故事、中国共产党的故事、中华人民共和国的故事、中国特色社会主义的故事、改革开放的故事,特别是要讲好新时代的故事。"②陈望道、焦裕禄、谷文昌、杨善洲、龚全珍、张富清、沂蒙母亲、半条被子、半截皮带……习近平深情讲述他们的感人故事和先进事迹,要求广大党员干部向他们学习,坚定信念、淡泊名利、艰苦奋斗、无私奉献。讲好故事并不容易,需要讲述人具有高超的语言艺术技巧和真挚动人的情感,这两点在习近平身上得到了淋漓尽致地体现。习近平的语言朴实无华,充满浓郁的生活气息。在他的话语中经常能看到老百姓耳熟能详的民间谚语、歇后语、网络用语,如"没有比人更高的山,没有比脚更长的路""明知山有虎,偏向虎山行""力量不在胳膊上,而在团结上"等。运

---

①　习近平:《论中国共产党历史》,中央文献出版社2021年版,第111页。

②　习近平:《论中国共产党历史》,中央文献出版社2021年版,第31页。

用通俗易懂的语言有效地传播了党的理论路线方针政策,让人真正做到了入脑入心。习近平讲话感情真挚,与人民群众唠家常,嘘寒问暖;与年轻干部讲话,循循善诱;讲到腐败现象和不良社会风气,正言厉色,拍案而起。习近平讲话时而河水潺潺,时而深沉似海,时而和风细雨,时而铿锵有力,以丰富的情感、多变的节奏紧紧抓住人们的心弦,让人深受感染,产生强烈共鸣。

第四节　阵地建设论:筑牢意识形态防线

阵地是意识形态工作的基本屏障和依托。阵地牢固,社会主义意识形态占据主导地位;阵地松散,错误思潮和观点则趁虚而入,夺取意识形态领导权。"大量事实证明,思想文化阵地,马克思主义、无产阶级的思想不去占领,各种非马克思主义、非无产阶级的思想甚至反马克思主义的思想就会去占领。"①党的十八大之后,习近平主持召开一系列会议,就如何做好学校、军队、企业、农村、宗教、新闻战线、文艺战线、科学战线、网络安全等领域的意识形态工作作出重要指示,巩固社会主义意识形态阵地。

一、划分"三个地带",拓展红色阵地

习近平将意识形态阵地划分为红、黑、灰三个地带。红色地带由主流媒体控制,弘扬主旋律,传播正能量,在社会中居于主导地位;黑色地带充斥负面、消极甚至反动言论,它虽然不是社会主流,但影响恶劣,不能忽视;灰色地带介于红色地带和黑色地带之间,处于摇摆状态,可向任何一方转化。习近平

---

① 《江泽民文选》(第三卷),人民出版社2006年版,第97页。

指出,对不同地带,要采取不同策略。对红色地带,要坚守、巩固和拓展,尽可能地扩大其覆盖范围;对黑色地带,要敢于斗争,勇于亮剑,不断压缩其地盘;对灰色地带要努力争取,推动其向红色地带转化,防止其向黑色地带转变。党的十八大以来,以习近平同志为核心的党中央把党的政治建设摆在首位,严明政治纪律和政治规矩;大力加强思想建设,坚定党员理想信念;持之以恒正风肃纪,反腐败斗争取得压倒性胜利;传承中华文化,弘扬传统美德;推动媒体融合发展,增强主流媒体影响力。上述举措巩固并拓展了红色地带,推动党风、政风、社会风气明显好转。党中央积极开展舆论斗争,对错误思潮和观点进行批判;严格媒体监管,严格讲座、论坛、出版物审批程序,严格队伍管理;健全网络法律法规,追究相关人员的法律责任。上述举措堵塞了负面舆论的传播渠道,极大地压缩了黑色地带的空间。各级政府努力保障和改善民生,解决好人民群众最关心最直接最现实的利益问题;开展耐心细致的思想政治工作,解疑释惑;贴近群众生活,倾听他们的喜怒哀乐。上述举措改善了党群干群关系,扩大了党的执政基础,大大加快了灰色地带向红色地带转化的速度。

二、占领网络阵地,维护网络意识形态安全

互联网的普及运用给意识形态安全带来巨大挑战。西方敌对势力把互联网视作扳倒中国的有力武器。早在20多年前,美国国务卿奥尔布赖特就声称,互联网为价值观输出提供了可乘之机,“我们要利用互联网把美国的价值观送到中国去”[①]。20多年来,西方敌对势力从未放弃利用互联网扳倒中国的企图,党的十八大之后更甚。通过互联网,他们大肆贩卖西方所谓

---

① 肖黎:《美国政要和战略家关于对外输出意识形态和价值观的相关论述》,《世界社会主义研究》,2016年第2期。

"自由""民主""人权"的"普世价值观",鼓吹"中国崩溃论""中国威胁论""新殖民主义论"等歪理邪说,对中国政府进行抹黑攻击。除了国外敌对势力,国内敌对势力也不安分。他们专盯党和政府工作中的失误、专盯社会负面事件,然后利用互联网进行炒作。他们有意误导公众,将公众的不满情绪引向对党的领导和社会主义制度的否定。新媒体时代,互联网已经成为意识形态斗争的主战场和前沿阵地,成为影响我国意识形态安全的最大变量。"在互联网这个战场上,我们能否顶得住、打得赢,直接关系我国意识形态安全和政权安全"①,"过不了互联网这一关,就过不了长期执政这一关"②。"我们要本着对社会负责、对人民负责的态度,依法加强网络空间治理,加强网络内容建设,做强网上正面宣传,培育积极健康、向上向善的网络文化,用社会主义核心价值观和人类优秀文明成果滋养人心、滋养社会,做到正能量充沛、主旋律高昂,为广大网民特别是青少年营造一个风清气正的网络空间。"③习近平指出了维护网络意识形态安全的策略,为维护网络意识形态安全提供了行动指南。

三、加强管理,守牢高校意识形态主阵地

"我们的高校是党领导下的高校,是中国特色社会主义高校"④,培养社会主义建设者和接班人是其根本任务和职责使命。社会主义的性质和方向决定了中国高校必须坚持以马克思主义为指导,传播马克思主义理论,宣传共产主义理想;必须坚持党的领导,全面贯彻党的教育方针;必须培育和弘

---

① 《习近平关于社会主义文化建设论述摘编》,中央文献出版社2017年版,第29页。
② 《习近平关于社会主义文化建设论述摘编》,中央文献出版社2017年版,第42页。
③ 习近平:《论党的宣传思想工作》,中央文献出版社2020年版,第196页。
④ 习近平:《论党的宣传思想工作》,中央文献出版社2020年版,第276页。

扬社会主义核心价值观,为青年学生知荣辱、明是非、辨善恶、分美丑提供正确指引;必须加强爱国主义、集体主义、社会主义教育,帮助青年学生树立正确的世界观、人生观、价值观;必须加强学术活动管理,严格履行会议、报告、讲座、论坛的申报、审批与备案等程序;必须严明课堂政治纪律,弘扬主旋律,传播正能量;必须强化网络媒体监管,切断错误思潮的传播渠道和空间;必须构建具有自身特质的学科体系、学术体系、话语体系,着力提出能够体现中国立场、中国智慧、中国价值的理念、主张、方案,不断增强我国哲学社会科学的国际影响力。要加强和改进高校思想政治工作,为学生点亮理想的灯,照亮前行的路。要切实发挥思想政治理论课的主渠道作用,筑牢学生信仰之基。要充分挖掘各类课程中蕴含的思政教育元素,使各类课程与思想政治理论课同向同行,形成协同效应。要加强对学生的人文关怀,切实解决他们关心的就业、考研、生活等方面的实际问题,增进他们对学校的感情,对党和国家的认同。要加强师德师风建设,对违规问题进行严肃查处,发现一起、查处一起、通报一起,切实做到"零容忍"。

第五节　能力素质论:为意识形态工作干部指明发展方向

对于意识形态工作的重要性,党员干部已经有了比较深刻的认识。但是这项工作该如何去做、怎样才能做好、应当具备什么样的能力,很多人却一筹莫展,陷入"本领恐慌"。以习近平同志为核心的党中央对此作出深刻论述。习近平对意识形态工作干部能力素质的要求简单来讲可以用"一""四""七"三个数字来概括,即掌握一个看家本领、培养四种基本素质、提高七种思维能力。习近平的重要论述为意识形态工作干部指明发展方向,提供行动遵循。

一、掌握马克思主义这个看家本领

2013年3月1日，在中央党校建校80周年庆祝大会暨2013年春季学期开学典礼上，习近平指出："要认真学习马克思主义理论，这是我们做好一切工作的看家本领，也是领导干部必须普遍掌握的工作制胜的看家本领。"①。此后，在全国宣传思想工作会议、中央党校县委书记研修班学员座谈会、纪念马克思诞辰200周年大会、十八届中央政治局第四十三次集体学习、中央党校（国家行政学院）中青年干部培训班开班式上等很多重要会议上，习近平多次强调这一观点。教育者先受教育。研究宣传马克思主义、开展马克思主义理论教育是意识形态工作干部的重要职责，掌握马克思主义这个看家本领对于意识形态工作干部而言是必然要求、应有之义。只有掌握马克思主义这个看家本领，才能增强思想辨别力，防范、抵制西方错误思潮的攻击；才能增强理论创新力，提出新思想新观点新论断，指导社会主义新实践；才能增强共识凝聚力，团结全党全国人民齐奋斗，向着现代化强国的目标迈进；才能增强话语支配力，占领舆论斗争的制高点。只有掌握马克思主义这个看家本领，才能增强意识形态工作的前瞻性、预见性、主动性，有效化解各类风险挑战，维护社会稳定、保卫国家安全。

习近平不仅强调了学习马克思主义的重要性，而且指出了掌握这一看家本领的方法。首先，要读原著学原文悟原理。"学习理论最有效的办法是读原著、学原文、悟原理，强读强记，常学常新，往深里走、往实里走、往心里走，把自己摆进去、把职责摆进去、把工作摆进去，做到学、思、用贯通，知、

---

① 《习近平谈治国理政》（第一卷），外文出版社2018年版，第404页。

信、行统一。"①作为党和国家的最高领导人,习近平带头学习马克思主义经典著作,为全党树立光辉典范。习近平在上大学前曾通读《资本论》三遍,写下18本读书笔记。在十九届中央政治局第五次集体学习中,习近平透彻讲解《共产党宣言》,深刻阐述其重大理论贡献及时代意义。其次,要坚持问题导向,解决实际问题。"哲学家们只是用不同的方式解释世界,而问题在于改变世界。"②习近平反对坐而论道地空谈,他指出,马克思主义不是书斋里的学问,而是为解决实际问题提出来的。"我们要以更加宽阔的眼界审视马克思主义在当代发展的现实基础和实践需要,坚持问题导向,坚持以我们正在做的事情为中心,聆听时代声音"③,"坚持以马克思主义为指导,必须落到研究我国发展和我们党执政面临的重大理论和实践问题上来,落到提出解决问题的正确思路和有效办法上来。"④理想信念动摇、道德滑坡、贪污腐化、贫富分化、环境污染、生态治理……这是当前困扰中国发展的突出问题。学习马克思主义,就要致力于解决这些问题,拿出解决这些问题的有效办法和举措,把它作为理论学习的出发点和归宿。空谈误国,实干兴邦,只有把理论学习转化为解决问题的实际行动,马克思主义才能体现它的科学性,才能获得更多人的认同。最后,学习马克思主义,要言行一致,知行合一。马克思主义是一种信仰,是一种崇高的理想信念。对于这样一种科学理论,不仅要内化于心,掌握其立场、观点、方法,更要外化于行,体现为实际行动。和内化于心相比,外化于行更能体现一个人对某种思想、某种主义的忠诚度,因而它更重要。"理想信念不是拿来说、拿来唱的,更不是用来装点门面的,只有见诸行动才有说服力。要知行合一、言行一致,保持对理想信念的激情

---

① 《习近平在中央党校(国家行政学院)中青年干部培训班开班式上发表重要讲话》,中共中央党校网站,2019年3月1日。

② 《马克思恩格斯选集》(第一卷),人民出版社2012年版,第140页。

③ 《习近平谈治国理政》(第二卷),外文出版社2017年版,第34页。

④ 习近平:《论党的宣传思想工作》,中央文献出版社2020年版,第225页。

和执着,牢固树立正确的世界观、权力观、事业观,用自己的实际行动为坚持和发展中国特色社会主义、为实现共产主义远大理想不懈奋斗。"①党的高级领导干部,位高权重,社会影响大,更要严格要求自己,以身作则、身体力行、率先垂范,促进良好社会风气的形成和发展。

二、不断增强脚力、眼力、脑力、笔力

2018年8月,在全国宣传思想工作会议上,习近平指出:"宣传思想干部要不断掌握新知识、熟悉新领域、开拓新视野,增强本领能力,加强调查研究,不断增强脚力、眼力、脑力、笔力,努力打造一支政治过硬、本领高强、求实创新、能打胜仗的宣传思想工作队伍。"②

脚力是指意识形态工作干部不能闭门造车,要多跑、多转、多看,深入基层、深入一线多调研。只有多调研,多与人民群众接触,才能在人民群众火热的生活当中找到创作的灵感,写出富有生命力的、高质量的文艺作品。"文艺工作者要想有成就,就必须自觉与人民同呼吸、共命运、心连心,欢乐着人民的欢乐,忧患着人民的忧患,做人民的孺子牛。这是唯一正确的道路,也是作家艺术家最大的幸福。"③"文艺创作方法有一百条,一千条,但最根本、最关键、最牢靠的办法是扎根人民,扎根生活。"④脱离了人民群众,文艺创作就会成为无源之水、无本之木,就会变成孤芳自赏、无病呻吟。习近平指出,开展调查研究,不能走马观花,蜻蜓点水,要带着感情去做,用心去做,不仅要"身入",而且要"心入""情入"。文艺要热爱人民,如果不爱人民,就谈不

---

① 《习近平关于全面从严治党论述摘编》,中央文献出版社2021年版,第174~175页。
② 习近平:《论党的宣传思想工作》,中央文献出版社2020年版,第342页。
③ 习近平:《论党的宣传思想工作》,中央文献出版社2020年版,第107~108页。
④ 习近平:《论党的宣传思想工作》,中央文献出版社2020年版,第108页。

上为人民创作。党的十八大之后，广大文艺工作者响应党中央号召，深入基层，深入生活，潜心创作，推出大批文艺精品。电影《百团大战》《战狼》，电视剧《海棠依旧》《太行山上》，戏剧《西安事变》《焦裕禄》，话剧《长生》，音乐剧《信念永恒》……我国文艺园地百花竞放、硕果累累，呈现了繁荣发展的生动景象。

眼力是指意识形态工作干部要有好的观察力，要有发现问题的敏锐性。意识形态问题、思想认识问题很多不是浮在表面上的，而是隐藏在表面现象之后，这就要求意识形态工作干部要善于观察，勤于思考，透过现象抓住事物的本质。比如历史虚无主义思潮。有些学者打着"学术研究"的幌子，以"重新评价历史"为名为历史上已有定论的反动人物翻案，把他们美化成为"近代中国的救星""改革先驱"，却对党的领袖、革命先烈百般抹黑，说什么"狼牙山五壮士不是跳崖而是溜崖""邱少云事迹违背人体生理学"等。历史虚无主义者之所以歪曲历史，"根本目的就是要搞乱人心，煽动推翻中国共产党的领导和我国社会主义制度"①，习近平一针见血地指出了历史虚无主义者的真实面目，揭示其虚假本质。再比如，有些学者以"学术自由"为名传播西方价值观，以"言论自由"为名发表否定四项基本原则的观点，混淆视听，误导公众。对此，习近平给予严肃批评。习近平指出，我们当然坚持"双百"方针，发扬学术民主，鼓励理论创新，但理论创新是有前提的，必须遵循四项基本原则，必须遵守党纪法规。所有反对四项基本原则的言行，违反党纪法规的观点，无论公开还是私下，都不允许。要正确区分学术问题和政治问题，反对打着学术研究旗号从事违背学术道德、违反宪法法律的假学术行为。

脑力是指意识形态工作干部头脑要灵活，思维要敏捷，不仅能发现问

---

① 习近平：《论中国共产党历史》，中央文献出版社2021年版，第4~5页。

题,更为重要的是能够拿出解决问题的办法和举措,快速解决社会矛盾。所谓实践出真知,这种脑力主要是通过实践的积累和锻炼获得的。以习近平同志为核心的党中央特别重视干部特别是年轻干部的培养,要求年轻干部到基层磨炼,在一线成长。"艰难困苦、玉汝于成,刀要在石上磨、人要在事上练,不经风雨、不见世面是难以成大器的。"①各级党委和政府要把年轻干部放到改革发展稳定第一线,放到重大任务重大斗争最前沿,放到艰苦复杂的地方和关键吃劲的岗位锤炼本领、砥砺担当。要树立"能力在一线锻炼、实绩在一线考察、干部在一线选拔"的鲜明导向,鼓励年轻干部扎根基层,建功立业。要摒弃论资排辈的陈旧观念,大胆提拔在基层工作中表现优秀的年轻干部,为他们的成长提供广阔舞台和空间。按照中央要求,各地纷纷加大选派年轻干部到基层锻炼的力度,将其充实到最前线最前沿。脱贫攻坚、疫情防控、抢险救灾……哪里有需要,哪里就有年轻干部的身影。他们不畏艰险、不怕困难、勇挑重担、勇往直前,为党和人民事业拼搏奉献,写下美丽青春诗篇。

笔力是指意识形态工作干部要有良好的写作能力、表达能力,宣传马克思主义,宣传党的理论、路线、方针、政策。毛泽东高度重视"笔杆子"的作用。在延安文艺座谈会上,毛泽东指出:我们要战胜敌人,需要两支军队,一支是拿枪的军队,一支是拿笔的军队,这两支军队哪个都不能少,缺一不可。须知,"共产党是要左手拿传单右手拿枪弹才可以打倒敌人的"②。邓小平同样重视领导干部的写作能力。1950年《在西南区新闻工作会议上的报告》中,邓小平指出,拿笔杆是实行领导的主要方法,不懂得用笔杆子、不会拿笔杆子,这个领导就是很有缺陷的。和毛泽东、邓小平一样,习近平也要求意识形态工作干部重视并提高自己的写作能力。2013年8月19日,在全国宣

---

① 《习近平谈治国理政》(第四卷),外文出版社2022年版,第525页。
② 《新时代宣传思想工作》,学习出版社2020年版,第1页。

传思想工作会议上,习近平指出:"担任宣传思想部门领导工作的,除政治上可靠之外,总是需要在理论上、笔头上、口才上或其他专长上有'几把刷子'。一个道理能深入浅出阐释清楚,走到哪里能很快同群众打成一片,讲的话群众喜欢听,写的文章群众喜欢看,这样才主动,才能得心应手。各级宣传思想部门领导同志要加强学习、加强实践,真正成为让人信服的行家里手。"①在习近平看来,良好的写作能力是意识形态工作干部的必备素质。领导干部练好笔杆子,不仅是为了提高自己的文字水平和文化素质,改善机关文风、学风和领导作风,更是一项关乎治国理政基础的必修内功。学习是文明传承之途、人生成长之梯、政党巩固之基、国家兴盛之要,重视学习,善于学习是中国共产党独特的精神气质。要想提高自己的写作能力,领导干部就要多读书,多学习,提高自己的理论素养。知识能力的获得非一朝一夕之功,是长期积累、刻苦锻炼的结果。领导干部要想提高自己的写作能力,就要克服畏难情绪,多动笔,多写作。2003年2月至2007年3月,在浙江工作期间,习近平在《浙江日报》"之江新语"专栏发表232篇短论,鲜明提出推进浙江经济社会科学发展的正确主张,及时回应人民群众关切。这些文章虽然不长,但字字珠玑,显示出他扎实的写作能力,深厚的文学功底。

三、提高七种思维能力②

在党的二十大报告中,习近平指出:要不断提高战略思维、历史思维、辩证思维、系统思维、创新思维、法治思维、底线思维能力,为前瞻性思考、全局

---

①　《习近平关于社会主义文化建设论述摘编》,中央文献出版社2017年版,第32页。

②　此题目主要内容2018年发表在《中学政治教学参考》上,编写此书时作了进一步地修改和补充。参见李伟:《马克思主义立场、观点、方法:习近平治国理政思想的精髓要义》,《中学政治教学参考》,2018年第2期。

性谋划、整体性推进党和国家各项事业提供科学思想方法。[①]思维方式决定行为方式,思维能力决定工作能力。新时代,党的意识形态工作干部要想做好本职工作,必须着力提升上述七种思维能力。

战略思维,是指从全局视角和长远眼光把握事物发展趋势、演进方向的能力。"它意味着时间维度上的长远考虑,跳出眼前从长远看眼前;空间维度上的全局谋划,跳出局部从全局看局部;系统维度上的整体布局,跳出部分从整体看部分;它致力于解决根本性问题,努力占据发展的制高点,进而具有战略定力。"[②]在治国理政的实践中,以习近平同志为核心的党中央展现出了高超的战略思维能力。一是制定清晰的战略目标。党的十八大提出"两个一百年"的奋斗目标:在中国共产党成立100周年时,全面建成小康社会;在新中国成立100周年时建成富强民主文明和谐美丽的社会主义现代化强国。党的十九大对"两个一百年"的奋斗目标特别是第二个百年奋斗目标作出更为具体的规划,2035年基本实现现代化,21世纪中叶建成现代化强国。"两个一百年"的奋斗目标清晰地描绘出中国未来的发展图景,指引中国人民奋勇前行。二是出台重大战略举措。党中央不但提出了"两个一百年"的奋斗目标,而且出台一系列重大举措,保证这一目标的实现。党的十八届三中全会提出全面深化改革,党的十八届四中全会研究全面依法治国,党的十八届六中全会部署全面从严治党,三大战略举措的出台为两个"百年奋斗目标"的实现提供了坚实保障。三是从战略眼光思考问题、制定政策。谈到生态保护,习近平指出,我们一定要算大账、算长远账、算整体账、算综合账,反对急功近利;谈到中美关系,习近平倡议,中美双方应从大处着眼,登高望远,凝聚共识,化解分歧;谈到对非援助,习近平强调,中国必须坚持正确义

① 习近平:《高举中国特色社会主义伟大旗帜 为全面建设社会主义现代化国家而团结奋斗——在中国共产党第二十次全国代表大会上的报告》,人民出版社2022年版,第21页。

② 韩庆祥:《习近平治国理政的哲学思维:战略辩证法》,光明网,2015年6月29日。

利观，重义轻利、先义后利，绝不能唯利是图、斤斤计较。观大势、谋大事、掌全局，在习近平战略思维的指导下，中国这艘巨轮劈波斩浪，胜利前行。

历史思维，就是以史为鉴，总结历史经验、吸取历史教训，避免重蹈历史覆辙、重犯历史错误的思维方法。历史是一个国家兴亡盛衰的生动记录，是凝聚前人智慧的"百科全书"。读史可以明智，知古方能鉴今。习近平高度重视对历史的学习和对历史经验的总结运用，在他眼里，"历史是最好的教科书，也是最好的清醒剂"。①要多学历史，因为"学史可以看成败、鉴得失、知兴替"②。领导干部，不管什么级别，处在哪个岗位，都应该多读历史，从中汲取治国理政的智慧。历史思维在习近平治国理政的实践中处处可见。在主持十八届中央政治局第五次集体学习时，习近平指出，要深入研究我国反腐倡廉历史，弘扬古代廉政文化，使其更好地为今天的反腐工作服务。在新进中央委员会委员、候补委员学习贯彻党的十八大精神研讨班开班式上，习近平强调，要正确认识改革开放前后两个30年的关系，不能用前者否定后者，同样，也不能用后者否定前者，二者前后相连、一脉相承、不可分割，本质上都是中国共产党领导人民进行社会主义建设的实践探索。在纪念毛泽东同志诞辰120周年座谈会上，习近平指出，必须全面、客观、公正地评价历史人物，"不能把历史顺境中的成功简单归功于个人，也不能把历史逆境中的挫折简单归咎于个人"③。在谈到苏联亡党亡国的教训时，习近平指出，正是因为搞历史虚无主义、文化虚无主义、民族虚无主义，否定党的领导和社会主义制度，苏联偌大一个国家、苏共偌大一个党才会分崩离析。

辩证思维，即全面、联系、发展地看问题，抓住事物的主要矛盾，揭示事物的本质和发展规律。辩证思维是习近平特别重视并熟练运用的思维方

---

① 《习近平谈治国理政》（第四卷），外文出版社2022年版，287页。

② 《习近平谈治国理政》（第一卷），外文出版社2018年版，第406页。

③ 习近平：《论中国共产党历史》，中央文献出版社2021年版，第57页。

法。他多次强调,我们的事业越是向纵深发展,越要不断增强辩证思维能力,提高驾驭复杂局面、处理复杂问题的本领。习近平的辩证思维观念主要表现在三个方面。一是坚持"两点论",一分为二地看问题。既要看到当前我国经济社会发展的重大机遇,坚定信心,也要看到我们面临的严峻挑战,谦虚谨慎;既要充分发挥市场在资源配置中的决定性作用,提高经济效率,又要重视发挥政府的宏观调控作用,减少经济生产的自发性、盲目性;既要发展经济,以经济建设为中心,又要统筹推进"五位一体"的总体布局,推动政治建设、文化建设、社会建设、生态文明建设和经济建设同步发展,齐头并进。二是坚持"重点论",抓住事物的关键和核心。"在任何工作中,我们既要讲两点论,又要讲重点论,没有主次,不加区别,眉毛胡子一把抓,是做不好工作的。"①习近平强调,强化党内监督,重点在于抓住领导干部这个"关键少数",形成一级带一级、一级抓一级的示范效应,营造风清气正的政治环境;全面建成小康社会,最艰巨最繁重的任务在农村,特别是老、少、边、穷地区,只有补齐这块"短板",全面建成小康社会的目标才能如期实现。三是坚持"转化论",谨防量变引起质变。"小洞不补,大洞吃苦""堤溃蚁穴,气泄针芒""巴豆虽小坏肠胃,酒杯不深淹死人",借用这些俗语,习近平告诫全党,特别是领导干部,一定要防微杜渐,严格自律,坚守为人做官的底线。全盘考虑、抓住重点、防微杜渐,习近平运用辩证思维方法分析解决问题,为我们做好各项工作提供了重要启示,做出了良好示范。

系统思维就是从事物相互联系的各个方面及其结构和功能进行系统思考的能力,就是全面系统地分析和处理问题的能力。系统思维是最具有基础性的思想方法和工作方法,是坚持唯物辩证法普遍联系观点的应有之义。马克思主义唯物辩证法认为,这个世界就是一个普遍联系的有机整体,"是

---

① 《习近平谈治国理政》(第二卷),外文出版社2017年版,第23页。

一幅由种种联系和相互作用无穷无尽地交织起来的画面"①。事物普遍联系的原理要求我们坚持系统思维、整体性观点，在系统与要素、要素与要素、结构与层次、系统与环境之间相互联系和作用的动态过程中把握事物，力求获得问题的最优解。在治国理政的实践中，以习近平同志为核心的党中央坚持系统思维、整体观念，推动中国特色社会主义事业全面协调发展。谈到改革，习近平指出，这是一项系统工程，环环相扣，每一项改革都会对其他改革产生影响，每一项改革都需要其他改革的配合，要注重改革的系统性、整体性、协同性，形成各项改革相互促进、良性互动的局面。谈到开放，习近平指出，中国的大门永远不会关上，只会越开越大。"中国将坚定不移奉行互利共赢的开放战略，实行高水平的贸易和投资自由化便利化政策，推动形成陆海内外联动、东西双向互济的开放格局。"②谈到疫情防控，习近平指出，要坚持全国一盘棋思想，相互协调，相互配合。各级党委和政府必须坚决服从党中央统一指挥、统一协调、统一调度，做到令行禁止。为了推动区域平衡发展，缩小城乡差距，实现共同富裕，以习近平同志为核心的党中央先后提出长江经济带、黄河流域生态保护和高质量发展、建设雄安新区、精准扶贫、乡村振兴等一系列国家发展战略，让14亿多中国人共享改革开放的伟大成果，过上快乐幸福的生活。

　　创新，即敢于突破旧的思想、观念、体制、机制的束缚，破除陈规，用新的办法解决新的问题。这样的理念和思维方式，我们称为创新思维。习近平异常重视创新思维和创新能力的培养，在他看来，创新是一个民族进步的灵魂，是一个国家兴旺发达的不竭动力，"在激烈的国际竞争中，惟创新者进，惟创新者强，惟创新者胜"③。党中央治国理政的实践，处处闪耀着创新思维

---

①　《马克思恩格斯选集》（第三卷），人民出版社2012年版，第790页。

②　《习近平著作选读》（第二卷），人民出版社2023年版，第215页。

③　《习近平谈治国理政》（第一卷），外文出版社2018年版，第59页。

的光芒。面对资源约束趋紧、环境污染严重、生态系统退化的严峻形势，习近平提出了"绿色发展"的新理念，节约资源、保护环境，倡导人与自然和谐共生，为中华民族的永续发展奠定了坚实基础。面对结构重叠、产能过剩、供需失衡的严重状况，习近平提出了"供给侧结构性改革"的新思想，主张减少无效和低端供给，扩大有效和中高端供给，优化供给结构，提高供给质量，推动中国经济水平实现整体跃升。面对贸易保护主义、新冠肺炎疫情等因素的严重冲击，习近平提出了构建以国内大循环为主体、国内国际双循环相互促进的新发展格局的主张，确保中国经济持续稳定增长。针对以往扶贫工作中存在的贫困户底数不清、原因不明、资金被挪用占用、项目千篇一律等问题，在广泛调研的基础上，习近平提出了"精准扶贫"思想，指出扶贫要因地制宜、因人而异，靠山吃山唱山歌、靠海吃海念海经。"生活从不眷顾因循守旧、满足现状者，从不等待不思进取、坐享其成者，而是将更多机遇留给善于和勇于创新的人们。"①党的十八大以来，以习近平同志为核心的党中央以全新思维审视中国形势和世界发展大势，寻找新思路、谋划新举措、提出新主张，解决了许多长期想解决而没有解决的难题，办成了许多过去想办而没有办成的大事，开创党和国家事业发展的新局面。

"法治思维是以法治为价值追求和以法治规范为基本遵循来思考问题、指导行动的一种思维方式。"②党的十八大以来，以习近平同志为核心的党中央高度重视领导干部法治思维能力建设，把提高领导干部法治思维能力建设作为实现国家治理体系和治理能力现代化的重要途径。习近平指出，法律是治国理政最大最重要的规矩，任何人都没有法律之外的绝对权力。不管什么人，不管涉及谁，只要违反法律就要依法追究责任。领导干部具体行使党的执政权和国家立法权、行政权、监察权、司法权，是全面依法治国的关

---

① 《习近平谈治国理政》(第一卷)，外文出版社2018年版，第51页。
② 贺海仁：《提高领导干部法治思维能力》，《光明日报》，2020年11月13日。

键。领导干部要带头尊法学法守法用法，做依法治国的表率；要严格规范公正文明执法，不断提高执法司法公信力；要强化自我约束，主动接受监督，确保党和人民赋予的权力始终用来为人民谋幸福；要时刻教育和管理好家属及身边人，禁止他们打着自己的旗号谋取非法利益。要大力加强法治政府建设，形成边界清晰、分工合理、权责一致、运行高效的政府机构职能体系；要深化司法体制综合配套改革，全面准确落实司法责任制，加快建设公正高效权威的社会主义司法制度，努力让人民群众在每一个司法案件中都能感受到公平正义；要深入开展法治宣传教育，推动全社会形成良好法治环境，让依法办事蔚然成风，成为每个公民的自觉行动。

底线思维，即设定最低目标，立足最低点，争取最大期望值的思维方法。在习近平看来，底线思维包含两层意思，"有守""有为"，是二者的有机统一。"守"即坚守底线，坚守最低目标，不能退却。习近平指出，要想实现2020年国内生产总值和城乡居民人均收入比2010年翻一番的目标，中国必须保持必要的增长速度，不能低于6.5%的底线[1]；领导干部廉洁自律的关键在于守住底线，只要守住为人、做事、交友、用权的底线，守住党纪、法规、制度的红线，就能守住自己的政治生命线，守住正确的人生价值观[2]；在事关国家主权、安全和领土完整的核心利益上，中国绝不含糊、绝不妥协、绝不让步，"任何外国不要指望我们会拿自己的核心利益做交易，不要指望我们会吞下损害我国主权、安全、发展利益的苦果"[3]；中国特色社会主义是社会主义而不是别的什么主义，科学社会主义的基本原则不能丢，丢了就会偏离社会主义的方向，国家将会陷入万劫不复的境地。"为"即主动出击，提前排除隐患，防患未然。面对艰巨繁重的国内改革发展稳定任务，以习近平同志为核心的

---

①　《十八大以来重要文献选编》（中），中央文献出版社2016年版，第777页。

②　《十八大以来重要文献选编》（中），中央文献出版社2016年版，第138页。

③　《习近平谈治国理政》（第一卷），外文出版社2018年版，第249页。

党中央未雨绸缪,制定预案,稳增长、调结构、促改革、惠民生,极大地增强了民众的获得感,社会更加和谐稳定;面对贸易保护主义泛滥的态势,习近平积极作为,利用参加重大会议和对外出访的时机大力传播"合作共赢"的理念,倡导自由开放的贸易环境,为中国企业走出国门、开拓世界市场创造良好外部条件。"纷繁世事多元应,击鼓催征稳驭舟"。党的十八大以来,以习近平同志为核心的党中央坚持底线思维,居安思危、提前谋划、积极应对,因此才能做到在暴风骤雨面前淡定自若,在惊涛骇浪面前处变不惊,克服一个又一个困难,战胜一个又一个挑战,把中国特色社会主义事业推上新高度,引向新阶段。

第六节 体制机制论:强化做好意识形态工作的责任感

制度问题是带有根本性、全局性、长期性、稳定性的问题。制度兴,则国家兴;制度强,则国家强。一段时间以来,我们党的意识形态工作之所以效果不佳,很重要的一个原因在于制度不够健全,存在漏洞和缺陷。"要建立健全相关制度,用制度管权管事管人。要突出重点,重在管用有效,全方位扎紧制度笼子,更多用制度治党、管权、治吏。"①不但要建立健全制度,更要推动制度的贯彻、落实、执行。制度的生命力在于执行,形同虚设的制度比没有制度更加让人感到厌恶。要严格落实意识形态工作责任制,有责必问、问责必严、失责必究。不能让制度成为"纸老虎""稻草人",要让它成为带电的"高压线",真正起到规范行为的作用,发挥惩恶扬善的功能。制度的贯彻、落实和执行要长期坚持下去,驰而不息,久久为功。只有长期坚持下去,才

---

① 《习近平关于严明党的纪律和规矩论述摘编》,中央文献出版社2016年版,第59~60页。

能显示党中央抓好意识形态工作的坚定决心,才能使人们养成行动自觉,约束自己的言行。虎头蛇尾、"一阵风"式的短期突击行为不但不会取得预想效果,而且会伤害制度的威信,必须予以禁止。

党的十八大以来,以习近平同志为核心的党中央把党的意志上升为国家意志,先后制定或修订一系列与意识形态相关的法律,《中华人民共和国反间谍法》《中华人民共和国国家安全法》《中华人民共和国网络安全法》等,将意识形态工作纳入法治化轨道;颁布一系列与意识形态相关的党内法规,《党委(党组)意识形态工作制实施办法》《中国共产党宣传工作条例》《中国共产党问责条例》《中国共产党党内监督条例》《关于规范党员干部网络行为的意见》等,对党员干部的政治方向、政治立场、政治言论、政治行为做出明确规定。党的十九届四中全会更是通过决议,把坚持马克思主义在意识形态领域指导地位的根本制度写入《中共中央关于坚持和完善中国特色社会主义制度　推进国家治理体系和治理能力现代化若干重大问题的决定》中。除了扩大覆盖领域,党中央还建立健全舆情分析研判制度、重大事项报告制度、应急事件处理制度、责任追究制度、督查巡视制度,构建起了完整的意识形态工作链条,把意识形态制度的"触角"延伸到了每个"神经末梢"。经过数十年努力,一个包括根本制度、基本制度、重要制度,内容广泛、逻辑严密、结构完整的意识形态制度体系跃然成形。一大批失职、渎职干部被问责,受到严肃处理。这些制度的建立和认真贯彻落实增强了领导干部的责任意识,意识形态领域一度出现的不敢管、没人管的局面明显得到改善,干部的责任感显著增强。

第七节　队伍建设论:为意识形态工作提供强大人才支撑

"政治路线确定之后,干部就是决定的因素。"①"只有依靠成千成万的好干部,革命的方针与办法才能执行,全面的全民族的革命战争才能出现于中国,才能最后战胜敌人。"②好干部是做好工作的先决条件。过去,依靠好干部,我们取得革命、建设事业的胜利。现在,要做好意识形态工作,同样离不开好干部,高素质、能力强的干部。以习近平同志为核心的党中央高度重视意识形态工作队伍建设,对队伍建设提出明确要求。一是政治要强。意识形态工作干部必须坚持党性原则,"党的宣传思想工作者不愿意甚至不敢坚持党性原则,岂非咄咄怪事? 如果在坚持党性这个根本问题上没有明确观点和立场,那就是政治上不合格,就没有做党的宣传思想工作最起码的资格"③。坚持党性原则,核心就是坚持正确的政治方向,站稳政治立场,坚定宣传党的理论路线方针政策,坚定宣传中央重大工作部署,坚定宣传中央关于形势的重大分析判断,坚决同党中央保持高度一致,坚决维护党中央权威;就是要在党言党、在党忧党、在党为党,把爱党、忧党、兴党、护党落实到工作生活的各个环节,敢于同形形色色违反党内政治生活原则和制度的现象作斗争。二是业务要精。意识形态工作干部要认真学习马克思主义理论、党的路线方针政策、法律法规、党史国史改革开放史社会主义发展史等方面的知识,不断提高自己的理论水平,努力成为专家型人才;要熟练掌握

---

① 《毛泽东选集》(第二卷),人民出版社1991年版,第526页。

② 《毛泽东文集》(第二卷),人民出版社1993年版,第63~64页。

③ 《习近平关于社会主义文化建设论述摘编》,中央文献出版社2017年版,第24~25页。

和运用新媒体新技术,提高意识形态工作的吸引力、影响力、感染力。三是纪律要严。意识形态工作干部必须严格遵守党的纪律和国家法律,知敬畏、存戒惧、守底线,清清白白做人,干干净净为官。不发表与中央意见不一致的言论,不散布与党的路线方针政策不一致的意见。不传播负能量,不制造虚假消息。四是作风要正。意识形态工作干部必须加强道德修养,塑造高尚人格,以自己的模范言行影响和感染群众;必须讲品位、讲格调、讲责任,抵制低俗庸俗媚俗、拜金主义、极端利己主义等不良社会风气;必须坚持群众观点和群众路线,将群众利益放在心间,为群众发声,替群众呐喊。

科学的目标和要求需要强有力的措施作保障才能变为现实。以习近平同志为核心的党中央不但为意识形态工作队伍建设提出了要求、指明了方向,而且采取了强有力的措施,保障意识形态工作队伍建设能够取得良好效果。一是设立准入和退出机制。意识形态工作队伍不是谁想来就能来,只有政治立场坚定、具备一定的学历、较高的素质和能力才能进入;对于思想不坚定、品德有问题、能力不胜任的,要迅速调离、调整,保证队伍的先进性和纯洁性。二是制定适合意识形态工作队伍发展的考核评价体系。破除"唯学历""唯论文""唯科题""唯奖项""唯帽子"等错误导向,将思想政治表现、道德修养、育人效果与社会效益纳入指标体系,增加其在考核评价、职称评定、岗位聘任中的权重,调动意识形态工作干部干事创业的积极性和热情。三是改革人事制度、薪酬制度,采取特殊灵活政策,吸引优秀人才加盟。"要建立灵活的人才激励机制,让作出贡献的人才有成就感、获得感。"①要有开放的胸襟,面向全世界招揽人才,不断提高我们在全球配置人才资源的能力。"不管是哪个国家、哪个地区的,只要是优秀人才,都可以为我所用。"②要借鉴西方"旋转门"制度的优点,打破体制界限,实现人才在政府、企业、智库

---

① 习近平:《论党的宣传思想工作》,中央文献出版社2020年版,第210页。
② 习近平:《论党的宣传思想工作》,中央文献出版社2020年版,第210页。

间顺畅流动。四是实施"名师工程""领航计划",培养造就一批忠诚于马克思主义、在学科领域有影响的知名专家学者。加强中国特色新型智库建设,聘请专家学者担任顾问,充分发挥其资政启民的作用,为政府决策提供优质高效服务,提高国家治理能力和治理水平。

第五章　新时代党的意识形态理论原创性贡献的鲜明特征

新时代党的意识形态理论具有十分鲜明的特征：继承性和发展性相统一、理论性和实践性相统一、建设性和批判性相统一、党性和人民性相统一、民族性和世界性相统一。正是具备这些特征，新时代党的意识形态理论才是一种科学理论，才能有效指导党的意识形态工作。

第一节　继承性和发展性相统一

马克思认为，人类社会的发展不是断裂的，而是一个前后相继的历史链条。每一代人都受到前人的影响，又会影响未来的人。就像他在《路易·波拿巴的雾月十八日》中所言："人们创造自己的历史，但是他们并不是随心所欲地创造，并不是在他们自己选定的条件下创造，而是在直接碰到的、既定的、从过去承继下来的条件下创造。"①思想理论也一样。任何一种科学理论都是在吸收借鉴前人研究成果的基础上产生的,又随着时代的发展不断发展。新时代党的意识形态理论不忘本来、吸收外来、面向未来,在守正的基础上不断创新,体现出继承性和发展性相统一的鲜明特征。

一、继承马克思主义意识形态理论、党的优良作风和中华优秀传统文化

继承马克思主义意识形态理论。关于意识形态的来源、本质、特征、功能,关于意识形态工作的地位、作用、任务、使命、阵地、方法、载体、制度机制、队伍建设等问题,马克思、恩格斯、列宁和党的历代领导人已有论述。以习近平同志为核心的党中央将之视为党的宝贵精神财富并将以继承。"在长期实践中,我们党的宣传思想工作积累了十分丰富的经验。这些经验来之不易、弥足珍贵,是做好今后工作的重要遵循,一定要认真总结、长期坚持,并在实践中不断丰富和发展。"②马克思、恩格斯揭示了资本主义意识形态的遮蔽性、虚假性。马克思、恩格斯指出,资产阶级"赋予自己的思想以普遍性的形式,把它们描绘成唯一合乎理性的、有普遍意义的思想"③。实际上,资产阶级思想代表的不是社会全体成员而是资产阶级的利益。马克思、恩格斯指出:"现代的国家政权不过是管理整个资产阶级的共同事物的委员会罢了。"④继承马克思、恩格斯的论述,习近平对西方"普世价值观"的虚假性进行了批判。习近平指出,西方资本主义国家宣扬"普世价值观"的真实目的

---

① 《马克思恩格斯选集》(第一卷),人民出版社2012年版,第669页。
② 习近平:《论党的宣传思想工作》,中央文献出版社2020年版,第16页。
③ 《马克思恩格斯选集》(第一卷),人民出版社2012年版,第180页。
④ 《马克思恩格斯选集》(第一卷),人民出版社2012年版,第402页。

并不是为了推动中国社会进步、为中国人民谋幸福,"他们是挂羊头卖狗肉,目的就是要同我们争夺阵地、争夺人心、争夺群众,最终推翻中国共产党领导和中国社会主义制度。"①"普世价值观"不是什么恩典福音,是西方对中国进行意识形态输出,搞乱中国、维护自己霸权地位的一种手段。列宁强调了科学理论的重要作用。列宁指出:"没有革命的理论,就不会有革命的运动"②,"只有以先进理论为指南的党,才能实现先进战士的作用"③。习近平继承并弘扬了这一论述。他在讲话中多次指出,要坚持马克思主义的指导地位,"马克思主义是我们立党立国的根本指导思想。背弃或放弃马克思主义,我们党就会失去灵魂、迷失方向。在坚持马克思主义指导地位这一根本问题上,我们必须坚定不移,任何时候任何情况下都不能有丝毫动摇"④。除了马克思、恩格斯、列宁,毛泽东的关于正确处理人民内部矛盾的理论、邓小平的反对资产阶级自由化思潮的观点、江泽民讲学习讲政治讲正气的主张、胡锦涛的增强国家文化软实力的思想等在习近平意识形态的讲话中也有鲜明体现,是其重要理论来源。

继承党的优良作风。理论联系实际、密切联系群众、批评和自我批评是党的三大优良作风,是党能够战胜敌人、不断获得胜利的法宝。以习近平同志为核心的党中央继承和弘扬了党的优良作风,把其贯彻在了治国理政的实践当中。

一是坚持理论联系实际的马克思主义学风。习近平指出,理论联系实际,首先要学好理论,掌握马克思主义这个看家本领。"马克思主义这个看家本领掌握得越牢靠,政治站位就越高,政治判断力、政治领悟力、政治执行力

---

① 《习近平关于社会主义文化建设论述摘编》,中央文献出版社2017年版,第27页。

② 《列宁专题文集 论无产阶级政党》,人民出版社2009年版,第70页。

③ 《列宁专题文集 论无产阶级政党》,人民出版社2009年版,第71页。

④ 习近平:《在庆祝中国共产党成立95周年大会上的讲话》,人民出版社2016年版,第9页。

就越强,观察时势、谋划发展、防范化解风险就越主动。"①习近平新时代中国特色社会主义思想是当代中国马克思主义、21世纪马克思主义,是中华文化和中国精神的时代精华,是党和人民实践经验和集体智慧的结晶。学习马克思主义,当前最重要的就是学习这一科学理论。首先要及时学、跟进学、全面学、系统学、深入学,做到学深悟透,融会贯通。其次要结合实际,一切从实际出发。一切从实际出发,就是从发展变化着的客观实际出发,从特定的社会历史条件出发,把它作为我们想问题、办事情、做决策的依据。如果脱离了实际、脱离了一个国家的具体国情盲干,那就容易犯"主观主义""教条主义"的错误,给党和国家造成严重损失。在党的历史上,我们曾经犯过这样的错误,付出巨大代价,现在必须吸取教训,避免重蹈覆辙。

二是坚持群众观点、群众路线,密切联系群众。"人民,只有人民,才是创造世界历史的动力。"②马克思主义认为,人民群众是历史的创造者,是真正的英雄。只有赢得人民群众的支持,才能战胜一切困难,取得革命、建设、改革事业的伟大胜利。以习近平同志为核心的党中央坚持马克思主义的群众史观,始终把人民放在心中最高的位置,实现好、维护好、发展好广大人民群众的根本利益。党的十八大以来,中央先后组织开展党的群众路线教育实践活动、"三严三实"专题教育、"两学一做"学习教育、"不忘初心、牢记使命"主题教育、党史学习教育、学习贯彻习近平新时代中国特色社会主义思想主题教育等多次教育活动,尽管主题不同,但它们有着相同的目的,那就是增强党员干部的宗旨意识,更好地为人民群众服务。不管开展什么样的教育活动,党中央都要求各级领导干部深入基层,密切联系群众,听民情、察民意、解民忧。习近平指出,人民是我们党执政的最大底气,必须把为民造福

---

① 习近平:《在中央党校建校90周年庆祝大会暨2023年春季学期开学典礼上的讲话》,中共中央党校网站,2023年3月31日。

② 《毛泽东选集》(第三卷),人民出版社1991年版,第1031页。

作为最重要的政绩。我们党要做到长期执政,就必须永远保持同人民群众的血肉联系,始终同人民群众同呼吸、共命运、心连心。①

三是开展批评和自我批评。曾经一段时间,批评和自我批评在党内没有认真执行,流于形式,甚至被异化为"表扬和自我表扬"。针对这种现象,习近平指出,民主生活会不能走形式,要有"辣味",让每个党员都红红脸,出出汗;要实事求是,如实指出别人及自身存在的问题;要坦诚相见,不回避,不遮掩;要建立台账,明确整改的措施和时限;要以上率下,从中央政治局开始,一级带着一级干,一级做给一级看。党的十八大以后,从中央到地方,各级领导干部认真开展批评与自我批评,查找并改正问题,党的面貌焕然一新,展现出蓬勃生机。

继承中华优秀传统文化。以习近平同志为核心的党中央高度重视传统文化的作用。习近平指出,中华优秀传统文化是中华民族的根,中华民族的魂,是中国人独特的精神标识,是我们在世界文化激荡中站稳脚跟的根基。中华优秀传统文化为社会主义核心价值观提供丰厚养分。中华优秀传统文化中所蕴含的思想观念,讲仁爱、重民本、守诚信、崇正义、尚和合、求大同等,具有跨越时空的力量、永恒不变的价值。要继承和弘扬中华优秀传统文化,从传统文化中汲取营养,增长智慧。要隆重庆祝传统节日,以此为载体开展爱国主义教育、思想品德教育。要开展丰富多彩的传统文化活动,猜灯谜、赛龙舟、诗词大赛等,开设传统文化相关课程,茶艺、舞蹈、武术、礼仪等,调动人们学习传统文化的积极性和热情。要讲清楚中华传统文化的灿烂辉煌、博大精深,批判崇洋媚外的文化虚无主义、民族虚无主义的错误观点,增强人民的文化自信。要加大对中华优秀传统文化的宣传推介力度,使其走出国门,走向世界,努力塑造可信、可爱、可敬的中国形象。要积极开展对外

---

① 《习近平参加内蒙古代表团审议》,中国政府网,2020年5月22日。

文化交流活动,增进各国人民之间的感情。要推动中华优秀传统文化创造性转化创新性发展,赋予其新的内涵和表达形式,使其新的时代相适应。"党的十八大以来,以习近平同志为核心的党中央立足文化自觉、自信和自强,系统阐释了中华传统文化自觉的历史域境和现实效应,充分挖掘了中华传统文化自信的民族价值和世界意义,并着力构建实现中华传统文化自强的科学体系,回答了为何要重视中华传统文化、如何认识中华传统文化和怎样发展中华传统文化等三个层面的重要理论和现实问题,逐步形成了特色鲜明、思想深邃的中华传统文化观。新时期中国共产党的中华传统文化观,在优秀传统文化传承发展的理念、目标和规律方面,升华了中国共产党对中华优秀传统文化的认识,为弘扬中华优秀传统文化、推进中华文化现代化提供了思想指引和方法遵循。"①

二、与时俱进推进党的意识形态理论不断创新

"实践没有止境,理论创新也没有止境。世界每时每刻都在发生变化,中国也每时每刻都在发生变化,我们必须在理论上跟上时代,不断认识规律,不断推进理论创新、实践创新、制度创新、文化创新以及其他各方面创新。"②随着时代的发展,以习近平同志为核心的党中央提出了一系列新思想、新观点、新论断,极大地丰富和发展了马克思主义意识形态理论。新时代党的意识形态理论的创新可以从广度和深度两个方面来审视。

从广度上看,和以前相比,新时代党的意识形态理论涵盖领域更广。党的十八大以来,中央陆续召开全国宣传思想工作会议、全军政治工作会议、

---

① 屠静芬、范伟:《党的十八大以来中国共产党传统文化观的拓展与创新》,《思想理论教育导刊》,2017年第10期。

② 《习近平谈治国理政》(第三卷),外文出版社2020年版,第21页。

全国党校工作会议、国家安全会议、全国宗教工作会议、全国国有企业党建工作会议、全国高校思想政治工作会议、中央农村工作会议、中央统战工作会议、哲学社会科学工作座谈会、文艺工作座谈会、新闻舆论工作座谈会、思想政治理论课教师座谈会等与意识形态密切相关的会议，力度之大、范围之广、频率之密前所未有。在这些会议上，习近平发表重要讲话，就做好新时代党的意识形态工作作出重要指示，如"把握好时、度、效""抓好理念创新、手段创新、基层工作创新""掌握领导权、管理权、话语权""推动思想政治工作传统优势同信息技术高度融合，增强时代感和吸引力""坚持以人民为中心的创造导向""全面贯彻落实总体国家安全观""构建中国特色哲学社会科学学科体系、学术体系、话语体系"等。

除了传统意识形态阵地，以习近平同志为核心的党中央同样重视网络阵地、网络意识形态安全，作出一系列重大战略部署：加快推进国产自主可控替代计划，构建安全可控的信息技术体系，尽快解决"卡脖子"的技术问题；深入实施网络内容建设工程，发展积极向上的网络文化，抵制庸俗媚俗低俗之风，为青少年健康成长创造良好社会环境；坚持依法治网、依法办网、依法上网，让互联网在法治轨道上健康运行；加大对互联网的监管力度，严厉打击网络犯罪行为，维护人民群众合法权益；优化战略布局，集中优势资源，着力打造具有较强国际影响力的外宣旗舰媒体，讲好中国故事，传播好中国声音；尊重和维护国家网络主权，尊重和保障每一个国家的安全，反对利用互联网干涉他国内政或从事危害他国安全的行为，反对网络霸权；网络空间是人类共同的活动空间，网络空间前途命运应由世界各国共同掌握，各国应该加强沟通、扩大共识、深化合作，共同构建网络空间命运共同体等。军队、学校、农村、企业、宗教、科技、文化、教育、国防、外交、网络安全……新时代党的意识形态工作不断拓展，向外延伸。

从深度上看，和以前相比，新时代党的意识形态理论对意识形态工作的地位、任务、使命、手段、方法、阵地、制度、队伍建设等问题的认识更为透彻，更为深刻。以习近平同志为核心的党中央原创性地提出"五个事关""极端重要"的科学表述，将意识形态工作的地位提升到了前所未有的高度；原创性地提出"两个巩固""举旗帜、聚民心、育新人、兴文化、展形象"的科学主张，系统阐述了意识形态工作的任务使命；原创性地提出"六个坚持""八个统一"的科学见解，探索提高意识形态工作效果的新办法、新举措；原创性地提出"谈文艺，讲故事，连接中外，沟通世界"的科学观点，创新对外宣传方式；原创性地进行"三个地带"划分，提出"互联网成为意识形态斗争主战场最前沿""保证高校始终成为培养社会主义建设者和接班人的坚强阵地"的科学论断，筑牢意识形态防线；原创性地提出"掌握马克思主义这个看家本领""不断增强脚力、眼力、脑力、笔力""提高七种思维能力"的科学思想，提高意识形态工作干部能力素质；原创性地提出"构建系统完备、科学规范、运行有效的制度体系"的科学理论，强化做好意识形态工作的责任担当；原创性地提出建设一支"政治强、情怀深、思维新、视野广、纪律严、人格正"的意识形态工作队伍的科学要求和举措，为意识形态工作提供强大人才支撑。实际上，关于意识形态工作的地位、任务、使命、手段、方法、阵地、制度、队伍建设等问题，马克思主义经典作家和历代党的领导人已有论述。以习近平同志为核心的党中央对这些论述加以丰富补充，使我们形成更为深刻的认识。

第二节 理论性和实践性相统一

新时代党的意识形态理论具有坚实的理论基础、科学的思维方法，它揭示了党的意识形态工作的基本经验和规律，是一种科学理论，同时又带有鲜明的问题导向,为解决现实问题而创立,在解决现实问题中不断丰富发展。它既有理论性也有实践性,是二者的有机统一。

一、新时代党的意识形态理论是一种科学理论

新时代党的意识形态理论具有坚实的理论基础。新时代党的意识形态理论是在马克思主义的指导下建立起来的,马克思主义是新时代党的意识形态理论的理论基础。马克思主义是关于自然界、人类社会和人的思维发展一般规律的科学认识,是对资本主义社会和社会主义社会发展规律的科学认识,是对人类思想成果和社会实践经验的科学总结,它以事实为依据、规律为对象、实践为检验标准,是一种科学理论。马克思主义是观察世界变化的认识工具,是指引中国发展的行动指南,是引领人类社会进步的科学真理。"尽管我们所处的时代同马克思所处的时代相比发生了巨大而深刻的变化,但从世界社会主义500年的大视野来看,我们依然处在马克思主义所指明的历史时代。"①马克思主义不但没有过时,而且展现出蓬勃的生命力。除了马克思主义,新时代党的意识形态理论还吸收借鉴了其他学科的知识内容和研究方法,如新闻学、传播学的"首因效应理论""议程设置理论""把关人理论"等,教育学心理学的"知行合一论""需求层次论""认知发展阶段论""学生中心论"等,社会学政治学的"功能冲突论""软实力论""场域论"等。多学科知识的注入使得党的意识形态理论具有坚实的理论基础,广阔的学术视野。

新时代党的意识形态理论具有科学的思维方法,即辩证唯物主义和历史唯物主义的思维方法。世界的物质统一性原理是辩证唯物主义最基本、

---

① 《习近平谈治国理政》(第二卷),外文出版社2017年版,第66页。

最核心的观点,是马克思主义的基石。世界的物质统一性原理要求我们一切从实际出发、实事求是,把客观存在的事物、实际存在的情况作为想问题、办事情的根本立足点。以习近平同志为核心的党中央要求各级领导干部坚持实事求是的思想路线,"一切从实际出发,理论联系实际,听真话、察实情,坚持真理、修正错误,有一是一、有二是二,既报喜又报忧,不唯书、不唯上、只唯实"①,体现的就是对这一原理的运用。辩证唯物主义要求我们用联系的、发展的、全面的观点看问题,这样的辩证法思想在新时代党的意识形态理论中随处可见。比如,习近平指出,要正确看待改革开放前后两个三十年的关系,不能用后者否定前者,也不能用前者否定后者,二者不可分割,都是我们党领导人民进行社会主义建设的实践探索,这体现了唯物辩证法普遍联系的观点;时代发展了,进步了,人的思想也要与时俱进,"不能身子进了二十一世纪,思想还停留在二十世纪"②,这体现了唯物辩证法永恒发展的观点;要全面客观评价历史人物,"不能因为他们伟大就把他们像神那样顶礼膜拜,不容许提出并纠正他们的失误和错误;也不能因为他们有失误和错误就全盘否定,抹杀他们的历史功绩,陷入虚无主义的泥潭"③,这体现了唯物辩证法的"两点论",要全面地分析和看待问题。

历史唯物主义认为,人类文明具有多样性,每一种文明都是人类的瑰宝,都值得尊重。习近平指出,文明只有姹紫嫣红之别,没有高低优劣之分。各种文明之间应当相互尊重、平等相待,开放包容、互学互鉴,交流对话、和谐共生。"我们既要让本国文明充满勃勃生机,又要为他国文明发展创造条件,让世界文明百花园群芳竞艳。"④中国共产党的新文明观为超越隔阂冲

---

① 中共中央办公厅印发《关于在全党大兴调查研究的工作方案》,中国政府网,2023年3月19日。

② 《习近平关于全面深化改革论述摘编》,中央文献出版社2014年版,第116页。

③ 习近平:《论中国共产党历史》,中央文献出版社2021年版,第57页。

④ 《习近平谈治国理政》(第三卷),外文出版社2020年版,第469页。

突、矛盾纷争、构建人类命运共同体提供了中国智慧、中国方案,受到国际社会普遍赞誉。

新时代党的意识形态理论揭示了党的意识形态工作的基本经验和规律。这些经验和规律包括:第一,坚持党对意识形态工作的领导。"党管宣传、党管意识形态、党管媒体是坚持党的领导的重要方面"①,是必须坚持的根本原则。脱离党的领导,意识形态工作必然陷入软弱无力、杂乱无章的局面中。坚持党对意识形态工作的领导,这一根本原则不仅要讲,而且要光明正大、理直气壮地讲,不能模模糊糊、躲躲闪闪、扭扭捏捏。

第二,坚持马克思主义在意识形态领域的指导地位。一个社会的思想可以是多元的,但指导思想只能有一种,否则这个社会将会陷入混乱和动荡中。要坚决反对指导思想多元化的错误观点和主张,阐述其巨大危害,揭示其虚假本质。"马克思主义是我们立党立国的根本指导思想。背离或放弃马克思主义,我们党就会失去灵魂、迷失方向。在坚持马克思主义指导地位这一根本问题上,我们必须坚定不移,任何时候任何情况下都不能有丝毫动摇。"②

第三,坚持"双百"方针、"二为"方向。文艺创作、学术研究要坚持"双百"方针,百花齐放、百家争鸣,激发创作活力,同时也要坚持"二为"方向,为社会主义服务、为人民服务,具有正确的政治观点和立场。

第四,坚持"古为今用""洋为中用",科学处理社会主义文化与中华传统文化、外国文化之间的关系。对于传统文化和外国文化,我们要采取辩证否定的态度,取其精华,去其糟粕,既反对盲目排外、否定历史的错误思想,也反对照抄照搬、尊孔复古的错误观点。

第五,正确处理意识形态工作和中心工作的关系。意识形态工作不能

①　《习近平总书记重要讲话文章选编》,中央文献出版社2016年版,第419页。
②　《习近平谈治国理政》(第二卷),外文出版社2017年版,第33页。

脱离党的中心工作,要为党的中心工作服务。做好党的中心工作,也不能忽视意识形态工作,否则将会犯颠覆性错误。二者都要做好,不可偏颇。

第六,要敢于斗争,批驳各种错误思潮观点。坚决反对资产阶级自由化思潮传播,坚决反对精神污染,不给错误思潮提供传播渠道和空间。

第七,推进意识形态工作不断创新。重点抓好理念创新、手段创新、基层工作创新,转化话语范式,善于运用新媒体新技术,增强意识形态工作的亲和力、吸引力、感染力。

第八,加强意识形态话语权建设。加强对网络舆论的引导,占领网络阵地;推动中华文化走出去,增强国家文化软实力;加强和改进对外宣传工作,塑造良好国家形象;开展国际舆论斗争,驳斥谣言、抹黑攻击。①

二、新时代党的意识形态理论带有鲜明的问题导向

"问题是创新的起点,也是创新的动力源。只有聆听时代的声音,回应时代的呼唤,认真研究解决重大而紧迫的问题,才能真正把握住历史脉络、找到发展规律,推动理论创新。"②新时代党的意识形态理论带有鲜明的问题导向,它为解决现实问题而创立,因解决现实问题得到丰富发展,更加具有公信力。

扫除"四风"之垢。"四风",即在少数党员干部中间存在的形式主义、官僚主义、享乐主义、奢靡之风等歪风邪气。"四风"问题虽然只在少数党员干部中间存在,却严重败坏党的形象,损害党的执政根基。习近平对"四风"问题深恶痛绝,祭出重拳予以整治。党的十八大闭幕不久,中央便出台"八项规定",发出全面从严治党的"动员令";随后在全党范围内开展了长达一年

---

① 朱继东:《中国共产党百年意识形态建设的主要经验》,《山东社会科学》,2021年第7期。

② 习近平:《在哲学社会科学工作座谈会上的讲话》,人民出版社2016年版,第14页。

的党的群众路线教育实践活动,改进党员干部工作作风。习近平指出,解决"四风"问题,要有常抓的韧劲、严抓的决心。常抓就是要经常抓,反复抓,长期坚持,不松懈。"作风建设永远在路上,永远没有休止符,必须抓常、抓细、抓长,持续努力、久久为功。"①一阵儿抓,一阵儿不抓,一阵儿松,一阵儿紧,不但不能取得好的效果,还有可能迎来更大程度的反弹。严抓就是要动真格的,严查严办。不论是什么人,权力有多大,只要违背中央八项规定,违反党纪法规,一律严肃处理。在党纪国法面前,人人平等,没有免罪的"丹书铁券",没有享有特权的"铁帽子王",任何人都不能心存侥幸。"党的十八大以来,截至今年4月,全国共查处违反中央八项规定精神问题72.3万起,给予党纪政务处分64.4万人。人民群众深恶痛绝的歪风邪气得到有效遏制。"②

筑牢精神之基。理想信念是中国共产党人的政治灵魂和精神支柱。"中国共产党能够历经挫折而不断奋起,历尽苦难而淬火成钢,归根到底在于千千万万中国共产党人心中的远大理想和革命信念始终坚定执着,始终闪耀着火热的光芒。"③理想信念非常重要,习近平把理想信念比作共产党人精神上的"钙",并指出没有理想信念,或者理想信念不坚定,我们就会缺"钙",就会得"软骨病"。少数领导干部之所以出问题,甚至滑向犯罪的深渊,从根本上讲,就是因为理想信念崩塌,忘记了自己的初心使命。"要把理想信念教育作为思想建设的战略任务,保持全党在理想追求上的政治定力,自觉做共产主义远大理想和中国特色社会主义共同理想的坚定信仰者、忠实实践者。"④

---

① 习近平:《在党的群众路线教育实践活动总结大会上的讲话》,人民出版社2014年版,第25页。

② 孙少龙、王琦、王子铭:《开辟百年大党自我革命新境界——党的十八大以来全面从严治党成就综述》,《光明日报》2022年10月6日。

③ 习近平:《在纪念周恩来同志诞辰120周年座谈会上的讲话》,《人民日报》,2018年3月2日。

④ 《习近平谈治国理政》(第二卷),外文出版社2017年版,第35页。

为了抓好理想信念教育,补足精神之"钙",习近平大讲红色故事,"半条被子""半截皮带""被冻死的军需处长""被顶坏的藤椅"等故事经他讲述,广为人知;褒扬时代楷模,谷文昌、张富清、甘祖昌、龚全珍等人的先进事迹经他讲述,传遍中华大地;严惩腐败分子,无禁区、全覆盖、零容忍,着力构建不能腐、不敢腐、不想腐的有效机制;加强家庭家教家风建设,培育社会文明新风尚。理想信念教育使党员干部穿上了"防护服",有效抵御各种"病毒"的侵袭。

克服懈怠之心。改革开放40多年,中国取得举世公认的伟大成就。今天的中国,已经是"世界第二大经济体、制造业第一大国、货物贸易第一大国、商品消费第二大国、外资流入第二大国,我国外汇储备连续多年位居世界第一"①。事实上,中国的发展进步不仅体现在经济上,我们在教育、科技、文化、卫生、外交、军事、脱贫、生态保护等各个方面同样成绩斐然,创造了人类历史上前所未有的奇迹。对于中国取得的成就,世界各国高度赞扬,他们认为中国的成功使发展中国家的人民看到了实现现代化的希望。有的学者甚至声称,"中国模式"是本世纪最伟大、最有效的模式,21世纪社会主义运动的前景取决于中共的探索和实践。②面对现代化建设的巨大成绩,面对国际社会的溢美之辞,少数党员干部开始"飘飘然",变得忘乎所以。他们渐渐有了"差不多的"想法,萌生"歇一歇"的心理。习近平敏锐地察觉到了少数党员干部的这种心理变化,严肃加以纠正。习近平告诫全党,我们的现代化建设虽然取得了巨大成就,但离人民群众的期待还有很大差距。过去的成绩固然令人自豪,但绝不能躺在功劳簿上睡大觉。"两个一百年"的奋斗目标不是轻轻松松、敲锣打鼓就能实现的,需要付出艰苦努力。面对国内外的严

① 习近平:《在庆祝改革开放40周年大会上的讲话》,人民出版社2018年版,第12~13页。

② 中联部研究室:《让马克思主义在21世纪焕发更强大真理力量——国际社会高度评价习近平新时代中国特色社会主义思想》,《人民日报》,2018年5月5日。

峻挑战，面对人民对美好生活的新期待，"我们没有任何理由骄傲自满、松劲歇脚，必须乘势而上、再接再厉、接续奋斗"①。习近平的告诫克服了少数党员干部存在的懈怠心理和骄傲自满情绪，他们抖擞精神，以更加昂扬的姿态投入建设社会主义现代化强国的事业中去。

鼓舞战斗之志。随着国力崛起，中国日益走近世界舞台中央。中国的快速崛起引起西方国家的恐慌，"香港牌""台湾牌""新疆牌""科技战""贸易战""金融战"……他们无所不用其极地打压中国，妄图阻断中国的现代化进程，遏制中国崛起。西方国家的联合打压给中国带来巨大压力，让一些人产生沮丧情绪。对于这种悲观消极的论调，习近平加以驳斥。习近平指出，我们今天取得的成就不是天上掉下来的，更不是别人恩赐施舍的，是中国人民用自己的双手辛勤创造出来的。中国的前途和命运掌握在中国人民自己手中，容不得他人指指点点。西方的打压会给我们带来一些影响，但无关大局。我们有中国共产党的坚强领导，全国人民勠力同心；有强大的社会主义制度优势，能够迅速动员起各方面资源；有超大规模的市场优势，内需强劲；有独立完整的工业体系，产业门类齐全；有改革开放以来积累的雄厚物质技术基础，家底雄厚；有宏大的高素质的人才队伍，创新能力突出；我们积极融入经济全球化的浪潮，贸易伙伴多元；我们坚持开放合作、互利共赢的人类命运共同体理念，"朋友圈"广泛等。我们完全有信心战胜各种挑战，化解各种风险。西方的打压无法阻挡中国前进的脚步，反而更坚定中国自立自强的决心，加快中国现代化的步伐。谁也无法阻挡中国人民奔向美好生活的脚步，中华民族伟大复兴的目标一定可以实现。习近平的讲话极大地鼓舞了中国人民的斗志，坚定了国人战胜困难的信心。

---

① 《习近平谈治国理政》(第四卷)，外文出版社2022年版，第138页。

第三节　建设性和批判性相统一

建设性,即正面宣传,宣传改革开放和社会主义现代化建设的巨大成就,宣传马克思主义的科学性、真理性,宣传走中国特色社会主义道路的历史必然性,增强人们对党的领导和社会主义制度的认同。批判性,即开展舆论斗争,批判错误思想观点、驳斥谣言谎言,明辨是非,以正视听。新时代党的意识形态理论融建设性和批判性于一体,立破并举、双手出击,筑牢意识形态防线,守好意识形态阵地。

一、进行正面宣传

宣传改革开放和社会主义现代化建设的巨大成就。在庆祝改革开放40周年大会、中国共产党成立100周年大会、党的二十大报告中,习近平用翔实的数据、无可辩驳的事实展示了中国改革开放以来特别是近十年我们取得的巨大成就,描绘了中国人民从站起来、富起来到强起来的伟大飞跃进程。改革开放以来,中国经济高速增长,远超世界平均水平。即使遭遇疫情的巨大冲击,中国的经济表现依然亮眼,最早复苏,迅速反弹。我国主要工农业产品产量稳居世界前列。我们建成世界上最大的高速铁路网、公路网,建立了全世界最为完整的现代工业体系。中国成为140多个国家和地区的主要贸易伙伴,是世界经济增长的重要引擎。中国加快推进科技自立自强,基础研究和原始创新能力飞速提升,人工智能、芯片、氢能源、量子信息等关键核心技术不断实现新突破,载人航天、探月探火、大飞机制造、生物医药等尖端科技领域不断取得新进展。中国科技事业发生了历史性的重大变化,成功进入创新型国家行列,正在向世界科技强国迈进。改革开放以来特别是新时代的十年,党中央深入贯彻以人民为中心的发展思想,在幼有所育、学有所教、劳有所得、病有所医、老有所养、住有所居、弱有所扶上持续用力,人民生活全方位改善,生活质量显著提高。我们打赢了人类历史上规模最大的脱贫攻坚战,近一亿农村人口摆脱贫困。我们实行全过程人民民主,更好地保障人民当家作主的权利。我们严格控制碳排放,严格治理环境污染,人民生活环境显著改善。[①]

改革开放以来特别是近十年我们取得举世瞩目的辉煌成就,要大张旗鼓地宣传这些成就,坚定跟党走中国特色社会主义道路的信念,深刻领悟"两个确立"的决定性意义,坚决做到"两个维护"。2022年4月—9月,中宣部连续举行35场"中国这十年"系列主题新闻发布会,全面详细地介绍了党的十八大以来中国取得的历史性成就、发生的历史性变革,极大地鼓舞了中国人民实现第二个百年奋斗目标的信心。经过广泛宣传,"只有中国共产党才能领导中国,只有社会主义才能救中国,只有改革开放才能发展中国、发展社会主义、发展马克思主义,只有中国特色社会主义道路才能引领中国走向繁荣富强"[②]的真理性认识和科学结论深深烙印在中国人民心里。

宣传马克思主义的科学性、真理性。"理论上清醒,政治上才能坚定。坚定的理想信念,必须建立在对马克思主义的深刻理解之上,建立在对历史规律的深刻把握之上。"[③]在纪念马克思诞辰200周年大会上的讲话中,习近平对马克思主义的特征作出深刻论述。习近平指出,马克思主义具有以下四个鲜明特征。

---

① 习近平:《高举中国特色社会主义伟大旗帜 为全面建设社会主义现代化国家而团结奋斗——在中国共产党第二十次全国代表大会上的报告》,人民出版社2022年版,第21页。

② 《深入学习习近平总书记"七一"重要讲话精神》,人民出版社2021年版,第12页。

③ 习近平:《在庆祝中国共产党成立95周年大会上的讲话》,人民出版社2016年版,第11页。

第一，马克思主义是科学的理论，创造性地揭示了人类社会发展规律。在马克思、恩格斯之前，唯心史观居于统治地位。唯心史观否认人类社会的物质性，否认人类社会的发展规律，否认人民群众的主体地位，认为人类社会的发展没有什么规律可言，人类社会的发展受到人的主观意志和精神力量的支配，少数英雄人物的意志决定人类社会的发展进程和发展方向，人类应当从英雄人物的主观意志中寻找历史活动的源泉。马克思、恩格斯对人类社会的历史进行研究，他们发现，不但自然界是物质的，人类社会也是物质的。人类社会的发展受到客观规律的支配，即生产力与生产关系、经济基础和上层建筑矛盾运动规律的支配，这两对矛盾推动人类社会依次经历五种社会形态，原始社会、奴隶社会、封建社会、资本主义社会、共产主义社会，由低到高不断向前发展，这就是马克思主义的唯物史观。唯物史观创造性地揭示了人类社会发展规律，破天荒地破解了"历史之谜"，成为马克思最伟大的两个理论发现之一。运用这一理论，马克思对资本主义社会进行分析，得出"两个必然"的科学结论，揭示了资本主义社会必然被社会主义社会所取代的命运。

第二，马克思主义是人民的理论，第一次创立了人民实现自身解放的思想体系。在马克思、恩格斯之前，社会上占统治地位的理论都是为少数剥削阶级服务的。而马克思主义则不同，从诞生的第一天开始，它就把"为绝大多数人谋利益"①写在自己的旗帜上，为解放全人类而奋斗。人民立场是马克思主义的根本立场，是马克思主义政党区别于其他政党的显著标志。无产阶级政党一切理论和奋斗的目标都是为了实现广大人民群众的根本利益。

第三，马克思主义是实践的理论，指引着人民改造世界的行动。马克思主义不是书斋里的学问，而是为了改变人民历史命运而创立的，是在人民求

① 《马克思恩格斯选集》（第一卷），人民出版社2012年版，第411页。

解放的实践中形成的,也是在人民求解放的实践中丰富和发展的,为人民认识世界、改造世界提供了强大精神力量。

第四,马克思主义是不断发展的开放的理论,始终站在时代前沿。马克思主义不是封闭的、僵化的学说,而是开放的、不断发展的理论。正是因为具有与时俱进的理论品质,它才能够长盛不衰,具有强大的生命力和活力;它才能够跨越民族、种族的局限,成为全人类的精神财富。实践证明,马克思主义的命运早已同中国共产党的命运、中国人民的命运、中华民族的命运紧紧连在一起,它的科学性和真理性在中国得到了充分检验,它的人民性和实践性在中国得到了充分贯彻,它的开放性和时代性在中国得到了充分彰显! 习近平关于马克思主义特征的论述特别是科学性真理性的论述深入透彻,赢得了人们的广泛认同。①

宣传走中国特色社会主义道路的历史必然性。走中国特色社会主义道路是历史的选择、人民的选择。鸦片战争之后,中国逐步陷入半殖民地半封建社会的深渊,实现中华民族伟大复兴成为当时中国人民的强烈期盼。为了实现这个目标,革命先贤前仆后继,提出各种主张,进行了各种尝试:太平天国起义、洋务运动、戊戌变法、辛亥革命等。这些尝试先后都以失败告终,它标志着农民起义、改良、君主立宪,以及资产阶级民主共和的道路不适合中国国情,在中国根本走不通。诸路皆不通,中国该往何处去? 中国人民陷入迷茫和彷徨之中。正当中国人民陷入苦闷之际,1917年列宁领导俄国人民取得十月革命的伟大胜利,建立了世界上第一个社会主义国家,开辟了人类历史新纪元。十月革命主张用暴力推翻反动阶级的统治,建立人民当家作主的政权。它以马克思主义为指导思想,走的是社会主义道路。十月革命为中国人民提供了一种不同以往的全新选择。受十月革命影响,中国先

---

① 习近平:《在纪念马克思诞辰200周年大会上的讲话》,人民出版社2018年版,第7~9页。

进的知识分子开始将目光从西方转向东方,从欧美转向俄国,从资产阶级的民主主义转向无产阶级的社会主义。五四运动之后,马克思主义在中国广泛传播。1921年,中国共产党成立。从此之后,中国革命的面貌焕然一新。在马克思主义的正确指导下,在中国共产党的坚强领导下,我们取得了新民主主义革命的伟大胜利,建立了新中国,完成了"三大改造",建立了社会主义的基本制度,为中国一切发展进步奠定了根本前提和制度基础。

改革开放之后,社会主义制度变得更加成熟完善,在此基础上我们形成了中国特色社会主义道路。在这条道路的指引下,中国发生翻天覆地的变化,创造了人类历史上前所未有的发展奇迹。"我们用几十年时间走完了发达国家几百年走过的工业化历程。在中国人民手中,不可能成为了可能。"[①]中国特色社会主义道路是党带领人民历经千辛万苦、付出巨大代价取得的根本成就,是中国实现国家富强、民族复兴、人民幸福的唯一正确道路,必须毫不动摇地坚持下去。要讲清楚我们国家走中国特色社会主义道路的历史必然性,引导公众形成拥护党的领导和社会主义制度的行动自觉;要讲清楚中国特色社会主义道路和伟大成就之间的内在逻辑关系,增强公众"四个自信"。这不仅是个重要的理论问题,还是一个重要的政治问题,极具现实意义。

二、开展舆论斗争

批判错误思想观点。受到国内外因素的影响,现在,在我国还存在着很多非马克思主义,甚至反马克思主义的错误思想观点。这些错误思想观点主要有:第一,历史虚无主义。歪曲、抹黑历史,恶搞英烈,丑化党和国家形

---

① 习近平:《论中国共产党历史》,中央文献出版社2021年版,第223页。

象,诋毁党和国家领导人,替反动历史人物翻案,最终的目的在于否定党的领导和社会主义制度,否定党执政的合法性。第二,普世价值观。美化、吹捧西方政治制度和价值观,认为西方的政治制度和价值观"放之四海而皆准",在全世界所有国家都适用。全世界所有国家都应该走资本主义道路,否则就是人类文明的"异类"。第三,新自由主义。新自由主义的核心观点即"三化":市场化,主张完全让市场发挥作用,反对一切政府干预和宏观调控;自由化,主张实行绝对自由贸易,完全放松甚至取消金融管制;私有化,主张将国有企业和公共服务承包给私人,提高工作效率。第四,军队国家化、非党化、非政治化。这种观点认为,军队只能效忠于国家,不能听命于某个政党。军队应保持政治中立,不干预政治,不介入党派政治斗争等。第五,人权无国界论。该理论宣称"人权高于主权",对别国人权的关心不应干涉内政,应当予以尊重。第六,拜金主义。盲目崇拜金钱,把钱看得高于一切,为了赚钱没有底线、不择手段。第七,享乐主义。贪图安逸,不思进取。奢侈放纵,醉生梦死。第八,极端个人主义和利己主义。把个人利益置于公共利益之上,为了个人利益不惜损害公共利益。上述错误观点扰乱人们的思想,动摇人们的理想信念,具有非常严重的政治危害。大量事实表明,思想文化阵地没有真空地带,如果马克思主义、无产阶级的思想不去占领,各种非马克思主义、非无产阶级的思想甚至反马克思主义的思想就会去占领。面对错误思潮的侵袭,我们不能躲避、回避、逃避,假装视而不见,而要直面矛盾,敢于斗争,向错误思潮宣战。马克思主义从来不怕斗争,马克思主义在斗争中产生,经过斗争不断发展壮大。党的十八大之后,以习近平同志为核心的党中央积极开展舆论斗争,对错误思想观点亮剑,意识形态领域一度出现的被动局面得以根本扭转。

驳斥谣言谎言。为了抹黑中国,以美国为首的西方国家制造了很多关于中国的虚假信息,主要包括:第一,中国"威胁"论。一些西方政客宣称,中国迅速崛起特别是军事实力的强大对周边国家安全构成威胁,影响区域稳定。第二,中国崩溃论。一些西方经济学家对中国经济进行研究,认为中国近些年经济增长缓慢、失业率高涨、贫富两极分化,社会矛盾尖锐。依据上述结论,他们预言,中国将出现大规模的政治和经济危机,迅速崩溃倒塌。第三,中国傲慢论。一些西方媒体把中国外交官称为"战狼",把中国外交官维护本国利益的正常行为看作"傲慢无礼"地挑衅,指责中国"以强凌弱""以大欺小"。第四,债务陷阱论。一些西方学者将共建"一带一路"污名化。他们宣称,中国通过共建"一带一路"向沿线国家特别是非洲国家提供巨额贷款,不但没有推动当地经济发展,而且让受援国陷入巨大的债务危机,使得这些国家面临破产的风险。第五,涉疆系列谎言。以美国为首的西方敌对势力颠倒黑白,无中生有,炮制所谓"设立集中营""强迫劳动""文化同化""宗教压制""种族灭绝""代际分离"等一系列涉疆谎言,抹黑中国政府形象,诋毁中国治疆政策,为制裁中国寻找借口。第六,新冠肺炎疫情的涉华谎言。为转移国内应对新冠肺炎疫情不力的责任,平息民怨,以美国为首的西方国家"甩锅"中国,污蔑中国,说什么"新冠病毒起源于中国""新冠病毒由中国实验室人为制造""中国掩盖疫情导致危机扩散蔓延""中国疫情数据不透明不真实""中国囤积防护物资牟取暴利"等。美国等西方国家利用自己所具有的信息技术优势,在国际社会大造舆论,散布虚假信息诋毁中国,主张向中国追责。面对以美国为首的西方国家的造谣、抹黑、污蔑,习近平指出,我们要敢于反击,"对那些妖魔化、污名化中国和中国人民的言论,要及时予以揭露和驳斥"[1],"要讲究舆论斗争的策略和艺术,提升重大问题对外发声能力。"[2]按照中央要求,我国新闻媒体主动出击,用事实说话,让真相发声,有力地回击了西方散布的一系列谣言,维护了国家良好形象。

① 《习近平关于社会主义文化建设论述摘编》,中央文献出版社2017年版,第202页。
② 《习近平谈治国理政》(第四卷),外文出版社2022年版,第318页。

第四节　党性和人民性相统一

新时代党的意识形态理论既强调党性，坚持正确政治方向，站稳政治立场，又强调人民性，满足人民精神需求，丰富人民精神世界，维护人民利益。二者相互连接、相辅相成、不可分割，成为党的意识形态工作必须坚持的根本原则。

一、旗帜鲜明坚持党性原则

坚持正确政治方向、政治观点、政治立场。党的意识形态工作是为党的执政服务的，必须坚持正确的政治方向、政治观点、政治立场，在党言党，在党爱党，在党为党，在党护党。首先，要拥护党的领导，对党忠诚。意识形态工作干部要树立"四个意识"，坚定"四个自信"，自觉做到"两个维护"，在思想政治行动上始终同党中央保持高度一致。对党忠诚是共产党人的首要政治品质，"全党同志特别是领导干部要始终在政治立场、政治方向、政治原则、政治道路上同党中央保持高度一致，真正做到忠诚党和人民，忠诚党的理想信念，忠诚党的初心使命，忠诚党的组织，忠诚党的理论和路线方针政策，严守党的政治纪律和政治规矩，不断增强维护党中央集中统一领导的思想自觉、政治自觉、行动自觉"①。其次，要坚定宣传党的理论和路线方针政策，坚定宣传中央重大工作部署，坚定宣传中央关于形势的重大分析判断，为党发声，为党代言。不管是政府主办的媒体，还是民间商业媒体，所有媒

① 《习近平谈治国理政》(第四卷)，外文出版社2022年版，第50页。

体都要坚持党性原则,都要置于党的领导之下。"无论时代如何发展、媒体格局如何变化,党管媒体的原则和制度不能变。"① 新闻媒体不能当市场的奴隶,不能沾满铜臭气,要抵御资本的诱惑,保持政治定力;要加强自我约束和监督管理,决不为错误思想提供传播渠道,决不发表与中央不一致的意见。再次,要敢于"亮剑",同错误思想作斗争。习近平指出,意识形态工作干部身处舆论斗争最前线,是战士。特殊的职责和使命决定了他们不能当绅士,不能当好好先生、东郭先生,不能做"骑墙派"和"看风派",不能明哲保身,搞爱惜羽毛那一套,而是要立场坚定,是非分明。"对重大政治原则和大是大非问题,要敢于交锋、敢于亮剑。对恶意攻击、造谣生事,要坚决回击、以正视听"②,"如果在坚持党性这个根本问题上没有明确观点和立场,那就是政治上不合格,就没有做党的宣传思想工作最起码的资格"③。最后,要严格标准,严把选人用人关。要把政治标准作为选拔任用意识形态干部的首要标准,确保意识形态工作的领导权永远掌握在忠于党、忠于人民、忠于马克思主义的人手里。

坚持党的基本理论、基本路线、基本方略。党的基本理论即马克思主义及其中国化成果,包括马克思列宁主义、毛泽东思想、邓小平理论、"三个代表"重要思想、科学发展观、习近平新时代中国特色社会主义思想。马克思主义是我们立党立国、兴党兴国的根本指导思想,是党的旗帜和灵魂,必须毫不动摇地予以坚持。党的基本路线的主要内容简单地概括为"一个中心,两个基本点","一个中心"是指以经济建设为中心,"两个基本点"是四项基本原则和改革开放。其中,以经济建设为中心是兴国之要,四项基本原则是立国之本,改革开放是强国之路,他们具有相同的目标——建设社会主义现

---

① 《习近平总书记重要讲话文章选编》,中央文献出版社2016年版,第420页。
② 《习近平总书记重要讲话文章选编》,中央文献出版社2016年版,第427页。
③ 《习近平关于社会主义文化建设论述摘编》,中央文献出版社2017年版,第24~25页。

代化强国,实现中华民族伟大复兴。"党在社会主义初级阶段的基本路线是党和国家的生命线、人民的幸福线,也是党内政治生活正常开展的根本保证。"①党的十九大提出了新时代建设中国特色社会主义的基本方略,即"十四个坚持":坚持党对一切工作的领导、坚持以人民为中心、坚持全面深化改革、坚持新发展理念、坚持人民当家作主、坚持全面依法治国、坚持社会主义核心价值体系、坚持在发展中保障和改善民生、坚持人与自然和谐共生、坚持总体国家安全观、坚持党对人民军队的绝对领导、坚持"一国两制"和推进祖国统一、坚持推动构建人类命运共同体、坚持全面从严治党。这十四个坚持涵盖改革发展稳定、内政外交国防、治党治国治军等各个领域,从理论和实践结合上深刻回答了新时代怎样坚持和发展中国特色社会主义这个重大时代课题。党的基本理论、基本路线、基本方略是对党百年奋斗历史经验的深刻总结,是被实践证明了的关于中国革命和建设的正确理论。它深化了我们对党的执政规律、社会主义建设规律、人类社会发展规律的认识,将其提升到了新高度。党的基本理论、基本路线、基本方略必须长期坚持下去,任何时候、任何情况都不能动摇,在这一点上我们必须有清醒的认识,否则我们将会犯颠覆性错误,走改旗易帜的邪路。

严守党的纪律和规矩。党纪党规是党的各级组织和全体党员必须遵守的行为规则,是维护党的团结统一、完成党的任务的保证。守不守纪律、讲不讲规矩是对党员干部党性的重要考验,是党员、干部对党忠诚度的重要检验。党纪党规包含的内容很多,政治纪律、组织纪律、廉洁纪律、群众纪律、工作纪律、生活纪律等,其中最重要的、居于首位的是政治纪律和政治规矩。因为政治纪律是打头的、管总的,不管违反哪方面的纪律,最终都会侵蚀党的执政基础,说到底都是破坏党的政治纪律。习近平指出,遵守政治纪律和

---

① 《关于新形势下党内政治生活的若干准则》,人民出版社2016年版,第9页。

政治规矩,重点要做到以下五个方面:一是必须维护党中央权威,决不允许背离党中央要求另搞一套,阳奉阴违,自行其是;二是必须维护党的团结,决不允许在党内培植私人势力,拉帮结派,搞"山头主义""宗派主义";三是必须遵循组织程序,决不允许擅作主张、越权办事;四是必须服从组织决定,决不允许搞非组织活动,欺骗组织、对抗组织;五是必须管好亲属和身边工作人员,决不允许他们擅权干政、谋取私利。①制度的生命力在于执行。党纪党规制定出来以后就要严格执行,没有"丹书铁券",没有"铁帽子王",不管是谁,不管职位有多高,只要触犯党纪党规,一律予以处分。党的十八大以来,在以习近平同志为核心的党中央坚强领导下,全国纪检监察机关共立案审查调查438.8万件、470.9万人;查处违反中央八项规定精神问题72.3万起,给予党纪政务处分64.4万人,其中中管干部500多人,充分显示了中国共产党正风肃纪的坚定决心。②守纪律、讲规矩不是短期行为,而是对党员干部的终生要求和考验。广大党员干部要把党纪党规刻印在心,牢记心间,知敬畏、存戒惧、守底线,堂堂正正做人、干干净净做事、清清白白为官,用实际行动向党和人民交出一份满意的答卷。

二、毫不动摇维护人民群众利益

尊重人民群众主体地位,发挥人民群众创造精神。谁是真正的英雄?历史是由谁书写的?在这个问题上存在两种根本对立的观点。一种是唯心主义的英雄史观。英雄史观认为少数英雄人物主宰人类社会发展进程,应当从英雄人物的主观意志中寻找历史活动的源泉。人民群众无足轻重,只

---

① 《习近平谈治国理政》(第二卷),外文出版社2017年版,第154~155页。
② 肖杨:《党的十八大以来全国纪检监察机关共立案审查调查438.8万件470.9万人》,廉洁四川网,2022年6月30日。

是英雄人物的陪衬。中国近代著名思想家、大文豪梁启超说："历史者,英雄之舞台也,舍英雄几无历史。"①胡适说:英雄人物"一言可以兴邦,一言可以丧邦"②。英国哲学家托马斯·卡莱尔说:"在我看来,世界的历史,人类在这个世界已经完成的历史,归根结底是世界上耕耘过的伟人们的历史……甚至不妨说他们(伟人)是创世主。"③他们的观点就是典型的英雄史观,贬低人民群众,否定人类社会发展的物质性。另外一种是唯物主义的群众史观。马克思主义认为,历史是由人民群众书写的,人民群众是历史的创造者,是真正的英雄。历史活动是群众的活动,决定历史发展的是行动着的群众。和人民群众相比,英雄人物的作用居于次要地位。人民群众历史创造者的地位决定了无产阶级政党必须坚持群众观点、群众路线,发挥人民群众首创精神,尊重人民群众主体地位。以习近平同志为核心的党中央充分尊重人民群众的主体地位。习近平指出:"人民是历史的创造者,人民是真正的英雄。波澜壮阔的中华民族发展史是中国人民书写的! 博大精深的中华文明是中国人民创造的! 历久弥新的中华民族精神是中国人民培育的! 中华民族迎来了从站起来、富起来到强起来的伟大飞跃是中国人民奋斗出来的!"④习近平要求,全体党员干部要自觉树立"主仆观""师生观",从内心深处把人民群众当"主人"、当"先生",全心全意为人民服务。"在人民面前,我们永远是小学生,必须自觉拜人民为师,向能者求教,向智者问策;必须充分尊重人民所表达的意愿、所创造的经验、所拥有的权利、所发挥的作用。"⑤党的十八大之后,人民群众的创造活力竞相迸发,聪明才智充分涌流。

---

① 张锡勤:《梁启超思想平议》,人民出版社2013年版,第280页。

② 朱荣英:《马克思恩格斯哲学研究的当代视域》,人民出版社2015年版,第217~218页。

③ 周利生:《科学发展观对马克思主义社会发展理论的新贡献》,人民出版社2014年版,第112~113页。

④ 习近平:《论党的宣传思想工作》,中央文献出版社2020年版,第296页。

⑤ 习近平:《论党的宣传思想工作》,中央文献出版社2020年版,第44页。

坚持以人民为中心的发展思想,实现人民群众对美好生活的向往。和以前相比,新时代,中国人民对生活有了更高要求:期盼有更好的工作、更高的收入、更安全的食品、更可靠的医疗保障、更公平的教育、更便捷的交通、更优美的环境、更丰富的精神文化生活等。"人民对美好生活的向往,就是我们的奋斗目标"。①党的十八大以来,以习近平同志为核心的党中央大力发展民生事业,增进民生福祉,提高人民生活品质。新时代,中国建成世界上最大的教育体系、社会保障体系、医疗卫生体系,我国人均预期寿命从74.8岁增长到78.2岁,增加了3.4岁;人均可支配收入从16500元增加到35100元,翻了2.1倍。全国改造棚户区住房4200多万套,改造农村危房2400多万户,城镇新增就业率年均1300万人以上。党领导人民取得了脱贫攻坚的伟大胜利,全国832个贫困县全部摘帽,近一亿农村贫困人口实现脱贫,960多万贫困人口实现异地搬迁,过上小康生活。中央坚持绿水青山就是金山银山的理念,全力以赴推进生态文明建设,全力以赴加强污染防治,人民生活环境显著改善,中国大地山更青、水更绿、天更蓝。中央不断加大对农村、中西部地区的资源投入和资金支持力度,增强这些地方的发展能力,城乡差距、地区差距明显缩小,全体人民走向共同富裕。中央深化税收制度改革,持续推进减税降费行动,减轻居民、企业负担;健全和完善司法制度,促进社会公平正义。中央持续推动文化下乡下基层活动,丰富群众精神文化生活,满足人民精神需求。疫情、地震、洪水、安全事故等突发公共事件和自然灾害发生后,中央要求地方政府第一时间、不惜一切代价进行救援,保护人民群众生命财产安全。"江山就是人民,人民就是江山,打江山、守江山,守的是人民的心"。②新时代,以习近平同志为核心的党中央坚持以人民为中心的发展思想,始终把人民利益放在心中最高位置,"民之所忧,我必念之;民之

---

① 《习近平谈治国理政》(第一卷),外文出版社2018年版,第4页。
② 《习近平谈治国理政》(第四卷),外文出版社2022年版,第63页。

所盼，我必行之"①，赢得了人民群众的衷心拥护和坚定支持。

宣传报道人民群众中涌现出来的先进典型和感人事迹，宣传报道人民群众的伟大奋斗和火热生活。党的十八大以来，在奋进新征程、建功新时代中，各行各业涌现出一大批先进典型：有把生命奉献给脱贫攻坚事业的黄文秀，有坚守滇西贫困地区40多年、带领1800多个山里女娃"逆天改命"的最美乡村女教师张桂梅，有满腔为国、敢医敢言的"国之脊梁"钟南山，有30多年隐姓埋名现身祖国核潜艇事业的科学家黄旭华，还有在平凡岗位上努力拼搏创造出不平凡业绩的快递小哥、外卖骑手、环卫工人等。这些先进典型、英雄模范身上蕴含的精神，心怀祖国、忠诚于党、服务于民、爱岗敬业、勤奋上进、乐于奉献等，与社会主义核心价值观相契合，与中华传统美德和党的优良作风相承接，具有成风化人的重要功能。"平凡铸就伟大，英雄来自人民，每个人都了不起！"②"无数平凡英雄拼搏奋斗，汇聚成新时代中国昂扬奋进的洪流"③，习近平点赞平凡英雄，高度赞扬他们在社会主义现代化建设事业中的引领示范作用。习近平要求，各级部门要大力宣传先进典型的感人事迹和崇高品德，在全党全社会形成崇尚先进、见贤思齐的浓厚氛围。各级宣传部门和新闻媒体响应党中央号召，通过举办"感动中国年度人物"评选活动、"全国道德模范"评选表彰活动、"最美乡村教师"评选表彰活动、"五一劳模""巾帼标兵"评选表彰活动、"时代楷模"宣传发布活动等活动，宣传报道先进典型感人事迹。除了常态化的评选表彰活动，党和国家还注重在重要的时间节点、重大事件中发现和树立先进典型。2018年12月18日，在庆祝改革开放40周年大会上，中央授予于敏等100名同志改革先锋称号，颁授改革先锋奖章。2021年6月29日，庆祝中国共产党成立100周年"七一勋章"

---

① 《习近平谈治国理政》（第四卷），外文出版社2022年版，第65页。
② 《国家主席习近平发表二〇二一年新年贺词》，《光明日报》，2021年1月1日。
③ 《国家主席习近平发表二〇二二年新年贺词》，《光明日报》，2022年1月1日。

颁授仪式在北京人民大会堂金色大厅隆重举行,习近平为马毛姐等29位功勋模范党员颁授奖章。在全国抗击疫情表彰大会上,中央授予钟南山"共和国勋章",授予张伯礼、张定宇、陈薇"人民英雄"国家荣誉称号。声势浩大的宣传报道让英雄模范的事迹广泛传播、家喻户晓,中华大地掀起"学习英雄、崇尚英雄、致敬英雄"的热潮。

第五节　民族性和世界性相统一

新时代党的意识形态理论扎根于五千年华夏悠久文明沃土,厚植于民族文化血脉深处,具有浓郁的民族特色。同时,它又吸收借鉴世界文明的优秀成果,展现出海纳百川的宏伟气魄。

一、具有浓郁民族特色

体现中国特色、中国风格、中国气派。2016年5月,习近平在哲学社会科学座谈会上指出:"要按照立足中国、借鉴国外,挖掘历史、把握当代,关怀人类、面向未来的思路,着力构建中国特色哲学社会科学,在指导思想、学科体系、学术体系、话语体系等方面充分体现中国特色、中国风格、中国气派。"[1]新时代党的意识形态理论依据这样的理念展开建构。从指导思想上看,中央提出"两个结合"的重大思想,指出马克思主义既要同中国具体实际相结合,也要同中华优秀传统文化相结合。"如果没有中华五千年文明,哪里有什么中国特色? 如果不是中国特色,哪有我们今天这么成功的中国特色社会

---

① 《习近平谈治国理政》(第二卷),外文出版社2017年版,第338页。

主义道路？我们要特别重视挖掘中华五千年文明中的精华,把弘扬优秀传统文化同马克思主义立场观点方法结合起来,坚定不移走中国特色社会主义道路。"①

党的十八大以来,以习近平同志为核心的党中央将文化自信置于前所未有的高度,深刻汲取博大精深的中华优秀传统文化所蕴含的丰富哲学思想、人文精神、道德理念,为中华民族伟大复兴汇聚起更基本、更深沉、更持久的力量。从学科体系上看,中央强调,学科发展要同频共振国家需求、人民需求,提升服务大局能力;要重视发展具有重要文化价值和传承意义的"绝学"、冷门学科,确保这些学科有人做、有传承。从学术体系上看,中央指出,要着力提升我国哲学社会科学学术研究的原创能力和水平。只有提出具有主体性、原创性的理论观点,我国哲学社会科学才能形成自己的特色和优势。从话语体系上看,中央指出,我们要善于提炼标识性概念,打造易于为国际社会所理解和接受的新概念、新范畴、新表述;要支持国外学会、基金会研究中国问题,加强国内外智库交流,推动海外中国学研究;要聚焦国际社会共同关注的问题,牵头组织研究项目,增强我国哲学社会科学研究的国际影响力;要加强优秀外文学术网站和学术期刊建设,扶持面向国外推介高水平研究成果。②新时代,中央加快构建中国特色哲学社会科学,使其体现出浓郁的民族特色、民族气质。

阐述中国理念、中国观点、中国主张。在经济、政治、科技、文化、社会、外交、国家安全、全球治理等问题上,中国提出了不同于西方的全新观点,为发展中国家走向现代化提供了一种全新选择。

在经济方面,不同于西方的"新自由主义"思想,中国主张发挥政府和市场"两只手"的作用,避免经济生产的盲目性;不同于西方的贸易保护主义行

---

① 《习近平谈治国理政》(第四卷),外文出版社2022年版,第315页。

② 《习近平谈治国理政》(第二卷),外文出版社2017年版,第346页。

为,中国积极融入经济全球化、世界一体化的浪潮,主张实行真正的多边主义,维护全球自由贸易。

在政治方面,不同于西方的霸权主义、强权政治,中国主张国家不分大小、强弱、贫富,一律平等;不同于西方的"普世价值观",中国主张由每个国家自主选择符合自己国情的发展道路。习近平指出,鞋子合不合脚,只有穿的人才知道。一个国家的发展道路合不合适,本国人民最有发言权,其他国家无权干涉。

在科技方面,不同于西方国家的封锁、打压、胁迫、牟取暴利,中国主张实行国际科技合作,让科技造福全人类。

在文化方面,不同于西方的"文明优越论""文明冲突论",中国主张不同文明相互尊重、平等相待、开放包容、互学互鉴。"我们要树立平等、互鉴、对话、包容的文明观,以文明交流超越文明隔阂,以文明互鉴超越文明冲突,以文明共存超越文明优越"①,建设一个和平、和谐、繁荣的世界。

在社会方面,不同于西方的两极分化,中国致力于实现全体人民共同富裕;不同于西方的"金钱民主",中国切实保障人民当家作主的权利。

在外交方面,不同于西方拉帮结派、搞小圈子和阵营对抗、肆意干涉别国内政,中国坚持独立自主的和平外交政策,与世界各国友好往来;不同于西方"你输我赢、赢者通吃"的零和思维,中国主张务实合作、互利共赢;不同于西方的武力威胁,中国主张以和平方式解决国际争端。

在国家安全方面,不同于西方自私自利的所谓"绝对安全观",中国主张建立"共同、综合、合作、可持续的"新安全观,倡导全面安全、共同安全、合作安全理念。"各国应该树立共同、综合、合作、可持续的全球安全观,树立合作应对安全挑战的意识,以合作谋安全、谋稳定,以安全促和平、促发展,努力

---

① 习近平:《弘扬"上海精神"构建命运共同体——在上海合作组织成员国元首理事会第十八次会议上的讲话》,《人民日报》,2018年6月11日。

为各国人民创造持久的安全稳定环境。"①

在全球治理方面,不同于西方的"一言堂",中国倡导共商、共建、共享的全球治理观。"世界的命运必须由各国人民共同掌握,世界上的事情应该由各国政府和人民共同商量来办。"②

讲述中国故事、中国力量、中国精神。"讲故事,是国际传播的最佳方式。要讲好中国特色社会主义的故事,讲好中国梦的故事,讲好中国人的故事,讲好中华优秀文化的故事,讲好中国和平发展的故事。……要组织各种精彩、精练的故事载体,把中国道路、中国理论、中国制度、中国精神、中国力量寓于其中,使人想听爱听,听有所思,听有所得。"③"文艺工作者要讲好中国故事、传播好中国声音、阐发中国精神、展现中国风貌,让外国民众通过欣赏中国作家艺术家的作品来深化对中国的认识、增进对中国的了解。要向世界宣传推介我国优秀文化艺术,让国外民众在审美过程中感受魅力,加深对中华文化的认识和理解。"④党的十八大以来,我国对外宣传部门认真贯彻落实习近平总书记重要讲话精神,创新对外宣传方式,讲好中国故事,传播中国声音。一是宣传推介中国优秀文化作品。中宣部、国家广播电视总局等部门组织实施"中国当代作品翻译工程""经典中国国际出版工程""丝绸之路影视桥工程"等重点工程和译制项目,推动中国优秀文化作品在全世界广泛传播。《父母爱情》《人世间》《红海行动》《流浪地球》等中国影视剧风靡海外,"圈粉"无数。《习近平谈治国理政》(第四卷),以37个语种版本,在世界170多个国家和地区发行,成为国际出版领域"现象级"读物,产生重大国际影响。⑤二是开展丰富多彩的文化交流活动。举办"中国文化节""中华诗词

---

① 《习近平关于总体国家安全观论述摘编》,中央文献出版社2018年版,第250页。
② 《习近平关于总体国家安全观论述摘编》,中央文献出版社2018年版,第232页。
③ 《习近平总书记重要讲话文章选编》,中央文献出版社2016年版,第432页。
④ 《习近平总书记重要讲话文章选编》,中央文献出版社2016年版,第192页。
⑤ 翟佳琪:《讲好故事塑形象》,《党建》,2023年第1期。

大会""中国服饰文化博览会"等文化交流活动,组织"联合国春节文艺演出""京剧海外巡演""中国杂技表演""太极拳表演"等大型文艺演出活动,展示中国文化魅力。三是采访对华友好的政治家、学者、媒体和商业领袖,请他们为中国发声;推动民间友好交往,促进民心相通。四是拍摄宣传片、微视频,通过网络媒体向全球播放,向世界展示真实、立体、全面的中国,塑造国家的良好形象。

二、吸纳人类文明优秀成果

吸收借鉴世界知名学者的研究成果。新时代党的意识形态理论是一种开放的理论体系,除了马克思主义经典作家,它在形成发展的过程中也吸收借鉴了世界其他著名学者的思想,并把其运用在意识形态工作的实践中。

一是葛兰西的"文化领导权"理论。葛兰西的"文化领导权"理论强调了意识形态工作的重要性、掌握意识形态工作领导权的重要性。葛兰西认为,在西方发达资本主义国家,无产阶级要想取得革命的成功,首先必须夺取文化的领导权、意识形态的领导权,占领思想阵地,然后才能夺取并巩固政治领导权。重视意识形态工作、掌握意识形态工作领导权在党的意识形态理论中有鲜明体现。习近平指出,意识形态工作是党的一项极端重要的工作,要牢牢掌握党对意识形态工作的领导权,任何时候都不能旁落,否则就会犯颠覆性错误。

二是阿尔都塞的"意识形态国家机器"理论。阿尔都塞认为,意识形态不仅是一种观念形态,还是一种在现实中客观存在的、特殊的非强制性国家机器。这个国家机器是由教会、学校、家庭、法律、政治、工会、传播、文化等机构所构成的复杂系统,每个机构都承担着为统治阶级辩护的功能。阿尔都塞的"意识形态国家机器"理论强调了意识形态工作的整体性、系统性、协调性,这一点在党的意识形态理论中得以借鉴。习近平指出,意识形态工作不是某一个部门的事,要树立大宣传理念,动员各条战线各个部门一起来做,齐抓共管,形成合力。

三是布尔迪厄的"场域"理论。布尔迪厄将整个社会场域分成许多场次,经济场、文化场、权力场、学术场、艺术场、宗教场等。布尔迪厄指出,不同场域之间充斥着复杂而激烈的权力斗争,斗争的结果决定权力的归属。布尔迪厄的"场域"理论指出了舆论斗争的尖锐性,揭示了舆论斗争的根源。布尔迪厄的"场域"理论有助于我们正确认识和看待当前的舆论斗争形势,巩固马克思主义在意识形态领域的指导地位。面对多元化的社会舆论,特别是西方错误思潮观点,习近平指出,我们要敢于批判、敢于斗争、敢于亮剑,堵塞其传播渠道,压缩其生存空间。

四是福柯的"话语权力"理论。福柯认为,话语极为重要,它能够影响甚至驾驭人们的思想。话语与权力之间相互影响、相互依存、不可分割。话语既可以巩固权力,也可以削弱权力,它起什么样的作用取决于其代表谁的利益、为谁服务。统治阶级要想稳固自己的权力,必须掌握话语权,正确引导社会舆论。习近平高度重视话语、舆论的作用,他强调指出:"舆论导向正确,就能凝聚人心、汇聚力量,推动事业发展;舆论导向错误,就会动摇人心、瓦解斗志,危害党和人民事业"①,要把握正确舆论导向,提高新闻舆论传播力、引导力、影响力、公信力,巩固壮大主流思想舆论;要加强国际传播能力建设,不断扩大中国媒体的覆盖面,让全世界都能听到并听清中国声音。

五是约瑟夫·奈的"软实力"理论。约瑟夫·奈认为,"软实力"是国家实力的重要组成部分,也是一个国家综合实力的体现。一个国家要想真正强大,既要发展军事、经济、科技等"硬实力",也要发展文化、教育、外交等"软

---

① 《习近平新闻思想讲义》,人民出版社2018年版,第36页。

实力"，"软""硬"并举。习近平同样重视"软实力"的作用，他多次指出，要推动中华文化走出去，增强国家文化软实力。"要更好推动中华文化走出去，以文载道、以文传声、以文化人，向世界阐释推介更多具有中国特色、体现中国精神、蕴藏中国智慧的优秀文化。要注重把握好基调，既开放自信也谦逊谦和，努力塑造可信、可爱、可敬的中国形象。"①

吸收借鉴其他国家做好意识形态工作的经验。以美国为代表的西方国家在维护国家安全、意识形态安全方面积累了丰富经验，这些经验包括：始终围绕文化传统维护意识形态安全，增强国民自信心和自豪感；充分利用媒体特别是网络媒体"代言"，传播西方价值观；全面推行意识形态安全法治化，出台专门法律，打击与主流思想不一致的行为和言论；丰富教育形式，把统治阶级宣扬的价值观念与伦理道德，渗透到公民的学习、工作、公共参与，乃至娱乐休闲等日常生活的各个环节，实现意识形态教育内容和方式的生活化；围剿、批判"非主流"观点，巩固意识形态阵地；发挥社会组织的积极作用，化解社会矛盾、维护社会稳定。西方国家的经验对我们做好意识形态工作、维护意识形态安全具有重要启示。首先，筑牢根基是意识形态安全的根本出发点。一个社会中占统治地位的意识形态，必须把根脉深植于该社会最深层次的土壤之中，深植于民众日用而不自觉的文化基因之中。中国特色社会主义意识形态，必须扎根于中华大地，反映人民群众的喜怒哀乐，才能淬炼出顽强的生命力，展现出强大的社会作用。其次，维护意识形态安全，需要各个部门相互配合，形成合力。党、政、工、团、学校、家庭、社会、媒体，唯有团结一心、和衷共济，才能做好这项工作，形成维护意识形态安全的强大合力。最后，通过多种多样的形式，实现意识形态的日常生活化，是维护意识形态安全的基础性工作。意识形态的构建与灌输，意识形态安全的

---

① 《习近平谈治国理政》(第四卷)，外文出版社2022年版，第317页。

维护,必须实现与受众的日常生活与个体体验的紧密结合,才能取得最大限度的预期效果。①个体的生活体验与意识形态宣教的内容,如果出现强烈反差,只会损害意识形态的凝聚力、感召力与说服力。他山之石,可以攻玉。以习近平同志为核心的党中央对西方国家意识形态工作的经验进行辩证分析,取其精华,去其糟粕,极大地推动了党的意识形态工作的发展。

---

① 王中汝:《美国维护意识形态安全的做法及启示》,《人民论坛·学术前沿》,2020年第23期。

第六章 新时代党的意识形态理论 原创性贡献的重大价值

新时代党的意识形态理论的原创性贡献具有多维价值。从理论上看，它提出很多新概念、新范畴、新表述、新思想、新观点、新论断，极大地丰富和发展了马克思主义意识形态理论，开辟马克思主义发展的新境界。从实践上看，它举旗定向，为中国发展指明方向；强基固本，巩固党的执政地位；凝心聚气，汇集实现伟大梦想的磅礴伟力；鼓舞斗志，坚定全国人民战胜困难的信心，为改革开放和现代化建设顺利进行提供强大思想保证和精神动力。从中华民族的角度来看，它弘扬优秀传统文化，筑牢文化自信自强根基；它着力推进社会主义文化强国建设，增强中国文化软实力。从世界的角度来看，它为促进不同文明交流互鉴、化解矛盾纷争、加强国际合作、构建人类命运共同体提供了中国智慧和中国方案，为发展中国家走向现代化提供了一种不同于西方国家的全新选择。只有深刻认识新时代党的意识形态理论原创性贡献的重大价值，才能增强贯彻这一科学理论的思想自觉和行动自觉。

第一节　新时代党的意识形态理论原创性贡献的理论价值

一、巩固马克思主义在意识形态领域的指导地位

十月革命的爆发,是俄国和全世界历史的一次巨变。在马克思主义的思想指引下,俄国无产阶级领导了一次彻底的革命,推翻了帝国主义、资产阶级和一切反动的封建势力,开创了人类历史的新纪元。这一革命的火种,在经济和政治条件相似的中国迅速传播,指导了中国共产党的成立,进而在中国革命、建设和改革中,为中国人民提供了科学的指导和正确的价值取向。

马克思主义的到来,对中国产生了重大而深远的影响,引导中国选择了一条与中国具体实际相结合、具有中国特色的社会主义道路,这为中国的发展和进步提供了根本的指导原则和行动方向。在马克思主义的正确指引下,中国取得了革命、建设、改革的伟大胜利。历史和实践证明,马克思主义是科学真理。只有坚持马克思主义,中国才能实现民族独立、人民解放,才能实现国家富强、人民富裕。

当前,我国正处于经济社会转型期,经济体制的深刻变革带来社会思潮的深刻变化。各种非马克思主义、反马克思主义的错误思想观念快速传播,对国家安全、社会稳定产生严重不利影响。以习近平同志为核心的党中央深刻认识到主流意识形态面临的弱化风险,提出一系列新思想、新观点,采取一系列新方法、新举措,巩固马克思主义在意识形态领域的指导地位。

在全国宣传思想工作会议上,习近平指出:"意识形态工作是党的一项极端重要的工作。"[①]在党的十八届三中全会第一次全体会议上,习近平再次

① 《习近平谈治国理政》(第一卷),外文出版社2018年版,第153页。

强调:"在集中精力进行经济建设的同时,一刻也不能放松和削弱意识形态工作,必须把意识形态工作的领导权、管理权、话语权牢牢掌握在手中,任何时候都不能旁落。"①这一表态,将意识形态工作的重要性提升到了新的历史高度。以习近平同志为核心的党中央批驳错误思潮、强化意识形态阵地管理、建立健全意识形态制度、建强意识形态工作队伍,使主旋律更加高昂、正能量更加充沛。

二、丰富和发展马克思主义意识形态理论

新时代党的意识形态理论对马克思主义意识形态理论的丰富和发展主要表现在以下几个方面。

第一,提升马克思主义意识形态理论的战略地位。马克思主义经典作家深刻认识到意识形态的重要性,进行了深入研究和探讨,他们的思想有着一以贯之的连续性。马克思恩格斯从经济基础与上层建筑的关系出发,强调意识形态在观念上层建筑中的重要作用。列宁则将意识形态与"科学"紧密联系在一起,并将其视为无产阶级革命的强大思想武器。毛泽东对意识形态的理解突出了与文化之间的联系,强调政治工作在经济工作中的关键作用,是一切经济工作的"生命线"。这些观点表明,马克思主义经典作家对意识形态问题给予了高度关注和重视,将其视为非常重要的议题。然而他们从未明确使用"极端重要"这一措辞来描述意识形态工作的重要性。习近平结合其长期在基层工作的实践经验,以及对新时代意识形态领域的科学研判,提出了"意识形态工作是党的一项极端重要的工作"的新论断。这一观点不仅与马克思主义经典作家关于意识形态重要性的思想和理论自然衔

---

① 《习近平关于总体国家安全观论述摘编》,中央文献出版社2018年版,第106页。

接,而且融入了强大的实践需求和时代气息。

第二,建构融通中外的意识形态话语体系。马克思主义经典作家从不同角度都强调了意识形态的重要性。列宁提出的"灌输理论"认为,指导无产阶级革命的科学理论是不会自发产生的,需要通过一定的方式由马克思主义者加以灌输。毛泽东则进一步指出,对群众进行理论宣传时要创新语言表达形式,用流行语、群众喜欢听的语言来表达,从而使理论更好地掌握群众。习近平在多个场合反复强调创新对外交流方式的重要性,倡导建立融通中外的意识形态话语体系,以此让更多人了解和关注中国,为中国增加话语权。他在系列重要讲话中使用"撸起袖子加油干""朋友圈""点赞"等这些网络流行语,不仅在国内广受认可,更是赢得了全球各国对中国的喜爱,引起了国际社会对中国的极大关注,这使得中国在国际舞台上形成了一个强大的"朋友圈"。此外,"共同价值""命运共同体"等创新理念的提出,在许多国家和地区激起了强烈的共鸣。这些理念使用了一系列全新概念、范畴和表述方式,既凸显了中国的独特之处,又具有普遍意义,使得全球人民对中国的认知更加明晰和全面,显著提升了中国在国际事务中的话语权。

第三,提出提高意识形态工作效果的新办法新举措。这些新办法、新举措包括:把握好时、度、效,第一时间介入,把握好分寸,解决群众关注的现实问题;抓好理念创新、手段创新、基层工作创新、内容创新,提高运用新媒体、新技术、新应用开展意识形态工作的本领,实现网络信息技术和意识形态工作的高度融合;掌握领导权、管理权、话语权,确保意识形态工作牢牢掌握在忠于党、忠于人民、忠于马克思主义的人手里;谈文艺、讲故事,拉近与教育对象的距离。上述方法的运用极大地提高了党的意识形态工作的吸引力、影响力、感染力,提高了党的意识形态工作的效果。

三、深化对马克思主义意识形态理论的理解

马克思主义理论作为党的意识形态工作的科学指导思想,不仅为我们揭示社会历史发展规律提供了理论支持,也为我们进行正确的政治判断和科学的政策制定提供了思想依据,更是我们社会主义事业的精神指南和灵魂支撑。新时代党的意识形态理论是在充分吸纳和借鉴马克思主义意识形态理论思想精髓的基础上发展起来的,将马克思主义意识形态理论与新时代实践相结合,不断探索新时代意识形态工作的有效路径和实践措施。新时代党的意识形态理论彰显着我们党对意识形态理论的深刻理解和掌握,不仅为我们提供了新时代的思想引领,而且为我们在全球范围内掀起了中国高度和中国话语权的热潮。

唯物史观是马克思主义的一项重要发现,揭示了社会实践和社会思想之间相互影响的客观规律。这一基本原理是马克思主义核心观点的基石,也是其意识形态理论的基础。习近平运用辩证唯物主义的方法,审视意识形态工作,强调了意识形态工作的极端重要性及与经济工作的辩证关系。他指出,经济建设为意识形态工作提供了坚实的物质基础,而意识形态工作则为中心工作提供了有力的思想政治保障。习近平强调,不能将意识形态工作疏离于中心工作之外,而是要围绕中心、服务大局。这一论述充分体现了经济基础与上层建筑之间的辩证互动关系。习近平对意识形态工作的定位,展现了马克思主义科学理论在当代中国实践中的应用,为我们推动经济发展、实现中华民族伟大复兴提供了重要的思想指引和理论支持。

马克思恩格斯的意识形态理论主要是通过对资产阶级意识形态的揭示和批判而形成的。他们认为,资本主义的意识形态是一种虚伪和欺骗性的反动意识形态,是一种反动观念体系,用来迷惑和麻醉广大民众。因此,马

克思主义从对资本主义意识形态的本质性认识开始了对资本主义意识形态的斗争。习近平对此有深刻的认识,他指出意识形态领域的斗争是当代世界社会主义和资本主义两种制度在思想文化层面上的竞争和对抗。习近平强调要深入批判和揭露当今资本主义所谓的"普世价值"和"民主自由"等思想观念的虚伪性和欺骗性,准确地表达了对当今世界两大阶级意识形态矛盾冲突的本质性认识。习近平的重要论述为我们在新时代开展意识形态工作提供了行动指南和根本遵循。他强调,在意识形态领域的斗争中,我们必须充分认识到这一斗争的长期性、尖锐性和复杂性,以火热的斗志和坚定的信仰开展思想文化领域的斗争,坚决批判、揭露和打击一切敌对势力的阴谋和行动,坚决维护社会主义核心价值观,为全面建设社会主义现代化国家提供坚实的思想保障。

列宁将马克思主义定位为科学和真理的无产阶级意识形态,并通过创立"外部灌输理论"来对工人阶级进行教育和引导。尽管时代变迁,但这些思想理论仍然闪耀着真理的光芒。习近平同样将社会主义意识形态视为具有鲜明的党性和人民性,并认为以科学理论和先进思想为指导的意识形态具有凝聚民心、激发力量的进步观念。他通过理论教育、价值引领、文化感召和社会熏陶等多种手段,不断提升社会主义意识形态的凝聚力和引领力,发挥其先进功能和作用。这充分展示了习近平对于先进意识形态发挥作用的深刻认知,为我们推动新时代意识形态建设的发展和实践提供了重要的思想指导。

四、推动我国意识形态理论体系建构

首先,深化对意识形态建设规律的探索。新时代党的意识形态理论建立在对马克思主义相关理论基础的不同历史时期和社会主义发展阶段的思考之上，对意识形态建设进行了深化和创新。同时，进一步加深对意识形态规律的认知。在经济领域，我们始终保持意识形态工作和经济发展的统一性，促进意识形态建设和经济建设健康、可持续发展。在加强党的领导方面，始终全面坚持党的领导，动员全党和广大人民群众，共同推动意识形态工作的创新发展。在思想宣传领域，注重把握时机和效果，坚持以积极正面的宣传为主导，在教育引导和传播正能量方面发挥积极作用。同时，加大对网络意识形态的管理力度，引导社会舆论始终在党的领导下不断发展。总的来说，探索意识形态建设规律是一项复杂且长期的任务，需要我们发扬钻研精神和创新精神，不断深入研究和实践，同时不断推动中国特色社会主义事业的发展和进步。

其次，巩固党长期执政的精神基石。作为无产阶级政党，我们既要保障人民群众的物质基础和生存发展，也要满足人民群众的精神需求。在这个过程中，必须保持良好的平衡，不能偏废其中任何一个方面。无产阶级政党需要高度重视和加强意识形态建设，因为只有通过加强意识形态建设，引导人民群众树立正确的思想观念，才能获得他们的信任和支持，从而长期巩固党的执政地位。在党的百年历史进程中，我们既要加强党的意识形态建设，保持党的先进性和纯洁性，又要不断警惕敌对势力的渗透和腐朽思想的侵蚀，着力推进主流意识形态建设，提升意识形态领域的治理体系和治理能力的现代化水平，提升党的执政能力和执政水平，以此来维护党的坚强领导地位。我们需要坚持正确的政治方向，注重教育和引导广大党员和人民群众，培养正确的世界观、人生观和价值观，加强对青少年和教育工作者的引导和管理，加强对新闻和文艺行业的领导和管理，维护和扩大我国在国际意识形态斗争中的话语权和影响力，多方面推动意识形态建设的不断前进。总之，我们要始终坚持和发展马克思列宁主义、毛泽东思想、邓小平理论、"三个代表"重要思想、科学发展观和习近平新时代中国特色社会主义思想，将思想建设摆在更加重要的位置上，为党的事业发展提供坚实支持。

最后，加强意识形态工作的顶层设计。意识形态建设具有极其重要的地位，因此我们党不断加强对意识形态的顶层设计。在全国宣传思想会议上，习近平明确了新时代党的意识形态建设的地位、意识形态建设的方向以及与党的其他任务之间的关系。在全国文艺工作座谈会上，习近平强调了党对文艺事业的领导，并确定了文艺事业发展的道路。在新闻舆论工作座谈会上，习近平分析了新闻舆论的重要作用，强调了党对媒体的管理。在哲学社会科学工作会上，习近平指出哲学社会科学对中国特色社会主义文化和意识形态建设的不可替代作用，必须加快构建哲学社会科学体系。在网络安全和信息工作会议上，习近平强调马克思主义意识形态对网络舆论的引导发挥着重要作用，必须保障网络意识形态的安全。此外，党的思想建设理论和措施也在不断丰富，党的十九届四中全会提出了建立"不忘初心、牢记使命"的制度，并在新时代开展了党史学习教育等活动。以上党内关于意识形态的顶层设计，有利于推动新时代党的意识形态建设沿着正确的轨道发展。这些会议和活动的举行，为党的意识形态工作提供了明确的指导和规划，有助于保证党在意识形态领域的正确导向和发展前景。

第二节　新时代党的意识形态理论原创性贡献的实践价值

一、举旗定向，为中国发展指明方向

旗帜决定命运，道路决定方向。新时代的中国要举什么旗？走什么路？实现什么样的发展目标？以习近平同志为核心的党中央对此作了明确回答。那就是继续高举马克思主义的伟大旗帜，坚定不移地走中国特色社会主义道路，为满足人民对美好生活的向往、实现中华民族伟大复兴中国梦不

懈努力奋斗。

坚持马克思主义的指导思想。马克思主义是我们立党立国的根本指导思想。之所以要把马克思主义奉为我们的指导思想，那是因为它是科学，揭示了人类社会发展规律；它代表了人民利益，为人民利益呐喊；它不是书斋里的学问，它切切实实能解决中国的实际问题。它适合中国国情，符合中国特点；它与时俱进，随着时代的发展不断发展。在马克思主义的指导下，我们党领导人民取得了新民主主义革命的伟大胜利，建立了新中国，从而民族得以独立，人民获得解放。在马克思主义的指导下，中国共产党领导人民完成"三大改造"，建立了社会主义的基本制度，为中国后来的发展进步奠定了根本政治前提和制度基础。在马克思主义的指导下，我们党领导人民开启改革开放大业，取得举世瞩目的辉煌成就，国力大幅提升。党的十八大以来，在马克思主义的指导下，中国特色社会主义事业取得了全方位、开创性的历史成就，发生深层次、根本性历史变革，惊艳全球。在马克思主义的指导下，中华民族实现从站起来、富起来到强起来的伟大飞跃，巍然屹立在世界东方。"理论在一个国家实现的程度，总是取决于理论满足这个国家的需要的程度。"①马克思主义以其科学性、真理性改变了中国人民的命运，成为中国人民的自觉选择。

坚持中国特色社会主义道路。"中国特色社会主义是党和人民历经千辛万苦、付出巨大代价取得的根本成就，是实现中华民族伟大复兴的正确道路"②，必须予以坚持。坚持中国特色社会主义道路，应着重把握以下三点：一是科学社会主义的基本原则不能丢。"中国特色社会主义是社会主义而不是其他什么主义，科学社会主义基本原则不能丢，丢了就不是社会主义。"③

① 《马克思恩格斯选集》（第一卷），人民出版社2012年版，第11页。
② 《习近平谈治国理政》（第四卷），外文出版社2022年版，第10页。
③ 《习近平谈治国理政》（第一卷），外文出版社2018年版，第22页。

"两个必然"、无产阶级的领导地位、人民民主专政的国家政权、公有制的主体地位,按劳分配、人与自然和谐共生、大力发展先进文化、中国共产党的领导、实现共同富裕,这些原则是社会主义事业发展规律的集中体现,是马克思主义政党领导人民进行革命、建设、改革的基本遵循。不管时代如何发展、改革如何进行,这些原则都必须坚持,丝毫动摇不得。二是具有中国特色,适合中国国情。一个国家选择什么样的道路,是由这个国家的历史传承、文化传统、经济社会发展水平——即基本国情决定的。脱离本国的国情,全盘照搬别国发展模式,断然不会取得成功。三是要不断发展,与时俱进。中国特色社会主义的理论、制度要随着时代的发展不断发展,做到与时俱进。只有这样,它才能够保持强大的生命力和活力,才能够凝聚人心。

为人民幸福美好生活而奋斗。"人民对美好生活的向往,就是我们的奋斗目标。"①中国共产党没有自己的私利,中国共产党一切理论和奋斗的目标就是让人民过上美好幸福的生活。党的十八大以来,以习近平同志为核心的党中央大力实施"民生工程":优先发展教育事业,促进教育公平;稳增长保就业,提高人民收入水平;加强社会保障体系建设,降低人民负担比例;实施精准扶贫、乡村振兴战略,实现全体人民共同富裕;保护生态环境,建设美丽家园;加强社会治理,严厉打击违法犯罪活动。上述举措从人民最关心、最直接、最现实的利益问题抓起,一以贯之、一抓到底,极大地增强了人民群众的获得感、幸福感、满足感。美好幸福的生活是干出来的。怎么干?以习近平同志为核心的党中央为全国人民制定了时间表、画出了路线图,提出了新"三步走"的战略:2020年全面建成小康社会,2035年基本实现现代化,2050年把我国建设成为富强民主文明和谐美丽的社会主义现代化强国。经过全党全国人民艰苦奋斗,第一步战略目标已经顺利实现,我们在中华大地上全

---

① 《习近平谈治国理政》(第一卷),外文出版社2018年版,第4页。

面建成了小康社会,历史性地解决了绝对贫困问题。现在全国人民意气风发,斗志昂扬,正在向第二步、第三步战略目标挺进,中华民族伟大复兴的壮美画卷在华夏大地徐徐展开。

二、强基固本,巩固党的执政地位

历史是人民书写的,人民群众是社会历史的主体,是社会变革的决定力量,这是马克思主义群众史观的基本观点。以习近平同志为核心的党中央继承和发展了马克思主义的群众史观,强化群众观点、贯彻群众路线,着力践行以人民为中心的发展思想,为群众排忧解难,获得人民群众的一致称赞。

持续不断开展主题教育,强化党员干部宗旨意识。群众路线教育实践活动、"三严三实"专题教育、"两学一做"学习教育、"不忘初心,牢记使命"主题教育、党史学习教育、学习贯彻习近平新时代中国特色社会主义思想主题教育,党的十八大之后,党内思想教育活动接连开展,持续不断。尽管各有侧重,但是上述活动贯穿着一条鲜明的主线,即马克思主义的群众史观。通过开展上述教育活动,全体党员干部更加深刻理解习近平"人民是历史的创造者,是真正的英雄"[1],"江山就是人民,人民就是江山"[2],"中国共产党根基在人民、血脉在人民、力量在人民"[3]等论断的科学内涵,形成坚持群众观点、贯彻群众路线的行动自觉。主题教育不仅是一场思想教育、理论教育活动,也是为人民服务、办实事的活动。在教育过程中,党中央要求各级党委、政府把学习成果转化为服务群众的自觉行动,想人民之所想,急人民之所急,解决人民群众急难愁盼问题,有效地改善了党群关系,巩固了党的执政地位。

---

[1] 习近平:《在庆祝中国共产党成立100周年大会上的讲话》,《人民日报》,2021年7月2日。

[2] 习近平:《在庆祝中国共产党成立100周年大会上的讲话》,《人民日报》,2021年7月2日。

[3] 习近平:《在庆祝中国共产党成立100周年大会上的讲话》,《人民日报》,2021年7月2日。

践行以人民为中心的发展思想,实现好、维护好、保障好人民群众的根本利益。在治国理政的实践中,以习近平同志为核心的党中央逐渐形成并努力践行以人民为中心的发展思想。一是做到发展为了人民。贯彻新发展理念、发展社会主义民主政治、完善公共文化服务体系、加强和创新社会治理、建设美丽中国、强力正风反腐……党的十八大之后,中央出台的一系列施政措施、改革举措更好地保障了人民群众的权益,激发了人民群众建设社会主义的积极性和热情。二是做到发展依靠人民。依靠人民群众,我们战胜了地震、洪水、冰冻等严重自然灾害,战胜了新冠肺炎疫情这种百年未遇的流行疾病,战胜了西方技术封锁、造谣抹黑带来的恶劣的外部环境,中国经济持续稳定发展,社会繁荣稳定,成为国际社会最耀眼的星。三是做到发展成果由人民共享。党中央实施精准扶贫、乡村振兴战略,建设雄安新区,持续不断推进西部大开发、振兴东北老工业基地、中部崛起,上述举措显著缩小了中国的城乡差距和区域差距,使得全体中国人过上富裕、稳定、幸福的生活。四是做到发展成效由人民评判。"我们党的执政水平和执政成效都不是由自己说了算,必须而且只能由人民来评判。人民是我们党的工作的最高裁决者和最终评判者。"[1]以习近平同志为核心的党中央把工作的评判权交诸人民,把人民是否满意作为最高标准,有力地提高了党的执政水平,加快了服务型政府的建设进程。河清海晏,时和岁丰,人民对政府的满意度不断提升。

三、凝魂聚气,汇集实现伟大梦想的磅礴伟力

党的十八大向全国人民发出了实现"两个一百年"奋斗目标的时代号召。"两个一百年"的奋斗目标固然美好,但绝不是轻轻松松、敲锣打鼓就能

---

① 《习近平谈治国理政》(第一卷),外文出版社2018年版,第28页。

够实现的。只有全党全国人民团结一致、同心同德、齐心协力,才能将其变为现实。这就需要一种纽带,可以把全党全国人民团结起来,凝心聚力共同奋斗。以习近平同志为核心的党中央积极倡导并践行社会主义核心价值观,成风化人,凝魂聚气,汇集起了实现伟大梦想的磅礴伟力。

建设富强、民主、文明、和谐的国家,坚定"四个自信"。鸦片战争以后,中国逐步陷入半殖民地半封建社会的深渊,外敌入侵、军阀割据、战乱连绵,人民生活在水深火热之中,苦不堪言。争取民族独立、人民解放,实现国家富强、人民富裕,成为近代中国的两大历史任务,成为近代中国人民的苦苦追求和强烈愿望。新民主主义革命的伟大胜利彻底解决了民族独立、人民解放问题,中国人民站了起来。新中国成立后,特别是经过改革开放,中国人民的生活水平显著提高,富了起来。党的十八大之后,中国全方位崛起,国际影响力空前提升,中国人民强了起来。"作为全球第二大经济体、世界第一大贸易国、拉动全球经济增长第一引擎,今日的中国正前所未有地走近世界舞台的中心,前所未有地接近实现中华民族伟大复兴的梦想。"①从极端贫困到全面小康,从亡国奴到国家主人,从备受欺凌到受人尊敬,中国的嬗变表明中国特色社会主义道路是实现中华民族伟大复兴的必由之路,中国特色社会主义理论体系是指导党和人民实现中华民族伟大复兴的正确理论,中国特色社会主义制度是实现中华民族伟大复兴的根本制度保障,中国特色社会主义文化是实现中华民族伟大复兴的强大精神力量。中国特色社会主义道路、理论、制度、文化适合中国国情,是创造中国奇迹的"成功密码"。同西方政治制度和价值观相比,具有无可比拟的优越性。我们要坚定"四个自信",敢于驳斥西方错误思潮和观点,使中国特色社会主义事业沿着正确道路前进。

建设自由、平等、公正、法治的社会,保障人民合法权益。自由、平等、公

---

① 《赶上时代:新中国70年经济发展轨迹》,人民出版社2019年版,第359页。

正、法治不是西方国家的专利,是全人类的共同价值。与西方国家虚假的、欺骗性政治口号相比,社会主义国家更能保障人民的自由民主权利,保障人民的合法权益。党的十八大之后,以习近平同志为核心的党中央积极稳妥地推进政治体制改革:坚定不移走中国特色社会主义政治发展道路,坚持党的领导、人民当家作主、依法治国有机统一;坚持和完善人民代表大会制度,优化代表结构,使之向基层一线倾斜,更能反映人民心声;加强协商民主制度建设,形成完整的制度程序和参与实践,更好地保证人民群众的权利;深化司法体制改革,促进社会公平正义;深化机构和行政体制改革,构建简约便民阳光高效的服务型政府;加强对公权力的监督和制约,把权力关进制度的笼子里;构建不敢腐、不能腐、不想腐的反腐败体制机制,形成反腐败斗争压倒性态势;巩固和发展爱国统一战线,找到社会最大公约数,画出最大同心圆。上述改革举措体现了人民意志,保障了人民权益,激发了人民群众的创造力。新时代,中国特色社会主义政治制度越来越成熟,中国特色社会主义政治发展道路越走越宽广。

　　培养爱国、敬业、诚信、友善的公民,提高国民素质。国民素质对于一个国家的发展具有决定性的影响。国民素质高的国家,民众团结,经济发展迅速,社会稳定。国民素质低的国家,民众分裂,经济发展缓慢,社会动荡不安。要想实现中华民族伟大复兴的目标,必须提高国民素质,培养具有爱国情感、敬业精神、诚信意识、友善言行的社会主义建设者和接班人。爱国,就是热爱我们的国家,与一切损害祖国利益的言行作斗争;具有强烈的民族自尊心和自豪感,以身为中国人为荣。党的十八大以来,习近平在多次讲话中强调爱国,指出爱国是人世间最深层、最持久的情感,是中华民族精神的核心,是中华民族的精神基因。要大力开展爱国主义宣传教育,让爱国主义精神在全体国民特别是青少年心中牢牢扎根。敬业,就是热爱自己的本职工作,兢兢业业,恪尽职守,乐于奉献。如果说中国是一辆列车,那么每个中国人都是这部列车上不可或缺的重要部件。只有每个部件都有效运转，中国这辆列车才能风驰电掣，快速驶向目的地。诚信，就是信守自己的承诺，不撒谎、不欺骗。诚信是中华民族的优良传统，是中国人独特的精神标识，中国人视之为立身之本。市场经济是契约经济、信用经济，在市场经济社会更应弘扬和倡导诚信观念，使之成为全体社会成员的行为准则。友善，就是心存善念，友好地对待别人。在别人成功时给予掌声，失败时给予鼓励。友善是润滑剂，它能化解矛盾，消弭纷争，使社会充满温情。友善弘扬真善美，传递正能量，是通往和谐社会的桥梁。

四、鼓舞斗志，坚定全国人民战胜困难的信心

党的十八大以来，中国特色社会主义事业取得全方位、开创性的历史成就，举世赞叹。同时，必须清醒地看到，我们国家现在及未来的发展依然面临着众多困难：贫富差距、环境污染、贪污腐败、住房养老、食品安全等问题尚未得到根本解决，与人民群众的期待还有很大差距；改革进入攻坚期和深水区，阻力越来越大，进展缓慢。外部环境日趋恶劣，美国等西方国家竭力对中国进行打压，妄图遏制中国的发展步伐。面对这些困难和挑战，特别是空前严峻的外部形势，以习近平同志为核心的党中央发出敢于斗争、勇于斗争的时代号召，极大地鼓舞了中国人民，坚定了全国人民战胜困难的信心。

斗争是社会运动的基本特征，是社会进步的动力。马克思主义、社会主义运动的发展史就是一部斗争史，在斗争中诞生、在斗争中发展、在斗争中壮大。马克思主义诞生后，在欧洲被资产阶级反动政府联合剿杀，其主要创始人马克思多次遭到驱逐，居无定所，颠沛流离，过着极为贫困的生活。即使如此，马克思也没有放弃自己的信仰，而是继续为之奋斗，直到生命终结。列宁与修正主义、机会主义、无政府主义、经验主义、教条主义等错误思潮展

开论战，驳斥其荒谬观点，维护了马克思主义的纯洁性，推动了马克思主义的发展。中国共产党团结带领中国人民浴血奋战，付出艰苦努力，作出巨大牺牲，取得新民主主义革命的伟大胜利，推翻了帝国主义、封建主义、官僚资本主义三座大山，人民翻身解放，成为国家主人。抗美援朝、三大改造、恢复和发展国民经济，新中国成立后党带领人民艰苦探索，取得社会主义革命和建设的伟大成就。党的十一届三中全会之后，党战胜来自各方面的风险挑战，开创、坚持、捍卫、发展了中国特色社会主义，社会主义在中国展现出强大的生机和活力。"当今世界正处于百年未有之大变局，我们党领导的伟大斗争、伟大工程、伟大事业、伟大梦想正在如火如荼进行，改革发展稳定任务艰巨繁重，我们面临着难得的历史机遇，也面临着一系列重大风险考验。胜利实现我们党确定的目标任务，必须发扬斗争精神，增强斗争本领。"①

　　明确斗争的方向、目的、策略，提高斗争的本领。我们的斗争具有明确的方向、原则和立场。凡是危害中国共产党领导和社会主义制度、危害我国主权安全发展利益、危害我国核心利益和重大原则、危害我国人民根本利益、危害我国实现中华民族伟大复兴的言行，我们都必须进行坚决斗争，而且必须取得斗争胜利。斗争不能盲目而为，必须增强问题意识，坚持问题导向。改革发展稳定、内政外交国防、治党治国治军，各领域各方面各环节存在的问题都是我们斗争的对象。要以巨大的政治勇气和强烈的责任担当推动改革，使上述顽疾更好地得到解决。斗争是一门艺术，要讲究策略。要学会抓重点，抓主要矛盾、抓矛盾的主要方面；要把握好时、度、效，抢占先机；要坚持原则性和灵活性相统一，在原则问题上寸步不让，在非原则问题上灵活机动；要团结一切可以团结的力量，调动一切积极因素，结成最广泛的统一战线。斗争精神、斗争本领，不是与生俱来的，来源于长期的实践锻炼。

---

①　习近平：《发扬斗争精神增强斗争本领为实现"两个一百年"奋斗目标而顽强奋斗》，《人民日报》，2019年9月4日。

领导干部要主动投身各种斗争中,在斗争中经风雨、见世面、长才干。要学懂弄通做实党的创新理论,掌握马克思主义立场观点方法,夯实敢于斗争、善于斗争的思想根基。要做敢于斗争、善于斗争的战士,勇于担当、攻坚克难。要保持顽强的斗争精神、坚韧的斗争意志,奋力拼搏,战胜前进道路上的一切困难和挑战。①

辩证看待当前的社会经济形势,在危机中育新机、于变局中开新局。尽管当前中国的发展面临前所未有的困难和挑战,但我们依然处于重要的战略机遇期。从国际环境上看,虽然个别国家和地区战乱不断,但中国周边相对稳定;贸易保护主义、单边主义虽然呈现上升趋势,但遭到绝大多数国家反对。和平和发展依然是当代世界的主题,建设开放型世界经济依然是国际社会主流声音。从中国自身来看,我们拥有从容应对各种复杂局面和风险挑战的最可靠主心骨(党的领导),拥有抵御风险挑战、不断化危为机的根本制度保障(中国特色社会主义制度),拥有稳中向好、长期向好的经济基本面(雄厚物质技术基础、超大规模市场优势和内需潜力、庞大的人力资本和人才资源),拥有在历史洪流中屹立不倒、挺立潮头的强大精神支撑(社会主义核心价值观、中华优秀传统文化),拥有14亿多勤劳智慧、勇于进取的中国人民的支持(人民是历史的创造者,是决定党和国家前途命运的根本力量)。这是我们战胜各种风险挑战的重要基础,也是我们能够战胜各种风险挑战的底气所在。在危机中育新机、于变局中开新局,一要坚持党的集中统一领导,坚决贯彻落实中央决策部署,上下一心,精诚团结,形成战胜风险挑战的强大合力;二要坚持稳中求进工作总基调,在做好"六稳""六保"工作的基础上发展数字经济、智能制造、生命健康、新材料等战略性新兴产业,推动形成新发展格局;三要坚持全面深化改革,破解制度顽疾,促进制度建设和治理

---

① 习近平:《发扬斗争精神增强斗争本领为实现"两个一百年"奋斗目标而顽强奋斗》,《人民日报》,2019年9月4日。

效能更好转化融合,服务经济社会发展大局。①

第三节　新时代党的意识形态理论原创性贡献的民族价值

新时代,我国正处于一个前所未有的历史发展时期,被认为是近代以来最为繁荣的阶段。在这一时期,中华民族伟大复兴呈现了空前的光明前景。实现中华民族伟大复兴既是新时代中国共产党和中国人民最伟大的梦想和最重要的历史使命,也是中华优秀传统文化在几千年历史长河的价值所寄。着眼中华民族伟大复兴战略全局,新时代党的意识形态理论原创性贡献在于传承创新中华优秀传统文化,着力推进社会主义文化强国建设,筑牢文化自信自强根基,建构中华民族共有精神家园。

一、传承创新中华优秀传统文化

新时代,中国共产党以昂扬的信心带领全体中国人民,推动中华民族从站起来到富起来再到强起来的伟大飞跃,取得了彪炳中华民族发展史册的重大胜利。中国共产党凭借更加广阔的视野和更加坚定的自信,在借鉴前人实践经验的基础上进行深入探索,以创新的方式传承和创新中华优秀传统文化。

第一,中华优秀传统文化受到前所未有的高度重视,其在当今社会的地位和价值魅力得到了深入而全面的论述与解读。党的十八大以来,习近平多次指出,中华优秀传统文化作为中华民族的根基,其价值超越了时空和国

---

① 任理轩:《在危机中育新机于变局中开新局》,《人民日报》,2020年10月12日。

界的限制。中华优秀传统文化凝聚了中华民族繁荣昌盛的精神力量,同时也蕴含了治国理政的经验教训,它是中华民族最为根深蒂固的软实力,同时也蕴含着人类社会的发展进步的智慧策略。此外,国家颁布了《中华优秀传统文化传承发展工程实施意见》等专门性文件,特别强调了传统文化传承和发展工作走向制度化和规范化的重要性,包括建立相关制度、规范和机制,以确保传统文化能够有序传承和发展。在新时代背景下,党的意识形态理论对于传统文化重视的论述不仅回应了当代社会的需求,也呈现了传统文化观念的新意义和发展空间。

第二,以历史唯物主义的观点为出发点,对中华优秀传统文化的历史脉络进行梳理,从中凝练出其思想精髓。自党的十八大以来,中国共产党以贯通古今的历史思维,系统地梳理了中华优秀传统文化的发展脉络,揭示了其经历了多个繁荣发展的历史阶段。这一历程涉及先秦子学、两汉经学、魏晋玄学,隋唐佛学、儒释道合流,以及宋明理学等各个时期的思想流派和学说的兴起。在这个过程中,众多思想名家相继涌现,共同构筑了中华优秀传统文化这一宝贵的文化遗产,融汇了丰富的哲学思想、人文精神、教化思想和道德理念。习近平在新时代充分把握了中国传统文化的内容体系,并多次提炼概括中华优秀传统文化所蕴含的时代价值。在他的论述中,强调了中华优秀传统文化所倡导的"讲仁爱、重民本、守诚信、崇正义、尚和合、求大同"等思想精髓,并强调了这些价值观在当代社会中的重要意义。这表明了新时代党的意识形态理论对中国传统文化的深刻理解,并展现了高度自信。

第三,通过辩证法和唯物史观的观察和分析,我们认识到中华优秀传统文化的发展需要与时俱进,实现转型和创新。我们必须正视中华优秀传统文化中淳朴笃行的价值观和陈旧过时的部分,并进行鉴别和舍弃。同时,借助新的时代条件和实践机遇,我们可以创造性地发展中华优秀传统文化,为其注入新时代的活力和生命力。在全球化的背景下,我们还应该加强与其他文明的交流和互鉴,积极吸收各国优秀文明成果,促进共同繁荣和进步。党的十九届五中全会提出在2035年建成文化强国的目标,明确了文化自强的现代化远景,同时强调了党中央在推动中华优秀传统文化传承和创新方面的理论框架和实践升华。这意味着新时代党的意识形态理论不断丰富和创新,为中华优秀传统文化的传承与发扬提供了系统性的理论支持和实践路径。

二、着力推进社会主义文化强国建设

文化的繁荣和强大对于国家和民族的兴旺至关重要。中华民族伟大复兴需要文化的兴盛和发展作为支撑。自党的十八大以来,以习近平同志为核心的党中央始终保持与时俱进的姿态,站在时代发展的最前沿,提出了许多新思想、新观点和新论断,深刻回答了建设中国特色社会主义文化应该举什么旗、走什么路、坚持什么原则、实现什么目标等重大理论和实践问题,党中央明确强调,要发展面向现代化、面向世界、面向未来的社会主义文化。这意味着我们不仅要传承和发展中华优秀传统文化,还要积极向现代社会和世界文明开放,使社会主义文化与时代发展紧密相连,树立了新时代推进社会主义文化强国建设的根本遵循。

把握文化的本质,为推进社会主义文化强国建设提供价值引领。历史的每一次跃进和人类文明的升华都伴随着文化的历史性进步。习近平指出,价值观念在特定社会的文化中发挥着中轴作用,文化的影响力首先体现在其对价值观念的影响。他还指出,世界各种文化之间的争论,实质上是价值观念之争,也是人心之争和意识形态之争。如果一个民族、一个国家没有共同的核心价值观,就难以有统一的精神指向和行为准则。新时代党的意识形态理论强调从价值层面把握文化,发挥文化的作用,提倡坚守我们的价值体系和核心价值观,抓住文化最深层的内核,深刻理解文化的本质。新时代社会主义核心价值观的广泛传播和文化事业的繁荣具有重要意义,这使得全党和全国各族人民精神面貌更加奋发昂扬。

把握文化的作用,为推进社会主义文化强国建设注入精神动力。习近平高度重视文化的重要作用,明确指出文化自信在国家和民族的发展中起着基础、广泛、深厚的作用,是最基本、最深沉、最持久的力量。他强调,在建设高楼大厦的同时,中华民族的精神建设也同样重要。中国式现代化要求物质文明与精神文明的协调发展。在新发展征程中,我们必须统筹推进"五位一体"总体布局,协调推进"四个全面"战略布局,而文化作为一个必要的构成要素,具有重要的意义。推动高质量发展,文化成为支撑的重要依托;满足人民日益增长的美好生活需要,文化在其中具备重要作用;战胜前进道路上各种风险挑战,文化是一种重要的力量来源。只有在物质文明和精神文明同步发展的情况下,国家的物质实力和精神力量才能够不断增强,全国各族人民的物质生活和精神生活能够得到改善,中国特色社会主义事业才能够顺利前进。新时代党的意识形态理论提高了中国共产党人对于文化作用的认识和把握,将文化转化为推动经济社会发展的强大力量。

把握文化的定位,为推进社会主义文化强国建设夯实历史根基。习近平指出,中华优秀传统文化作为中华文明的智慧结晶和精华,承载着中华民族的历史、思想和价值观,是中华民族文化的根源和内核,代表了中华民族的独特精神追求和审美观念。在全球化背景下,中华优秀传统文化与国际文化交流互动密切相关,为中华民族在全球文化交流中站稳脚跟提供了重要的基石。他强调,中华五千年的文明传统赋予了我们独特的文化基因,形成了中国特色,为中国特色社会主义道路取得成功奠定了基础。习近平根据中华民族伟大复兴的时代要求,对中华文明进行了精辟概括,指出其具有突出的连续性、创新性、统一性、包容性与和平性。他强调了在中华五千年文明深厚基础上开辟和发展中国特色社会主义的必要性，将马克思主义基本原理与中华优秀传统文化相结合，成为必由之路。他还强调了以"结合"为基础来巩固道路根基、拓展创新空间和巩固文化主体性，并为民族复兴赋予根和魂的重要性。新时代党的意识形态理论以中华文明的核心特点为基础，提出了将马克思主义基本原理与中华优秀传统文化相结合的重要命题，将两者有机融合，寻求共同的价值基础和发展方向。这一命题要求我们在理论创新和实践探索中，既注重马克思主义的科学性和革命性，又充分挖掘和运用中华优秀传统文化的价值和智慧，为实现中华民族伟大复兴中国梦提供有力支撑和精神引领。

把握文化发展的内在规律，为推进社会主义文化强国建设指明前进方向。习近平指出，中华优秀传统文化是在五千多年的漫长发展过程中形成的，既是中华民族历史文化的瑰宝，也是革命文化和社会主义先进文化的孕育基础。中华文明作为中华民族的精神血脉，承载着丰富的思想观念、道德准则和艺术表达，代表了中华民族最深层次的精神追求，具有独特的精神标识。在当前社会变革和全球化进程中，中华文明既需要传承与保护，又需要与时俱进、不断创新。习近平强调了传承革命文化和发展社会主义先进文化的重要性，以推动中华优秀传统文化的创造性转化和创新性发展。他的重要论述提供了认识和把握文化传承发展规律的新视角。习近平要求深入挖掘和阐发传统文化的精髓，构建中国文化基因理念体系，提炼和展示中华文明的精神标识。他还强调传统文化与现实文化的融通，中华民族最基本的文化基因应与当代中国文化更加契合，与现代社会更加协调，其内在的强大生命力也将不断被激发。新时代党的意识形态理论在认识和把握文化传承发展规律方面开创了新的境界，强调了传统文化的重要性，文化与时代的紧密联系，以及文化的继承与创新的统一性。这些观点对于进一步深化文化研究和实践具有重要的启示意义。

三、牢固树立文化自信自强根基

　　文化自信自强是一个国家和民族发展过程中最为深远和持久的精神动力。"有文化自信的民族,才能立得住、站得稳、行得远。"①面对世界百年未有之大变局,中国共产党能够引领中国人民勇立潮头,应对并化解国内外各种困难挑战,取得引人瞩目的巨大成就,这在很大程度上归功于强烈的文化自信自强。党的二十大报告提出了将马克思主义基本原理与中国具体实际相结合、与中华优秀传统文化相结合的重要要求,强调了坚持辩证唯物主义和历史唯物主义的重要性。这一命题要求我们在理论研究和实践探索中切实贯彻这一要求,努力将马克思主义原理与中国实际和中华优秀传统文化相结合,运用辩证唯物主义和历史唯物主义的理论方法解决实际问题,为中国共产党和中国人民的事业发展提供科学的理论基础和行动指南。我们必须始终坚持"两个结合"的原则,持续巩固文化自信和自强的精神基础,以推动中国特色社会主义文化发展的道路,构建中华民族的现代文明,并为全面建设社会主义现代化国家提供奋斗的价值导向和精神动力。

　　马克思主义基本原理的指导为文化自信自强提供了坚实的支撑和扎实的理论基础。党的二十大报告明确指出,中国共产党之所以能够取得辉煌的成就,中国特色社会主义之所以具有显著优势,在本质上归结为马克思主义在中国的实践,也就是中国化时代化的马克思主义的光辉历程。第一个结合在"两个结合"的概念中具有重要的意义,它强调了将马克思主义与中国特色相结合,丰富和发展马克思主义,并推进马克思主义中国化时代化发展。回望百年前的中国,国家积贫积弱,面临着半殖民地半封建社会的民族

――――――――

① 习近平:《在文化传承发展座谈会上的讲话》,人民出版社2023年版,第10页。

危机,并面临文化侵蚀和文明衰退等重大挑战。在这个背景下,众多仁人志士投身于救亡图存的运动。十月革命一声炮响,给中国送来了马克思主义,中国共产党迅速成立并发展起来。马克思主义不仅为中国革命提供了科学的理论指导和强大的思想武器,更为中国共产党人提供了科学的方法、科学的判断、科学的指南和全新的斗争方式,使其能够更好地认识世界和改造世界。

中华优秀传统文化为文化自信自强提供了持久的精神动力和丰厚的价值资源。中华优秀传统文化承载了中国五千年历史的智慧成果,是中华民族宝贵的精神资产,同时也是中国在新时代最为深厚的文化软实力。超越了地域和民族的限制,深深扎根于中国人的精神血脉中,随着世代交替以文化基因的方式得以传承和发展。协和万邦、睦邻友好一直是中国人坚持的处世哲学。这些哲学为中国人提供了无穷的智慧,使得他们能够修身齐家治国平天下。这些智慧经受了一代又一代人生活实践的考验,融入了新的生活体验,不断得以更新。这种文化的持续而有力的传承塑造了中华民族的文化认同,极大地提升了民族凝聚力和自信心,也为推动人类命运共同体的构建提供了深厚的文化滋养和坚实的历史文化基础。

“两个结合”双向互动,激活传统文化潜力,夯实文化自信自强根基。马克思主义基本原理与中国具体实际相结合,指导和推动了中华民族对传统文化更好地传承和发展,激发了中华优秀传统文化的潜力,使其在当代得以更好地发扬光大。同时,中华优秀传统文化为马克思主义在中国的扎根与发展提供了丰厚的文化底蕴和有利条件,使其能够成长为活跃的理论体系,在实践中得到不断发展和丰富。时至今日,中国正逐渐走向世界舞台的中心,中国文化也日益走向世界。新时代党的意识形态理论精准地找到了将马克思主义基本原理与中国具体实际及中华优秀传统文化相结合的结合点,并加以充分发掘和利用,真正提升国家的文化软实力。只有在这个基础上,中国共产党人和中华民族才能夯实其文化自信自强的根基。只有这样,中华文化才能更好地走向世界舞台,并成为引领世界文明发展的重要力量。

四、建构中华民族共有精神家园

习近平指出,必须构筑中华民族共有精神家园,使各民族人心归聚、精神相依,形成人心凝聚、团结奋进的强大精神纽带。中华民族在漫长的历史进程中,代代相传,永不止息。中华儿女始终坚守自身的理想追求和精神世界,即使在民族危难时刻,中国人民也坚持勇敢地抗争。这种持续的斗争精神在很大程度上归因于中华优秀传统文化融入中华民族的精神血脉,凝聚了中华儿女共同的精神追求,构建了中华民族的共同的精神家园。

通过弘扬民族精神,建构中华民族共有精神家园。中华优秀传统文化孕育了中华民族的智慧、情感和理想追求,激发了中华儿女强烈的认同归属感,形成了以崇尚和平、勤劳勇敢、艰苦奋斗、热爱祖国为特征的民族精神,成为中华民族繁荣发展的精神支柱和实现伟大复兴的动力。中华民族通过艰苦奋斗创造了共同的美好家园,凝聚起全国各族人民的共同意识,民族精神与理想信念是这种凝聚力的核心动力。在新时代,党的意识形态理论承袭了中华文脉,增强了中华儿女的自觉自信,继续构筑着中华民族的精神家园。

通过培育社会主义核心价值观,建构中华民族共有精神家园。中华优秀传统文化深深根植于中国人民的精神世界和价值追求,并伴随着时代和实践的变迁不断获得新的发展和创新。中华传统文化作为文化底蕴的组成部分,与社会主义核心价值观内涵相互渗透,在塑造人们对中华优秀传统文化自信心及促进社会主义核心价值观接纳和实践方面发挥着关键性的推动作用。与此同时,社会主义核心价值观的培育和实践也促进了中华优秀传统文化在新时代语境和实践领域中的转化和发展,使其与社会主义核心价值观相互融合、相辅相成。因此,中华优秀传统文化在持续创新和与时俱进的过程中,逐渐成为社会主义核心价值观的重要文化源泉。新时代党的意识形态理论在传承和创新中华优秀传统文化的同时,充分吸收其思想资源,为培育和践行社会主义核心价值观提供了丰富的源泉和滋养。

第四节　新时代党的意识形态理论原创性贡献的世界价值

一、促进不同文明交流互鉴,共同进步

世界上有多种文明。每一种文明都是平等的。文明有特色、地域之别,但无高低优劣之分。不同文明之间应当平等相待、相互尊重。认为自己的人种和文明高人一等,执意改造甚至取代其他文明,在认识上是愚蠢的,在做法上是灾难性的,从结果上看也必将以失败而告终。每一种文明都是一枝花朵,不同颜色的花朵组合在一起,才有了这个美丽的、五彩缤纷的世界。如果世界上只有一枝花朵、一种颜色,那这个世界将会变得异常的单调,索然无趣。因此,世界各国应当尊重文明的多样性,既要让本国文明充满勃勃生机,又要为他国文明发展创造条件,让世界文明百花园群芳竞艳。每一种文明都有其独特魅力和深厚底蕴,都是人类的精神瑰宝。不同文明之间应当相互学习,取长补短,共同发展。经济全球化、世界一体化是世界发展的必然趋势,各国文明必须顺应这种趋势,开放包容,以海纳百川的宽广胸怀打破文化交往的壁垒,以兼收并蓄的态度汲取其他文明的养分,为世界文明的发展作出自己的积极贡献。不同文明之间应当交流互鉴,但交流互鉴应当是平等的、双向的,不能搞单向输出,不能强迫其他国家接受自己的文化、思想和价值观。交流互鉴的目的应当是真诚的、单纯的,不能打着交流的旗号对别国进行意识形态渗透,搞乱别国的局势,颠覆别国的合法政权。文明永续发展,既需要薪火相传、代代守护,更需要顺时应势、推陈出新。只有对

既有文明成果进行创造性转化、创新性发展,赋予其新的时代内涵和现代表达形式,才能激发其生命力,增强其吸引力,使其富有永恒魅力。①

　　中华文明是一个开放体系,中华文明的发展过程就是一个与其他文明交流互鉴,相互学习、相互促进、相互影响的过程。从远古时期的佛教东传、郑和下西洋,到近代以来的"西学东渐""新文化运动",再到现代的全方位开放、共建"一带一路",中华文明在兼收并蓄中昂首前行。党的十八大以来,以习近平同志为核心的党中央大力推动不同文明之间的交流对话。一是同世界各国合作,开展文化遗产保护活动。中国与阿富汗、巴基斯坦、法国等国家签署文化遗产保护行动联合声明,在展览交流、文物保护修复、考古、学术研究、资源共享、文化产业和人员交流等领域进行广泛合作,在世界范围内产生积极示范效应。二是同世界各国合作,实施经典著作互译计划和影视交流合作计划,帮助人们加深对彼此文化的理解和欣赏。中国与50多个国家签订相互翻译对方经典作品的协定,互译出版了70多种精品图书。《琅琊榜》《楚乔传》《陈情令》《庆余年》等电视剧展示了中国传统文化的魅力,在海外掀起收视热潮。《摔跤吧! 爸爸》《你的婚礼》《困在时间里的父亲》等外国电影因为描绘人世间的真情,感人至深,在中国受到追捧。三是同世界各国合作,实施旅游促进计划,为促进世界经济发展、增进人民友谊贡献力量。中国与多国政府合作,在签证、保险、安全等方面提供便利,为跨境旅游助力。四是加强青少年、民间团体、地方、媒体、学者智库等各界交流,加强教育、文化、体育、卫生等领域的合作,增进中国人民与世界人民之间的感情,加深中国人民与世界人民之间的了解。

---

① 《习近平谈治国理政》(第三卷),外文出版社2020年版,第465~471页。

二、倡导共同、综合、合作、可持续的安全观，维护世界稳定

共同，就是要尊重和保障每一个国家的安全，尊重每一个国家平等参与世界安全事务的权利。不能一个国家安全而其他国家不安全，一部分国家安全而另一部分国家不安全，更不能牺牲别国安全谋求自身所谓绝对安全。世界安全事务应该由各国人民商量着办，不能由一个国家或者少数几个国家垄断。综上，就是要统筹维护传统领域和非传统领域安全。既要关注军事、政治、外交等传统领域的安全，也要关注生态环境、网络信息、恐怖主义、武器扩散、疾病蔓延、跨国犯罪等非传统领域的安全，要双管齐下，一同治理。合作，就是要通过对话合作促进各国和本地区安全。以对话解决争端，以协商化解分歧，反对动辄使用武力或以武力相威胁，反对霸权主义和强权政治。生态环境、网络犯罪、恐怖主义、公共疾病等问题具有跨国性的特点，威胁着所有国家的安全，没有一个国家能够置身事外。各国政府只有通力合作、密切配合，才能使问题得到有效解决。可持续，就是要发展和安全并重以实现持久安全。发展和安全具有不可分割的内在联系。一方面，安全是发展的前提。没有一个和平稳定的环境，社会长期动荡、战火纷飞，发展根本无从谈起。另一方面，发展是安全的保障。只有不断发展，提高人民生活水平，缩小贫富差距，社会秩序才能稳定，国家安全才有坚实保障。对于绝大多数国家特别是发展中国家来讲，发展依然是最为重要的问题，发展就是最大的安全。各国政府应当聚焦发展主题，持续改善民生，增进人民福祉，为世界安全奠定坚实基础。

中国始终是维护地区和世界和平的坚定力量，中国坚持独立自主的和平外交政策，在和平共处五项原则基础上同所有国家发展友好合作关系。中国按照"亲、诚、惠、容"的理念，深化同周边国家的互利合作；坚持把发展

中国家作为对外政策的基础,永远做发展中国家的可靠朋友和真诚伙伴;重视大国的地位和作用,努力构建相互尊重、平等互利、合作共赢的新型大国关系。中国坚定不移地走和平发展道路。不同于西方国家的殖民掠夺和军事扩张,中国依靠本国人民的艰苦奋斗走向强大、变得富裕。中国不认同"国强必霸"的西方政治理论,郑重向国际社会宣示:"无论中国发展到什么程度,我们都不会威胁谁,都不会颠覆现行国际体系,都不会谋求建立势力范围。"[①]中国坚持以和平方式解决争端,主张通过协商对话解决分歧,反对挥舞大棒,动辄对别的国家进行武力威胁。通过友好协商,中国与14个邻国中的12个国家彻底解决了陆地边界问题,有效维护了地区稳定。中国积极参与地区和世界安全合作:联合上海合作组织成员国,共同打击恐怖主义;制定《中华人民共和国国际刑事司法协助法》,加大打击跨国犯罪的力度;推动六方会谈进程,支持阿富汗和平重建,调停巴以冲突,平息伊朗核危机,中国为通过对话谈判解决国际和地区热点问题而不懈努力,赢得国际社会高度赞誉。中国积极推进丝绸之路经济带和21世纪海上丝绸之路建设,倡议设立亚洲基础设施投资银行、金砖国家新开发银行,开设发展中国家技术培训班,为全球减贫发挥重大作用、作出重大贡献。

三、尊重各国人民自主选择社会制度和发展道路的权利,消弭矛盾纷争

多样化的国情决定了社会制度和发展道路的多样性。多样性是世界前进的动力和源泉,为各国人民走向现代化提供了更多选择。世界上没有放之四海而皆准的发展道路和发展模式,只要符合本国国情、能够持续造福人

---

① 习近平:《开放共创繁荣 创新引领未来——在博鳌亚洲论坛2018年年会开幕式上的主旨演讲》,《人民日报》,2018年4月11日。

民,那就是最好选择,就应该坚持下去。鞋子合不合脚,只有自己知道。一个国家的社会制度和发展道路合不合适、正确与否,本国人民最有发言权。必须尊重各国人民自主选择社会制度和发展道路的权利,"谁都不应该把自己的发展道路定为一尊,更不应该把自己的发展道路强加于人"①。谁也没有资格当"教师爷",对别的国家选择的社会制度和发展道路横加干涉。社会制度和发展道路的差异客观存在,但它不应成为发展国家关系的障碍。国与国之间应当跨越意识形态的藩篱,发展对话而不对抗、结伴而不结盟、依存而不依附的新型关系。固守冷战思维、挑动意识形态对立的做法,违背世界人民利益,违背历史发展潮流,必将遭到世界人民反对。不同的社会制度和发展道路各有优缺点,应当彼此尊重,在竞争比较中取长补短,在求同存异中共同发展。认为自己的社会制度和发展道路绝对正确、完美无缺,是"普世价值",应当在全世界予以推广,这样的思想荒谬绝伦,必将遭人唾弃。

中国特色社会主义制度和发展道路是中国人民作出的历史的、必然的选择。农民起义、洋务运动、戊戌变法、辛亥革命,为了实现国家富强、民族振兴、人民幸福的理想,近代以来,中国人民作出各种尝试,但先后都失败了,都没有改变中国半殖民地半封建社会的命运。直到马克思主义传入中国、中国共产党成立之后,中国革命的面貌才发生焕然一新的变化,中国才取得了革命的胜利,中国人民才翻身作了主人。三大改造完成之后,中国建立了社会主义的基本制度,对社会主义现代化建设进行了艰苦探索,这为中国后来的发展奠定了根本政治前提和制度基础,积累了宝贵经验。伴随着改革开放的进程,在几代人的接续努力之下,中国特色社会主义制度和发展道路得以形成并逐步完善,显示出巨大的优越性。如今的中国,经济繁荣、政治清明、文化昌盛、社会稳定,展现出一幅盛世荣景。实践证明中国特色

---

① 《习近平谈治国理政》(第二卷),外文出版社2017年版,第482页。

社会主义道路是实现社会主义现代化、创造人民美好生活的必由之路,中国特色社会主义制度是具有明显制度优势、强大自我完善能力的先进制度。西方资本主义制度和发展道路不适合中国的国情,照抄照搬西方会让中国陷入动荡乃至内战的深渊中。我们必须坚定"四个自信",特别是道路自信和理论自信,在这个问题上要旗帜鲜明、立场坚定、毫不含糊。我们绝对不能犯方向性、战略性、颠覆性错误,否则我们几十年艰苦奋斗取得的成果将会付诸东流,中华民族将再度陷入苦难深重和极度屈辱的深渊中。

四、推动构建人类命运共同体,建设和谐世界

随着经济全球化的深入发展,世界各个国家、地区之间的联系变得日益紧密,成为你中有我、我中有你的命运共同体。休戚相关的命运、高度一致的利益要求全世界人民紧密团结,共同应对粮食安全、资源短缺、气候变化、网络攻击、人口爆炸、环境污染、疾病流行、跨国犯罪等全球性挑战。基于这样的时代背景,顺应世界人民心声,以习近平同志为核心的党中央提出"构建人类命运共同体"的主张,为缔造人类美好未来提供了中国智慧和中国方案。"构建人类命运共同体"包括五个方面的丰富内涵。一是坚持对话协商,建设一个持久和平的世界。沟通协商是化解分歧的有效之策,政治谈判是解决冲突的根本之道。只要怀有真诚愿望,秉持足够善意,再大的分歧、再严重的矛盾都能够得到解决。二是共建共享,建设一个普遍安全的世界。每一个国家都有平等参与国际和地区安全事务的权利,每一个国家的合理安全关切都应该得到尊重和保障。不能自己安全别人不安全,更不能把自己的安全建立在别人动荡的基础上。三是坚持合作共赢,建设一个共同繁荣的世界。赢者通吃、零和博弈不是人类共存之道,互惠互利、合作共赢才是人类走向光明之途。发达国家要加大对发展中国家的帮扶力度,缩小南

北差距,填补发展鸿沟,使全世界人民都能过上富裕幸福的生活。四是坚持交流互鉴,建设一个开放包容的世界。文明因多样而交流,因交流而互鉴,因互鉴而发展。我们要加强世界上不同国家、不同民族、不同文化的交流互鉴,做到取长补短,共同发展。五是坚持绿色低碳,建设一个清洁美丽的世界。要正确处理经济发展和保护环境的关系,实现世界的可持续发展和人的全面发展。要加强国际合作,共谋全球生态文明建设之路。①"构建人类命运共同体"的理念提出后,得到越来越多国家的理解、支持和响应。这一理念已被载入多份联合国决议和文件,成为国际社会共识。

中国不仅是"构建人类命运共同体"理念的提出者,更是这一理念的推动者和建设者。为了带动周边国家共同发展,中国提出了共建"一带一路"倡议。"截至目前,我国企业在'一带一路'沿线国家建设的境外经贸合作区已累计投资340亿美元,上缴东道国税费超过30亿美元,为当地创造就业岗位33万个。"②为了解决区域国家的资金瓶颈问题,加快一体化进程,中国倡议设立亚洲基础设施投资银行。五年来,亚投行为28个成员的108个项目提供了金额为220多亿美元的融资,为推动当地经济发展提供了雄厚的资金支持。③"授人以鱼,不如授人以渔"。为了彻底解决非洲国家的贫困问题,中国政府提供了数以万计的奖学金名额,为非洲培训各类技术人员几十万名,"非洲崛起"有了坚实的人才保障。2019年,新冠肺炎疫情突然暴发。疫情发生以后,中国积极响应联合国发起的全球人道应对计划,累计向153个国家和15个国际组织提供了46亿件防护服、180亿人份检测试剂、4300余亿个口罩、22亿剂新冠肺炎疫苗等抗疫物资,为遏制疫情传播、维护人类健康

---

① 习近平:《共同构建人类命运共同体——在联合国日内瓦总部的演讲》,《人民日报》,2017年1月20日。

② 顾阳:《高质量共建"一带一路"成效显著》,《经济日报》,2020年11月7日。

③ 刘红霞、于佳欣、邹多为:《创设五年,亚投行的这份成绩单令人瞩目》,中国政府网,2021年1月15日。

作出重大贡献。①与西方国家大量囤积疫苗、高价销售、谋求暴利的自私自利行为相比，中国的"疫苗普及化行动"为身处疫情深渊、苦苦挣扎的世界各国人民特别是发展中国家的人民带来了光明和希望。世界怎么了？应当怎么办？中国以负责任的举动诠释了这个问题的答案。那就是——构建人类命运共同体，相互尊重、平等相待，合作共赢、共同发展。唯有如此，世界各国才能跳脱制度、思想、文化、意识形态的束缚，消除领土纠纷，减少战争威胁，真正建设一个持久和平、共同繁荣的和谐世界。

①　陈思聪、杨毅：《截至2022年5月中国累计向153个国家和15个国际组织提供22亿剂新冠肺炎疫苗等抗疫物资》，央视网，2022年6月14日。

附　录

新时代党的意识形态建设的基本经验

中国特色社会主义进入新时代,面对国内外形势新变化,以习近平同志为核心的党中央全面审视和开展意识形态工作,应对重大挑战、抵御重大风险,在加强意识形态建设方面形成很多好的经验,深化和发展了马克思主义意识形态理论。对这些好的经验进行总结,并以此为指导开展实践工作,有利于扩大党的群众基础,有利于巩固党的执政地位,具有重要现实意义。

一、坚持马克思主义在意识形态领域的指导地位与提高党的意识形态能力相结合,为意识形态建设提供根本保证

中国特色社会主义进入新时代,面对多元社会思潮特别是西方错误思潮的猛烈冲击,中国共产党高扬马克思主义的思想旗帜,不断强化其在意识

形态领域的指导地位;高度重视干部培训,增强干部适应新时代发展要求的执政本领,党的意识形态能力显著提升。

(一)坚持马克思主义在意识形态领域的指导地位

坚持马克思主义在意识形态领域的指导地位是党领导中国革命、建设、改革事业取得成功的历史经验的科学总结。"中国共产党是由马克思主义孕育催生、用马克思主义武装锤炼出来的政党,从诞生的第一天起就把马克思主义郑重地写在自己的旗帜上。"①在马克思主义的指导下,中国取得了革命、建设、改革的伟大胜利,中国人民实现了从站起来、富起来到强起来的伟大飞跃,中华民族巍然屹立在世界东方。坚持马克思主义在意识形态领域的指导地位是世界社会主义运动遭受挫折、部分国家出现政局动荡给予我们的深刻启示。历史经验表明,国家动荡、政权更迭往往始于思想领域的混乱。苏联和东欧国家放弃马克思主义,搞所谓的指导思想"多元化",最终让国家陷入分崩离析的境地。中亚、中东和北非一些国家信奉西方所谓的"普世价值",虚无自己的民族文化,最终导致"颜色革命"爆发,国家陷入分裂对抗的深渊。坚持马克思主义在意识形态领域的指导地位,这是历史的结论、现实的必然。在这一根本问题上,我们必须坚定不移,在任何时候任何情况下都不能有丝毫动摇。

党的十八大之后,以习近平同志为核心的党中央继续高扬马克思主义的伟大旗帜,不断强化其在意识形态领域的指导地位。习近平特别强调:"中国特色社会主义是社会主义而不是其他什么主义,科学社会主义基本原则不能丢,丢了就不是社会主义。"②科学社会主义的基本原则,第一位的、首

---

① 黄坤明:《坚持马克思主义在意识形态领域指导地位的根本制度》,《人民日报》,2019年11月20日。

② 《习近平谈治国理政》(第一卷),外文出版社2018年版,第22页。

要的就是坚持马克思主义的指导思想。为了巩固马克思主义在意识形态领域的指导地位,中央作出巨大努力。一是深刻阐述马克思主义的科学性和真理性,用真理的力量说服人。马克思主义揭示了自然界、人类社会、人的思维发展的一般规律,为人类认识世界和改造世界提供了科学理论基础。二是积极开展思想斗争,批判各种错误思潮和观点。为了遏制"普世价值观""新自由主义""宪政民主"等西方错误思潮的传播,习近平要求意识形态部门深入开展舆论斗争,对错误思潮进行批驳,牢牢掌握意识形态的话语权。三是不断推进理论创新,彰显马克思主义的生机与活力。党的十八大以来,围绕改革发展稳定、内政国防外交、治党治国治军,习近平发表了一系列重要讲话,提出许多治国理政的新思想、新观点、新理论,引起国际社会广泛关注,产生重大国际影响。

(二)不断提高党的意识形态能力

"意识形态能力就是通过新的理论观念、理论概括、理论创新来辨别、引领、掌控社会思潮、社会主流意识的实际水平,主要体现为思想辨别力、理论创新力、共识凝聚力和话语支配力。"[①]思想辨别力是指认清和辨识各种社会思潮的能力。通过辨别,将马克思主义的观点和非马克思主义、反马克思主义的观点区别开来,揭露错误思潮的本质。理论创新力是指在总结实践经验的基础上不断提出新思想、新观点、新理论的能力。它是衡量一个国家、一个民族、一个政党先进与否的重要标志。共识凝聚力是指消弭分歧、整合社会思想的能力。通过整合,引导人们向主流价值观靠近。话语支配力是指掌控和引领社会舆论的能力。通过引领,确保主流意识形态在多元思想格局中的主导地位。除此之外,党员干部的意识形态能力还包括处理问题

---

① 朱继东:《新时期领导干部意识形态能力建设》,人民出版社2014年版,第2页。

的决断力和吸引对象的亲和力。决断力是指意识形态工作干部要敢于负责,勇于担当,果断处理敏感事件和复杂问题,维护社会稳定。亲和力是指能使人与人、人群与人群之间相互理解、相互亲近的一种力量。意识形态工作本质上是做人的工作的,工作要有成效,必须具有亲和力。这就要求意识形态干部"要做到以诚待人、用心育人、以情感人,要用真诚敲开人民群众的心门,让人民群众真正发自内心接受社会主义意识形态,肯定社会主义意识形态"①。

以习近平同志为核心的党中央高度重视党员干部意识形态能力的提升,将之作为加强和改进党的意识形态工作的基础性工程。中央主要从六个方面着手提高党员干部的意识形态能力。一是强化马克思主义理论武装,提高党员干部的意识形态鉴别力。马克思主义是"照妖镜""显微镜",能够清晰地照射出各种错误思潮的虚假本质。掌握了马克思主义,也就掌握了识别不同意识形态本质属性的"通关秘籍"。正是在这个意义上,习近平反复强调,全体党员干部一定要认真学习马克思主义理论,上好这门"必修课",掌握这个"看家本领"。二是加大培训力度,提高党员干部意识形态工作的创新能力。从中央到地方,举办意识形态工作专题培训班,覆盖所有层级。三是维护人民群众利益,提高党员干部凝聚社会共识的能力。各级领导干部深入基层,听民声、察民情、解民忧,用实实在在的行动赢得民心。四是加强阵地管理,提高党员干部对意识形态工作的掌控能力。从现实社会到虚拟网络空间,意识形态工作拓展到哪里,党的领导便跟进到哪里,不留死角、不留盲点、不留隐患。五是坚定支持,提高党员干部处理意识形态问题的决断力。对于身处意识形态斗争前沿、敢于负责、勇于担当的干部,特别是遭受错误思潮攻击的干部给予坚定支持,做他们的坚强后盾。六是转换话语范式,提高党员干部意识形态工作的亲和力。坚持"三贴近"原则,使

---

① 林秀君:《领导干部如何提升意识形态工作能力》,《人民论坛》,2018年第18期。

用通俗易懂的语言与群众沟通交流、传播马克思主义、讲解党的路线方针政策,使意识形态工作真正做到了入脑入心。

二、坚持话语体系建设与物质基础建设相协同,为意识形态建设提供动力支持

突破"西强我弱"的话语困境,提升中国的影响力,迫切需要建立我们自己的话语体系,为中国特色社会主义事业提供理论支持。除去理论支持,社会主义意识形态建设的顺利开展还须具有强大的物质基础。党的十八大以来,以习近平同志为核心的党中央一手抓话语体系建设、增强软实力,一手抓物质基础建设、增强硬实力,"软""硬"兼施、两手并举,为党的意识形态建设注入强大动力,提供了有力支持。

(一)加快构建中国特色社会主义话语体系

加快构建中国特色社会主义话语体系是改善中国形象、争夺国际话语权的迫切需要。改革开放之后,中国迅速崛起,国际影响力显著提升。由于中国走的是一条和西方完全不同的"异质化"道路,没有接受西方所谓的"普世价值",因此他们把中国视为"异类",把中国的发展壮大看作是对西方政治制度、发展模式、价值观念的严重威胁。为了消除这种威胁,西方国家拼命打压中国,企图削弱中国人民对马克思主义的信仰、对社会主义制度的信心。借助现代技术优势和庞大的媒体资源,西方国家频频煽风点火,不断制造关于中国的负面舆论。面对西方国家咄咄逼人的意识形态攻势,当前中国总体上处于弱势地位。"应该承认,对国际话语权的掌握和运用,我们总的

是生手,在很多场合还是人云亦云,甚至存在舍己芸人现象。"①话语权的弱势地位决定了中国在国际舆论斗争中的被动挨打境地。中国声音被湮没、被取代,世界舆论被西方国家主宰。只有加快构建中国特色社会主义话语体系,我们才能打破西方国家的话语垄断,赢得意识形态斗争的主动权。

进入新时代,以习近平同志为核心的党中央充分认识到了构建中国特色社会主义话语体系的重要性,大大加快这一进程。一是不断推出具有原创性、主体性、时代性的重大创新理论,引领国际舆论走向。共建"一带一路"、建设人类命运共同体、"亲、诚、惠、容"的周边外交理念、"共同、综合、合作、可持续"的新型外交观、"共建、共商、共享"的全球治理理念、"开放包容、互学互鉴"的文明观……上述重大理论符合世界上绝大多数国家特别是发展中国家的利益,受到他们的热烈欢迎。更为重要的是,上述理论打破了长期以来西方国家对国际事务的话语垄断权,为解决贫穷、饥饿、疾病、环境污染、恐怖主义、民族宗教矛盾等人类难题提供了"中国智慧"和"中国方案"。二是着力推进国际传播能力建设,使当代中国价值观念走向世界。好的理论提出后,只有借助大型媒体的传播,才能辐射全世界,产生国际影响力。习近平高度重视中国国际传播能力建设,要求人民日报社、新华社、中央电视台等中央新闻单位大胆走出去,优化战略布局、集中优势资源,打造具有国际影响的外宣旗舰媒体,让全世界都能听到并且听清中国声音。三是创新对外宣传方式,强化宣传效果。讲故事能够有效降低国外受众"意识形态植入"的警惕心理,是国际传播的最佳方式。"要组织各种精彩、精练的故事载体,把中国道路、中国理论、中国制度、中国文化、中国精神、中国力量寓于其中,使人想听爱听,听有所思,听有所得。"②党的十八大之后,中央加大对文化事业的支持力度,一大批内嵌着中华优秀传统文化"和""合"理念的电

---

① 《习近平关于全面建成小康社会论述摘编》,中央文献出版社2016年版,第110页。
② 《习近平新闻思想讲义》,人民出版社2018年版,第153页。

影、电视剧、书籍纷纷走出国门,有效改善了中国的国际形象。

(二)夯实意识形态建设的物质基础

意识形态工作对经济建设具有极强的依赖性。经济发展得好,意识形态工作才有坚实的物质基础,才能顺利开展。更为重要的是,只有经济持续发展,综合国力不断提升,人民生活水平不断提高,一个政党、一个国家所宣扬的意识形态才能走进人们的心里,才有说服力。反之,如果一个国家经济长期停滞,人民生活困苦,这个国家的意识形态必将丧失吸引力,被本国人民所抛弃。对于中国这样一个发展中国家,当前最重要的任务依然是发展经济。经济发展好了,社会主义才能赢得同资本主义相比较的优势,才能在两种制度的殊死较量中赢得最终胜利。

改革开放四十多年,中国取得了举世瞩目的辉煌成就。但是中国仍处于并将长期处于社会主义初级阶段的基本国情没有变,中国是世界最大发展中国家的国际地位没有变。这样的基本国情和国际地位决定了经济建设依然是我们党的中心工作,发展仍然是当代中国第一要务。"只有牢牢扭住经济建设这个中心,毫不动摇坚持发展是硬道理、发展应该是科学发展和高质量发展的战略思想,推动经济社会持续健康发展,才能全面增强我国经济实力、科技实力、国防实力、综合国力,才能为坚持和发展中国特色社会主义、实现中华民族伟大复兴奠定雄厚物质基础。"①为了推动中国经济持续健康发展,以习近平同志为核心的党中央提出创新、协调、绿色、开放、共享的发展理念,深刻阐述中国经济发展的动力、方法、模式、空间、目的等核心问题;提出"供给侧结构改革"的理念,破解制约中国经济发展的瓶颈问题;提出"两山"理论,引导人们正确处理经济发展和环境保护的关系;提出以人民

---

① 习近平:《在庆祝改革开放40周年大会上的讲话》,人民出版社2018年版,第31页。

为中心的发展思想,明确经济发展的根本旨归;提出防患于未然的"底线思维",提前拆除中国经济发展的隐患。在世界经济普遍疲软的情况下,中国经济依然保持高速增长的态势,成为一道亮丽的风景线。中国取得的辉煌成就引起国际社会广泛关注,"中国道路""中国模式""中国经验"正在被世界上越来越多的国家所借鉴。

三、坚持理念创新、手段创新、基层工作创新相协调,为意识形态建设提供路径遵循

"新时代背景下,意识形态领域的形势错综复杂,只有不断推进意识形态工作创新,才能不断增强意识形态工作的鲜活度,保持意识形态工作的生命力,进而牢牢掌握意识形态工作领导权。"①习近平指出,要重点抓好理念创新、手段创新、基层工作创新三个着力点,实现三者协调发展,为意识形态建设创新指明了方向,提供了路径遵循。

(一)以理念创新为先导

"理念创新,就是要保持思想的敏锐性和开放度,打破传统思维定式,努力以思想认识新飞跃打开工作新局面。"②坚持理念创新,首先,意识形态工作者要正确认识和处理与教育对象之间的关系。按照现代教育理念,教育者和教育对象都是教育活动的主体,二者地位平等。因此,在开展工作时,意识形态工作者应充分尊重教育对象,与之平等交流,只有这样才能拉近与教育对象的距离,使其接受自己的思想和观点。其次,意识形态管理部门要尽快实现从舆论管控到舆论引导的转变。新媒体时代,"捂""盖""压"已不可能,信

---

① 吴传毅:《在创新中牢牢掌握意识形态工作领导权》,《光明日报》,2018年8月21日。
② 《习近平关于全面建成小康社会论述摘编》,中央文献出版社2016年版,第106页。

息公开透明成为唯一选项。最后,意识形态工作必须坚持教育疏导与解决实际问题相结合的原则。做好意识形态工作,不仅要解决人们的思想问题,而且还要解决人们的现实利益问题。党的十八大之后,以习近平同志为核心的党中央坚持以人民为中心的发展思想,着力解决人民群众最关心、最直接、最现实的利益问题,赢得人民群众的衷心拥护,巩固了党的执政地位。

(二)以手段创新为重点

"手段创新,就是要积极探索有利于破解工作难题的新举措新办法,特别是要适应社会信息化持续推进的新情况,加快传统媒体和新兴媒体融合发展,充分运用新技术新应用创新媒体传播方式,占领信息传播制高点。"[①]马克思主义经典著作、党和国家重要文献、学术期刊和报纸上的文章,内容长、抽象性强,如果只是以文本的方式进行传播,很难吸引普通民众。这就要求我们创新宣传手段,以幽默化的方式、通俗化的语言进行讲解,吸引公众视线,而这恰恰是网络宣传的优点。把革命领袖的光辉事迹做成卡通片、把马克思主义经典语录做成动漫、把领导人的讲话做成通关游戏、以图片的形式讲解中央文件精神,通过互联网进行推介,这种宣传方法融声音、文字、图片于一体,生动有趣,受到广大网民特别是青少年的欢迎。

(三)以基层工作创新为源泉

"基层工作创新,就是要把创新的重心放在基层一线,扎实抓好抓基层、打基础的工作。"[②]基层工作创新理论的提出具有科学理论依据和社会实践基础。从理论上讲,基层工作创新理论符合马克思主义群众史观。马克思主义认为,人民群众是历史的创造者,是真正的英雄。从实践上看,基层工

---

① 《习近平关于全面建成小康社会论述摘编》,中央文献出版社2016年版,第106页。
② 《习近平关于全面建成小康社会论述摘编》,中央文献出版社2016年版,第106~107页。

作创新理论的正确性已被中国改革开放的伟大实践所证明。从包产到户到乡镇企业异军突起,从"苏南模式"到"浙江经验",改革开放过程中的每一次伟大发明和创造,无不来自人民群众的实践和智慧。推动基层工作创新,首先,意识形态工作人员,特别是领导干部要转变观念,重心下移,深入基层、深入实际、深入实践,从人民群众的火热生活中寻找意识形态工作创新的灵感。其次,要勤于观察,善于总结。观察先进单位和个人开展意识形态工作的新鲜做法和独特创意,予以充分吸纳。最后,要大力宣传,及时推广。对于在基层中涌现出来的开展意识形态工作的新鲜做法和独特创意,意识形态管理部门要大力宣传、及时推广,使其得到广泛运用,发挥最大效益。

四、坚持传统阵地建设与网络阵地建设相统一,为意识形态建设提供空间支撑

意识形态阵地包含的范围非常广泛,既包括学校、军队、企业、农村、教育、新闻战线、文艺战线等传统阵地,也包括各种新兴媒体在内的网络阵地。党的十八大以来,以习近平同志为核心的党中央高度重视意识形态阵地建设,传统阵地与网络阵地同时出击,线上线下同时发力,意识形态阵地得到有效巩固,曾经软弱涣散的局面得以彻底扭转。

(一)加强传统意识形态阵地建设

全国宣传思想工作会议、全军政治工作会议、全国党校工作会议、全国宗教工作会议、全国国有企业党建工作会议、全国高校思想政治工作会议、中央农村工作会议、中央统战工作会议、两院院士大会、哲学社会科学工作座谈会、文艺工作座谈会、新闻舆论工作座谈会、思想政治理论课教师座谈会等,党的十八大之后,习近平就意识形态工作频繁发表讲话,力度之大、范

围之广、频率之密前所未有。习近平的讲话涉及意识形态各个领域，涵盖意识形态所有阵地。习近平逐个加固，将所有阵地连接起来。这些阵地互为犄角、相互拱卫，形成一道抵御不良社会思潮侵袭的坚固大堤。

为了巩固传统意识形态阵地，中央采取了以下举措。一是突出政治标准。把是否具有"四个意识""四个自信"、能否做到"两个维护"作为选拔任用意识形态工作干部的首要标准，党内政治生态日益优化。二是严格贯彻落实意识形态工作责任制。党的十八大之后，中央相继出台或修订了《党委（党组）意识形态工作责任制实施办法》《中国共产党纪律处分条例》《中国共产党党内监督条例》《中国共产党问责条例》等一系列党内法规，将意识形态工作的责任细化到人。三是汇聚意识形态工作合力。建立经常性、跨部门的联系沟通和协调机制，挖掘其他课程的思政元素，同频共振，同向发力。四是建强意识形态工作队伍。精心培养、严格管理，成功地打造出一支政治立场坚定、业务技能精湛、工作作风过硬、善于探索创新的意识形态工作队伍。

（二）抓好网络意识形态阵地建设

新媒体时代，互联网成为意识形态斗争的主战场。打着"网络自由""保护人权"的旗号，美国等西方国家竭力对别国进行渗透，四处制造"颜色革命"。中国的快速崛起引起美国等西方国家的极度恐慌，他们把中国称为"非白色人种的大国竞争者"，把和中国之间的竞争看作是"从未经历过的两种完全不同的文明和意识形态"之间的较量。①对于这样一个"修正主义国家""现有国际秩序破坏者"②，美国等西方国家无所不用其极地对中国进行遏制。西方国

---

① 白石：《挑动与中国"文明的较量"？拆解美国战略臆想的几层含义》，中国网，2019年5月8日。

② 马卓言：《外交部：所谓"修正主义大国"的帽子扣不到中国头上》，新华网，2019年6月3日。

家将互联网视为搞乱中国的首选武器,以互联网为载体对中国发起了强大的舆论攻势。"在互联网这个战场上,我们能否顶得住、打得赢,直接关系我国意识形态安全和政权安全。"①习近平强调网络意识形态阵地建设的重要作用,意在警示全党,依法管网、加强治理,防止"颜色革命"的事件在中国上演。

在吸收国内外经验的基础上,习近平提出了加强网络意识形态阵地建设的策略。第一,掌握网络核心技术,消除安全隐患。"互联网核心技术是我们最大的'命门',核心技术受制于人是我们最大的隐患。"②要保障互联网安全、国家安全,就必须突破核心技术这个难题,消除这个隐患。第二,实施网络内容建设工程,建设良好网络生态。一方面,要加强网络空间治理,遏制错误思潮快速蔓延的态势;另一方面,要做强网上正面宣传,营造昂扬向上的舆论氛围。第三,建立网络综合治理体系,形成网络治理强大合力。建立党委领导、政府管理、企业履责、社会监督、网民自律等多主体参与,经济、法律、技术等多重手段相结合的综合治网格局。第四,加快网络立法进程,为依法治网提供坚强法治保障。党的十八大以来,因应社会发展和治理需要,我国网络立法进程明显加快,先后出台一大批法律法规,及时填补了新业态监管的空白,为加强网络监管、依法治网提供了坚强法治保障。

(本文原文发表在《理论视野》2020年第2期,2021年10月该文获得第一届煤炭行业高校哲学社会科学优秀成果一等奖)

---

① 《习近平新闻思想讲义》,人民出版社2018年版,第153页。

② 习近平:《在网络安全和信息化工作座谈会上的讲话》,《人民日报》,2016年4月26日。

主要参考文献

一、著作

1.《马克思恩格斯选集》(第一——四卷),北京:人民出版社,2012年。

2.《列宁专题文集(全5卷)》,北京:人民出版社,2009年。

3.《毛泽东选集》(第一——四卷),北京:人民出版社,1991年。

4.《邓小平文选》(第一——二卷),北京:人民出版社,1994年。

5.《邓小平文选》(第三卷),北京:人民出版社,1993年。

6.《江泽民文选》(第一——三卷),北京:人民出版社,2006年。

7.《胡锦涛文选》(第一——三卷),北京:人民出版社,2016年。

8.《习近平谈治国理政》(第一卷),北京:外文出版社,2018年。

9.《习近平谈治国理政》(第二卷),北京:外文出版社,2017年。

10.《习近平谈治国理政》(第三卷),北京:外文出版社,2020年。

11.《习近平谈治国理政》(第四卷),北京:外文出版社,2022年。

12.《习近平著作选读》(第一—二卷),北京:人民出版社,2023年。

13.《习近平总书记重要讲话文章选编》,北京:中央文献出版社,2016年。

14.《习近平新时代中国特色社会主义思想专题摘编》,北京:中央文献出版社,2023年。

15.《习近平论党的宣传思想工作》,北京:中央文献出版社,2020年。

16.《习近平关于社会主义文化建设论述摘编》,北京:中央文献出版社,2017年。

17.《习近平关于全面从严治党论述摘编》,北京:中央文献出版社,2016年。

18.[英]大卫·麦克里兰:《意识形态》,孙兆政、蒋龙翔译,长春:吉林人民出版社,2005年。

19.侯惠勤:《马克思的意识形态批判与当代中国》,北京:中国社会科学出版社,2010年。

20.[德]卡尔·曼海姆:《意识形态与乌托邦》,黎鸣、李书崇译,北京:商务印书馆,2014年。

21.[美]里昂·P.巴拉达特:《意识形态:起源和影响》,张慧芝、张露璐译,北京:世界图书出版公司,2010年。

22.[美]塞缪尔·亨廷顿:《文明的冲突与世界秩序的重建》,周琪等译,北京:新华出版社,2010年。

23.[斯洛文尼亚]斯拉沃热·齐泽克:《意识形态的崇高客体》,季广茂译,北京:中央编译出版社,2017年。

24.[英]约翰·B.汤普森:《意识形态与现代文化》,高等译,南京:译林出版社,2012年。

25.[美]约瑟夫·奈:《软实力》,马娟娟译,北京:中信出版社,2013年。

26.王永贵：《经济全球化与我国社会主流意识形态建设研究》，北京：人民出版社，2010年。

27.俞吾金：《意识形态论》，北京：人民出版社，2009年。

28.朱继东：《新时代党的意识形态思想研究》，北京：人民出版社，2018年。

二、报刊文章

1.陈金龙：《新时代马克思主义中国化实现新飞跃的内在逻辑》，《华南理工大学学报》（社会科学版），2022年第1期。

2.陈曙光：《习近平新时代中国特色社会主义思想开辟马克思主义中国化时代化新境界》，《理论视野》，2023年第5期。

3.冯虞章：《新时代党的意识形态工作的指导纲领——深入学习和贯彻落实习近平关于意识形态工作的重要论述》，《马克思主义研究》，2020年第6期。

4.顾海良：《马克思主义中国化时代化特质和途径的创新性探索》，《中共中央党校（国家行政学院）学报》，2022年第6期。

5.顾阳：《高质量共建"一带一路"成效显著》，《经济日报》，2020年11月7日。

6.郭爽：《美国为维护霸权试图分裂世界的做法非常危险——访联合国秘书长前特别顾问、美国著名经济学家杰弗里·萨克斯》，《新华每日电讯》，2022年8月10日。

7.韩庆祥：《"意识形态建设内功论"：中国道路、中国理论和中国话语》，《马克思主义与现实》，2019年第1期。

8.贺海仁：《提高领导干部法治思维能力》，《光明日报》，2020年11月

13 日。

9. 洪向华：《新时代中国共产党意识形态工作的战略部署及其实践路径》，《马克思主义研究》，2023 年第 3 期。

10. 侯惠勤：《中国共产党百年意识形态建设之道》，《马克思主义理论学科研究》，2021 年第 5 期。

11. 姜辉：《坚持马克思主义在意识形态领域指导地位的根本制度》，《红旗文稿》，2020 年第 5 期。

12. 姜迎春：《十八大以来我国意识形态建设的主要特点》，《人民论坛》，2017 年第 9 期。

13. 金民卿：《新中国社会主义制度创建过程中的意识形态探索》，《高校马克思主义理论研究》，2019 年第 2 期。

14. 刘玲玲：《加强合作，缩小全球数字鸿沟》，《人民日报》，2023 年 1 月 4 日。

15. 梅荣政：《新自由主义在经济上的实质和危害》，《世界社会主义研究》，2019 年第 5 期。

16. 孟宪平：《习近平关于主流意识形态建设的思想论析》，《探索》，2014 年第 5 期。

17. 秦宣：《习近平新时代中国特色社会主义思想的主题、内容和逻辑结构》，《马克思主义研究》，2020 年第 4 期。

18. 沈壮海：《"铸就社会主义文化新辉煌"——学习习近平关于文化创新重要论述》，《党的文献》，2022 年第 6 期。

19. 石云霞：《党的十八大以来我国社会主义意识形态理论的新发展研究》，《南京政治学院学报》，2015 年第 2 期。

20. 唐爱军：《论新时代意识形态安全》，《马克思主义研究》，2022 年第 6 期。

21.王朝阳:《国际货币体系加快多元化探索》,《人民日报》,2023年5月9日。

22.王伟光:《坚持中国共产党的领导是近百年来中国历史进程的深刻昭示》,《党建》,2020年第8期。

23.王伟国、肖金明:《深入推进依规治党加快形成完善的党内法规体系》,《光明日报》,2021年8月12日。

24.王永贵:《中国共产党意识形态战略建设的新时代创新》,《南京师大学报》(社会科学版),2021年第5期。

25.谢伏瞻:《加快构建中国特色哲学社会科学学科体系、学术体系、话语体系》,《中国社会科学》,2019年第5期。

26.辛向阳:《习近平新时代中国特色社会主义思想大众化叙事的多维视角》,《北京社会科学》,2021年第6期。

27.徐光春:《习近平新时代中国特色社会主义思想为发展马克思主义作出原创性贡献》,《求是》,2018年第9期。

28.颜晓峰:《新时代发展马克思主义的原创性贡献》,《人民论坛·学术前沿》,2021年第22期。

29.杨振武:《把握对外传播的时代新要求——深入学习贯彻习近平同志对人民日报海外版创刊30周年重要指示精神》,《人民日报》,2015年7月1日。

30.喻新安:《深化改革要突破利益固化的藩篱》,《光明日报》,2013年9月20日。

31.张志丹:《论新时代意识形态工作思想的多维创新》,《江西师范大学学报》(哲学社会科学版),2022年第4期。

32.赵振杰:《警惕文艺创作中历史虚无主义倾向》,《河北日报》,2019年4月26日。

33.中联部研究室:《让马克思主义在21世纪焕发更强大真理力量——国际社会高度评价习近平新时代中国特色社会主义思想》,《人民日报》,2018年5月5日。

34.朱继东:《引领新时代的意识形态工作创新——深入学习习近平总书记意识形态重要论述》,《福建师范大学学报》(哲学社会科学版),2019年第5期。

35.祝念峰:《学习贯彻习近平总书记关于意识形态工作的重要论述》,《中国高校社会科学》,2017年第5期。

后　记

本书是我主持的河南省哲学社会科学规划项目的最终研究成果。该项目于2023年3月顺利结项。按照评审专家和其他学者的建议,课题组对书稿作了进一步的修改、补充、完善。一是丰富研究内容。在原来的基础上增设一章,阐述新时代党的意识形态理论原创性贡献产生的时代背景,使书的结构更为完整。二是拓展研究视域。从理论、实践、民族、世界等多个视角探讨新时代党的意识形态理论原创性贡献的重大价值。三是吸收借鉴知名学者的研究成果,增强书稿的理论深度。经过反复打磨、修改,本书终于有了现在的样貌,形成了比较严密的框架结构和逻辑体系。

本书由课题组成员合作完成,具体分工如下:李伟撰写前言、第一章、第三章、第四章、第六章的第二节和第四节、附录,刘锐撰写第二章、第五章,牛芳撰写第六章的第一节和第三节,赵佳丽负责文字校对。全书由李伟设计、通稿、审改、定稿。

感谢课题组成员,特别是刘锐、牛芳老师的辛苦付出。她们克服重重困难,高标准、高质量地完成了写作任务。感谢我的研究生赵佳丽,她对书稿进行了认真校对。

感谢北京大学哲学系丰子义教授为本书作序,他的肯定让课题组深受鼓舞。感谢焦作大学原党委副书记杨家卿教授,河南理工大学马克思主义学院的洪振涛书记、郑小九院长、邵发军教授、陈留根教授、王新刚教授,他们为本书的写作提了很多宝贵建议。他们的建议高屋建瓴、切中肯綮,对本书的写作具有重要参考价值。

尽管课题组对书稿进行了多次修改,力求做到完善。但由于学识水平有限,本书依然存在很多不足之处。欢迎学界同人批评指正,您的建议将是我们前行的最大动力。

本书的出版为课题组过去几年的工作画上句号,而它也是新的起点。未来,我们将继续从事文化与意识形态方面的研究,深耕这一领域,为研究宣传马克思主义作出新的更大贡献。

李　伟

2024年2月于河南理工大学